工业和信息化普通高等教育“十三五”规划教材立项项目

21世纪高等学校经济学系列规划教材

技术经济学

TECHNOLOGICAL ECONOMICS

◆ 郎宏文 陈晓华 张佳洁 编著

PLANNED TEXTBOOKS OF ECONOMICS

人民邮电出版社

北京

图书在版编目（C I P）数据

技术经济学 / 郎宏文，陈晓华，张佳洁编著. -- 北京 : 人民邮电出版社，2016.11（2022.7重印）
21世纪高等学校经济学系列规划教材
ISBN 978-7-115-42550-8

Ⅰ. ①技… Ⅱ. ①郎… ②陈… ③张… Ⅲ. ①技术经济学－高等学校－教材 Ⅳ. ①F062.4

中国版本图书馆CIP数据核字(2016)第148861号

内 容 提 要

技术经济学是经济管理人员、工程技术人员知识结构中必备的组成部分，是经济管理人员和工程技术人员必修的课程。本书针对高等院校经济管理类课程的教学需要，比较全面系统地阐述了技术经济学的基本原理和方法，将技术经济基本理论与方法、理论教学与案例教学相结合，具有较强的实用性和操作性。本书内容包括导论、经济性评价基本要素、资金时间价值及其等值计算、经济效果评价方法、不确定性分析、项目可行性研究、公共项目的经济评价、设备更新的技术经济分析、价值工程九个部分。

本书可作为高等院校各专业学习技术经济学的教材，也可作为工程技术人员和管理人员学习技术经济学知识的参考用书。

◆ 编　　著　郎宏文　陈晓华　张佳洁
　责任编辑　许金霞
　责任印制　杨林杰

◆ 人民邮电出版社出版发行　　北京市丰台区成寿寺路 11 号
　邮编　100164　　电子邮件　315@ptpress.com.cn
　网址　http://www.ptpress.com.cn
　北京捷迅佳彩印刷有限公司印刷

◆ 开本：787×1092　1/16
　印张：16　　　　2016 年 11 月第 1 版
　字数：369 千字　　　　2022 年 7 月北京第 4 次印刷

定价：42.00 元

读者服务热线：(010)81055256　印装质量热线：(010)81055316
反盗版热线：(010)81055315

前　言 Preface

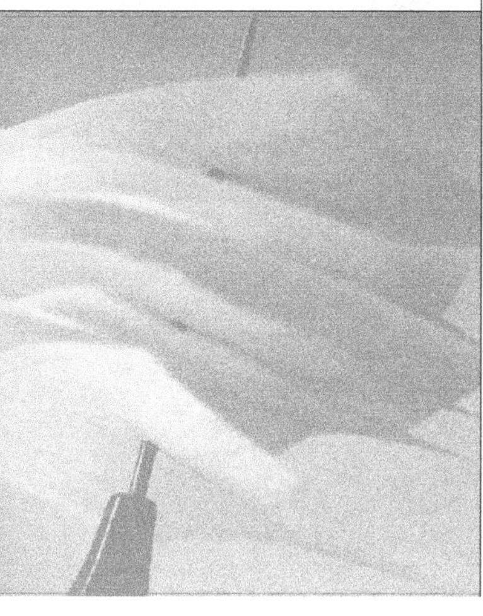

技术经济学是研究技术领域经济问题和经济规律、技术进步与经济增长之间相互关系的科学，是一门技术科学与经济科学相结合的交叉学科，也是介于自然科学和社会科学的边缘科学，同时也是现代管理科学中一门新兴的综合性学科。

我国社会主义市场经济的发展，推动着技术经济学理论的发展和实践应用的普及，因而使技术经济学知识成为经济管理人员、工程技术人员知识结构中必备的、重要的组成部分。例如，在一个投资项目决策之前，需要对项目建设的必要性、财务可行性、经济合理性、投资风险等方面进行全面评价，要对项目的经济、技术、生产、供销直到社会各种环境、法律等因素进行具体调查、研究、分析，确定有利和不利的因素，明确项目是否可行，估计项目成功率大小、经济效益和社会效果程度。而科学地评价对于宏观调控固定资产投资、提高投资科学化水平、引导和促进各类资源合理配置、优化投资结构、减少和规避投资风险、充分发挥投资效益具有重要的意义。

因此，技术经济学不仅是管理专业的必修课程，也成为高等院校很多专业的必修或选修课程。这门课程的开设对于提高各专业学生的综合素质、改善学生的知识结构、提升自身竞争能力非常重要。学习本书可使学生了解、掌握技术经济学的基本原理、方法，使之具有对实际问题的经济分析、判断和决策能力。

本书在参考大量国内外专家学者著作的基础上，结合多年的教学实践，阐述了技术经济学的理论与方法，强调其实用性与可操作性。本书包括导论、经济性评价基本要素、资金时间价值及其等值计算、经济效果评价方法、不确定性分析、项目可行性研究、公共项目的经济评价、设备更新的技术经济分析、价值工程九个方面的内容，具有重点突出、体系严谨、取材新颖、应用性强的特点。

本书在编撰过程中，参考引用了国内外许多专家学者的大量著作，吸取了国内外最新的技术经济学理论与研究成果，在此向原作者表示深切的敬意和谢意，同时也感谢所有帮助过我们的人。

编　者

2016 年 4 月

目　录 Contents

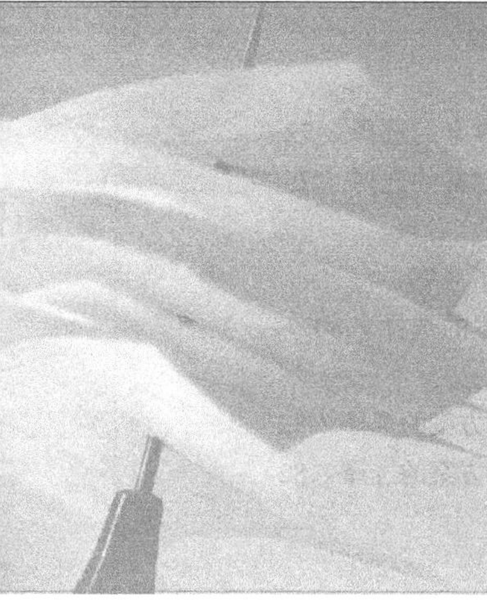

第三章 资金时间价值及其等值计算

第四章 经济效果评价方法

第五章 不确定性分析

第六章 项目可行性研究

第一章 导论

技术经济学是我国学者在总结中国经济建设的实践经验、广泛吸收国外相关学科有用成分的基础上，于20世纪50年代至60年代创立并发展起来的一门新兴学科。自创立以来，技术经济学为我国的经济建设实践做出了重要贡献。

第一节 技术与经济的关系

一、 技术与经济

学习和研究技术经济学，首先要了解技术和经济的基本含义，以及两者的相互关系。

（一）技术

古今中外许多哲学家、经济学家、科学家、工程技术专家，从不同的角度对“技术”下过各种定义。随着时间的推移，其内涵越来越扩大，归纳起来，主要有狭义和广义之分。

狭义的技术是指用于改造自然的各种生产工具、装备、工艺等物质手段的总和，即物化形态的“硬技术”，它具体表现为：①技术是技巧、技能或操作方法的总称；②技术是劳动手段的总和；③技术是客观的自然规律在生产实践中有意识的运用，是根据生产实践经验和科学原理而发展成的各种工艺操作方法与技能。狭义技术的基础和核心是劳动工具，其缺点是忽视了技术的动态过程。

广义的技术是指人类在认识自然和改造自然的实践中，按照科学原理及一定的经济需要和社会目的发展起来的，为达到预期目的而对自然、社会进行协调、控制、改造的知识、技能、手段、方法和规则的复杂系统，包括了“硬技术”和“软技术”。它具体表现为：①技术是完成某种特定目标而协同运作的方法、手段和规则的完整体系；②技术是按照某种价值的实践目的，用来控制改造和创造自然与社会的过程，并受科学方法制约的总和。广义的技术是技术经济学的研究对象。

（二）经济

经济也是一个人们非常熟悉的名词，其含义也比较丰富，应用的场合不同，其实际含义也不同。大体来讲，对经济的含义有如下四种表述。

第一种，经济指生产关系的总和，这是指上层建筑建立的基础。这种定义认为，经济指的是与一定社会生产力相适应的生产关系，或适应一定社会生产力发展的社会经济制度，如经济制度、经济基础中的“经济”。

第二种，经济指社会再生产过程中各个环节的经济活动。这种定义认为，经济是指物质资料的生产以及相应的交换、分配、消费，也可以说是生产和再生产过程，包括相应的交换、分配、消费环节，经济增长中的“经济”。当把经济视为物质资料的生产以及相应的交换、分配、消费或视为生产和再生产过程来认识时，它指的是人类的活动。人类的经济活动不是人类的一切活动，但它是人类活动最基本的方面。人类经济活动首先是体现在人类物质生产生活方面的活动，即开展能够满足人们生存基本需要的衣、食、住、行等物质生产生活方面的活动。在衣、食、住、行等物质生产生活方面得到满足后，人类又开始丰富经济活动的内容，派生扩展了精神文化等方面的内容。总体来讲，经济是人类所创造的满足、维持、完善和发展自身需要的变革物质的实践活动，是人和自然界进行物质、能量及功能交换的社会活动，是创造和推动社会发展的历史活动。因此，经济活动是决定、支配、制约和影响其他一切活动的最基本的社会实践活动。

第三种，经济指一个国家国民经济的总称或国民经济的各部门，如工业经济、农业经济、商业经济等。当把经济视为一个国家国民经济的总称或国民经济的各部门来认识时，它指的是经济活动的组织及分类。如果不进一步考虑全球经济，则经济活动组织及分类的起点可以从一个国家的国民经济总体入手来划分：首先可以按照产业来划分，即农业、工业和建筑业、流通与服务业；其次按各产业可以划分其经济部门；最后按各经济部门可以划分企业。当然，也可以按空间区域来划分经济。

第四种，经济指日常生活用语中的节约、节省等意思，如经济效益、经济合理性等。这种定义包含和强调对人力、物力、资金、自然资源、时间的合理利用和节约使用的意思，它主要是针对微观具体经济活动的结果而言的。但值得注意的是，为了实现节约、节省等经济性结果，这种定义可能会扩展到收入、支出以及成本等大量的经济指标概念上。

技术经济学中的“经济”，主要是指“节省”或“节约”的意思，也指经济组织与分类等方面的经济含义。

二、 技术与经济的关系

技术和经济在人类进行物质生产、交换活动中始终并存，是不可分割的两个方面，两者相互促进又相互制约。技术具有强烈的应用性和明显的经济目的性，没有应用价值和经济效益的技术是没有生命力的。而经济的发展必须依赖一定的技术手段，世界上不存在没有技术基础的经济发展。技术与经济的这种特性使得它们之间有着紧密而不可分割的联系。

1. 技术进步是推动经济发展的关键因素

追溯对经济发展所做的贡献，生产力各要素所起的作用是不同的。如果说资本、劳动力曾经起过主导作用的话，那么随着科技的迅猛发展，技术对经济发展的作用愈来愈显著，成为推动社会经济发展的强大动力。经济的发展必须依赖一定的技术手段，世界上不存在没有技术基础的经济发展，技术进步一直被证明是社会经济发展中最活跃、最关键的要素，是推动经济发展、提高经济效益的最重要条件和手段。

18 世纪的工业革命，蒸汽机的出现取代了人们的繁重体力劳动，产生了现代意义上的冶金、纺织、机械制造、交通运输业，使手工作坊转向机器大生产，出现了现代意义上的工厂，引发了社会生产力的巨大变革。工业革命使生产效率提高到手工劳动的 100 倍以上，极大地推动了经济的高涨。发展了的经济又对新技术提出了更高的需求，孕育了以电子、电机应用和无线电通信等为代表的新技术，促成了第二次技术革命的发生，电气时代取代了蒸汽机时代，使得社会生产力又产生了一次新飞跃。

当今信息时代，在知识经济来临之际，知识、技术在经济发展中占有更为重要的地位，随着技术进步的加快，经济也获得了高速增长，技术进步成为经济发展的强大推动力。正因为如此，世界各国竞相采用知识产业、高技术产业来促进经济的发展。

2. 经济发展的需要是技术进步的基本动力

技术进步推动社会经济快速发展，同时，经济发展对先进技术成果的需求又成为技术进步的直接动力。任何新技术的产生与应用都需要经济的支持，受到经济的制约。纵观世界各国，凡是科技领先的国家，无一不是对研究与开发高投入的国家。研究与开发的费用，美国、日本、德国、英国、法国等国家在 20 世纪 80 年代就已占国民生产总值的 2.3%~2.8%，而大部分发展中国家由于经济的制约只能在 1%以下。经济越发展，经济系统所孕育的科技需求就越广泛、越强烈，从而使大量的新技术不断涌现。

3. 技术与经济之间是一种相互促进、相互制约的关系

如上所述，技术与经济之间呈现一种相互促进、相互制约的关系。技术进步是推动经济发展的主要条件和手段，是经济发展的主要因素。同时，技术的发展也受到经济条件的制约。任何一项技术应用于生产都要耗费一定的人力、物力和财力，就是说需要一定的经济条件。比如，一种技术本身是先进的，但如果没有该技术赖以存在和发展的经济条件，就会制约该技术的发展。另外，一种技术在某种与之不适应的经济条件下可能会对经济发展带来不良的影响。所以，我们说技术和经济之间是相互依存、相互促进、相互制约的。

技术与经济的相辅相成及相互制约正是技术经济学研究的重点，技术经济学的任务，就是要研究和寻求技术与经济的最佳结合、最佳匹配，促使技术经济效用增加，获取最佳的经济效益。

第二节 技术经济学的研究对象及研究内容

一、 技术经济学的含义

技术经济学是一门工程技术科学与经济学、管理学相互交叉渗透的学科，是研究工程技术领域经济问题和经济规律、研究技术进步与经济增长之间相互关系的科学，是研究工程技术领域中资源的最佳配置，寻找工程项目、技术方案和技术政策与经济的最佳结合以

求可持续发展的科学。

二、 技术经济学的研究对象

作为一门独立的学科，技术经济学必须有自己特有的研究对象和独立于其他学科的理论方法体系，学者们关于技术经济学研究对象的主要论点归纳如下。

(1) 效果论。技术经济学研究工程技术活动的经济效果或研究各种技术方案、技术政策、技术措施的经济效果，并对其进行分析评价，简称“效果论”。

(2) 关系论。技术经济学研究技术与经济的相互关系及其矛盾对立统一规律，它通过对各种实践活动的技术分析、经济比较和效果评价，寻求技术与经济的最佳结合，确定技术先进、经济合理的最优界限。这种观点为“关系论”或“矛盾论”。

(3) 因素论。技术经济学研究技术与经济诸因素的内在联系，它通过对经济效果的计算、评价，选择技术先进、经济合理的最佳方案，称为“因素论”。

(4) 问题论。技术经济学研究生产、建设中各种技术经济问题，称为“问题论”。

(5) 结合论。技术经济学应该在重视技术规律和经济规律应用的前提下研究技术与经济结合的规律，这才是技术经济学研究的对象，简称“结合论”。

(6) 增长论。技术经济学是一门研究如何最有效地利用技术资源促进经济增长规律的科学，简称“增长论”。

(7) 系统论。认为技术经济学的研究对象是技术-经济-生态-社会-价值（文化）系统的要素、结构、运行、功能及其规律性，简称“系统论”。

根据2003年出版的《技术经济学前沿问题》，傅家骥教授等将技术经济学的研究对象界定在三大领域、四个层次、三个方面，这可以看作对上述观点的归纳、扬弃和提高。他认为，技术经济学的研究领域主要包括：①技术领域的经济活动规律；②经济领域的技术发展规律；③技术发展的内在规律。前面两个研究领域涵盖了技术经济学2/3的研究对象，但显然是不够的。因为理解“技术发展的内在规律”是基础，如果理解不清“技术发展的内在规律”，我们就不可能真正理解“技术领域的经济活动规律”和“经济领域的技术发展规律”。对这三大领域，技术经济学要研究四个层次的问题：①工程项目层面的技术经济问题；②企业层面的技术经济问题；③产业层面的技术经济问题；④国家层面的技术经济问题。

在上述三大领域、四个层次之中，要研究三个方面的技术经济问题：①技术经济学科的基础理论；②技术经济学科的基本方法；③技术经济学科的基础理论、基本方法在现实技术经济活动中的应用问题，如项目财务评价、技术创新、技术整合等理论与方法在现实中的应用。

技术经济学主要研究内容可以概括为：①技术实践的经济效果，寻求提高经济效果的途径方法；②研究项目的可行性，即在调查研究基础上，通过市场分析、技术分析、财务分析和国民经济分析，对各种投资项目的技术可行性和经济合理性进行综合评价；③研究在我国国情条件下如何运用技术进步促进经济增长的规律和方法。

三、 技术经济学的研究内容

技术经济学的研究任务是正确认识和处理技术与经济之间的关系，寻找技术经济的客观规律，寻找技术和经济之间的合理关系，包括最佳关系和协调关系。

技术经济的研究内容主要有以下三个方面。

（一）研究技术方案的经济效果，寻找具有最佳经济效果的方案

技术方案的经济效果是指实现技术方案时的产出和投入比。所谓产出，是指技术方案实施后的一切效果，包括可以用经济指标度量的和不能用经济指标度量的产品和服务；所谓投入，是指各种资源的消耗和占用，任何技术的采用都必须消耗和占用人力、物力和财力。资源的有限性，特别是一些自然资源的不可再生性，要求人们有效地利用各种资源，以满足人类社会不断增长的物质生活需要，技术经济学就是研究在各种技术的使用过程中如何以最小的投入取得最大产出的一门学问，即研究技术的经济效果。投入和产出在技术经济分析中一般被归结为以货币量计量的费用和效益，所以也可以说，技术的经济效果是研究技术应用的费用与效益之间关系的科学。

研究技术的经济效果，包括技术方案实施前和技术方案实施后两个方面。在技术方案实施前，通过对各种可能方案的分析、比较、完善，选择最佳的技术方案，保证决策建立在科学分析之上，以减少失误，这是关乎有限资源最佳利用的大事，关乎国家和企业竞争力强弱的重大问题。可行性研究就是在技术方案实施前，在调查研究的基础上，通过对技术方案的市场分析、技术分析、经济效益分析，对技术可行性和经济合理性进行综合评价。

研究技术的经济效果，不仅应用在投资项目实施前的科学论证上，还广泛应用于产品设计开发中的经济效果比较和分析，应用于设备更新、原料选择、工艺选择等领域。

在技术方案实施后，通过实际调查分析，得到方案实施后的技术经济效果，为技术方案的更好运行提供相关建议，也为以后决策提供借鉴。

（二）研究技术和经济的相互促进与协调发展

技术和经济是人类社会发展不可或缺的两个方面，技术和经济是相互促进、相互制约的，技术经济的研究就是要从这对矛盾关系中寻找一条协调发展的途径，以求经济快速、持续发展。

技术和经济的关系体现在两方面。一方面，发展经济必须依靠一定的技术手段，技术的进步永远是推动经济发展的强大动力，人类社会的发展历史雄辩地证明了这一点。18世纪中叶，从英国开始以蒸汽机的广泛应用为标志的工业革命，使生产效率大大提高；到19世经中叶，科学技术的进步使生产效率提高到手工劳动的108倍；20世纪40年代以来，科学技术迅猛发展导致的社会生产力的巨大进步更是有目共睹。另一方面，技术总是在一定的经济条件下产生和发展的，经济上的需求是技术发展的直接动力，技术的进步要受到经济条件的制约，只有经济发展到一定的水平，相应的技术才有条件被广泛应用和进一步发展。

技术和经济之间这种相互渗透、相互促进又相互制约的紧密联系，使任何技术的发展

和应用既是一个技术问题，又是一个经济问题。研究技术和经济的关系，探讨如何通过技术进步促进经济发展，在经济发展中推动技术进步，是技术经济学进一步丰富和发展的一个新领域。

技术与经济的协调包含两层含义。第一层是技术选择要视经济实力而行，不能脱离实际。第二层意思是协调的目的是发展，所以在处理技术和经济关系时，发展是中心问题。以发展为中心，在发展中协调，在协调中发展，是一种动态的协调发展。处理技术与经济的协调发展的核心问题是技术选择，从国家层面上要研究在一定的发展阶段内各行业和经济部门的技术政策、技术路线，要明确鼓励什么、限制什么、淘汰什么。技术选择要符合技术发展的趋势，要符合我国的国情，要符合可持续发展的战略。

（三）研究技术创新，推动技术进步，促进企业发展和国民经济增长

科学技术是第一生产力，技术创新是促进经济增长的根本动力，是技术进步中最活跃的因素，它是生产要素的一种新组合，是创新者将科学知识与技术发明用于工业化生产，并在市场上实现其价值的一系列活动，是科学技术转化为生产力的实际过程。技术创新的这种特殊地位，决定了它是技术经济学的重要研究对象。

20 世纪 70 年代以来，技术创新已成为世界性的热门研究课题，技术创新包括新产品的生产、新生产技术在生产过程中的应用、开辟原材料的新的供应来源、开辟新市场和实现企业的新组织，技术创新强调的是新的技术成果在商业上的第一次运用，强调的是技术对经济增长的作用。

所谓经济增长，是指在一国范围内，年生产的商品和劳务总量的增长，通常用国民收入或国民生产总值的增长来表示，经济增长可以通过多种途径取得，既可以通过增加投入要素实现经济增长，也可以通过提高劳动生产率、技术进步来实现经济增长。

这里所说的技术进步并不仅仅指人们通常理解的技术的发展和进步，而是指在经济增长中，除资金和劳动力两个投入要素增加以外所有使产出增长的因素，即经济增长中去掉资金和劳动力增长外的余值。

学习技术创新的理论就是要树立技术创新意识，掌握技术创新规律和一些基本的实施要领，建立技术创新的机制和环境，推动技术进步，促进企业发展方式的转变和国家经济增长方式的转变。

四、 技术经济学的特点

技术经济学与其他学科相比较，有以下六个特点。

（一）综合性

属于边缘学科的技术经济学，所研究的对象和内容的范围决定了这门学科的理论和方法是在综合了多学科的基本理论和方法的基础上形成的。因此，其在学科的构成方面具有明显的综合性。

（二）比较性

技术经济学是一门具有比较性的学科。它要对能满足同一种目的或社会需要的两个以

上的方案进行分析和比较，以便选择最优方案。因此，比较性是技术经济学研究的一个基本特征。一般来讲，比较方案之间必须具有可比条件，只有这样才能进行比较，比较方案的可比条件包括满足需要的可比性、价格的可比性等。

（三）系统性

任何一个技术经济问题都处于一个系统中，都要受到社会、政治、经济、资源等客观条件和自然环境等制约。一项技术或一项工程项目，不仅它本身是一个系统，而且它又是更大系统——技术经济系统的组成部分，是技术经济系统的一个子系统。因此，在评价一个技术方案或一个项目的经济效益，或一个地区的经济发展规划时，必须运用系统的理论、系统的思想、系统的方法，把所研究的问题放在一个更大的技术经济系统中去研究、考察和分析它们同系统其他各个部分之间的关系及影响因素，唯此才能得出科学合理的结论。所以，系统的观点和系统分析的方法是技术经济研究中很重要的一种观点和方法，是技术经济学的突出特点。

（四）预测性

技术经济学主要是对未来实施的技术政策、技术方案、技术措施进行事先论证。因为技术经济的论证分析在先，所以很多数据要依靠预测得到。这就必须根据过去的经验和实际资料，结合现在的实际情况，对未来的状况和趋势进行定性和定量预测和判断。但未来是不确定的，故技术经济预测结果具有一定的不确定性。为了提高决策的精确性和科学化水平，技术经济评价还要进行详尽的敏感性分析和概率分析，以提高方案的可靠性。

（五）定量性

技术经济学的特点之一是进行定量计算，就是说可以帮助我们在各项社会实践中计算经济效益。离开必要的计算，技术经济学就失掉了存在的意义。因此，技术经济学要引进量的概念，要有量的规定。

（六）实用性

技术经济学是一门应用学科，具有很强的实用性。它分析、论证、评价的技术方案来源于实践，并且都是经济建设中亟待解决的实际工程技术问题。因此，技术经济学要密切结合国家和各地区的自然资源特点、物质技术条件和社会经济状况，并结合具体情况进行具体分析。技术经济学研究所需的各种数据和资料必须来源于实践，其研究成果如规划、方案、报告及建议书等，也都被用于生产实践或社会实践。

五、 技术经济分析的基本程序

技术经济分析是一项多环节、多方位、顺序性强的工作。由于它涉及面很广，因此，同其他科学研究一样，技术经济分析有其自己的工作程序，如图 1-1 所示。

（一）确定分析目标

确定分析目标即界定系统对象，提出系统的预期任务或最终要取得的结果。这种目标大致分为社会目标和具体目标两部分，社会目标是从宏观角度来把握的，而具体目标则是从部门、地区和企业等中微观角度确定的，这一目标应服从社会的总体目标。具体目标常

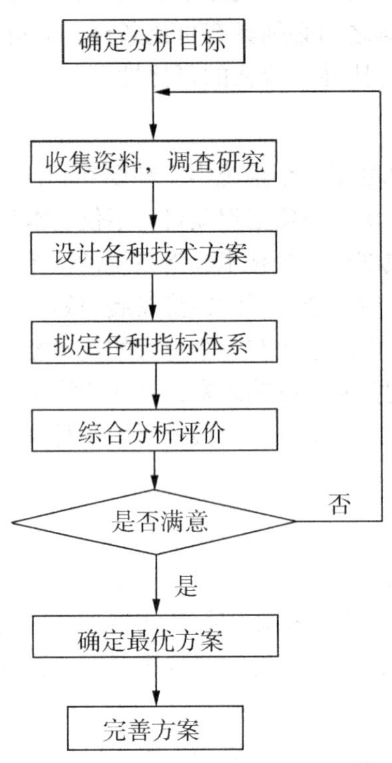

图 1-1　技术经济分析的基本程序

包括科技发展、产品开发、新产品、新工艺研究、工程建设项目等。比如，为了解决甲地与乙地之间每年 1 000 万人次与每年 1 000 万吨货物的交通运输问题，就要提出方案。可能是通过铁路运输也可能是通过公路；可能是单一方案，也可以是复合方案，如公路与铁路、公路与航空、公路与水运等，但必须满足运输量的要求。

（二）收集资料，调查研究

根据所确定的目标进行调查分析，要尽量搜集相关问题大量的历史资料，要重点搜集有关技术、经济、财务、市场、政策法规等方面的资料。

（三）设计各种技术方案

设计各种可能的技术方案，为决策提供各种依据，是技术经济分析的重要环节。这不仅需要掌握全面的技术与经济的资料，更需要具有创造性的思维劳动，尽可能建立各种客观上能够存在的方案，以便评比选优。

（四）方案评价

列出的方案要经过系统评价。评价的依据是政策法令与反映决策者意愿的指标体系。比如产品要符合国家的产业政策、质量标准，出口的产品要符合进口国的标准与习惯，厂址选择要符合地区布局与城建规划，生产要符合国家的技术政策、劳保条例、环保条例、劳动法等。在符合基本条件后，最重要的是方案要有较好的经济效益和社会效益。通过系统评价，淘汰不可行方案，保留可行方案。

（五）确定最优方案

决策的核心问题就是通过对不同方案经济效果的衡量和比较，从中选择效果最好的方案。

这些分析步骤只是技术经济分析的主要程序，而不是唯一程序，随问题性质的不同，人们还可以采用其他研究方法和程序。

第三节 技术经济评价的基本原则

对工程项目的技术方案进行分析、比较和评价，是技术经济学的中心内容。利用技术经济学的方法，分析一个投资项目产生的经济效果，还要系统、全面地分析研究社会、技术、环境及资源等多方面的因素，结合社会对该项目的要求，论证得出最佳方案，付诸实施，以期取得良好的效益。随着现代科学技术的迅速发展以及管理方法的日益完善，在考虑一个项目时，人们往往有多种方案可供选择。各方案由于所要考虑、解决的问题重点不同，有时会带来诸多技术、经济、资源、环境及社会等方面的问题。如何确定这些问题所带来的影响，并有针对性地考察各个不确定性因素以及项目本身所带来的各种风险，就需要对项目及方案进行科学的评价，以便为决策提供依据，选择效果最好的方案，有效降低投入、提高产出、增加效益、减少风险，科学评价对生产实践及科学研究等均具有重大意义。

在技术经济分析中，对工程项目或技术方案进行经济评价的原则主要有如下七项。按照这些原则分别从不同的角度对项目或方案进行评价，可得到项目或方案的综合评价结果，为决策者提供参考。

一、 技术与经济相结合的原则

技术是经济发展的重要手段，技术进步是推动经济前进的强大动力，人类几千年的文明史证明了这一点。同时，技术也是在一定的经济条件下产生和发展的，技术的进步要受经济情况和条件的制约，经济上的需求是推动技术发展的动力。技术与经济这种相互依赖、相互促进、相辅相成的关系，构成了我们考虑与评价技术方案的原则之一，而经济效益评价又是我们确定方案的依据。在评价方案的技术问题时，既要考虑方案技术的宏观影响，使技术对国民经济和社会经济发展起到促进作用，又应考虑方案技术的微观影响，使得采用的技术能有效地结合本部门、本单位的具体实际，发挥该项技术的最大潜能，创造该技术的最大价值。另外，在考核项目或方案的技术问题时，还要注意其经济能力和影响，不要因具体部门采纳的技术及全局性的经济问题带来诸如资源、环保等方面的负面影响。

所以，在应用工程经济学的理论来评价工程项目或技术方案时，既要评价其技术能力、技术意义，也要评价其经济特性、经济价值，将两者结合起来，寻找符合国家政策、满足产业发展方向需要且又能给企业带来发展的项目或方案，使之最大限度地创造效益，促进技术进步及资源、环保等工作的共同开展。

二、 财务分析与国民经济分析相结合的原则

项目的财务分析是指根据国家现行的财务制度和价格体系，从投资主体的角度考察项目给投资者带来的经济效果的分析方法。项目的国民经济分析则是指按照社会资源合理配置和有效利用的原则，从国家整体的角度来考察项目的效果和费用的分析计算，其目的是充分利用有限的资源，促进国民经济持续稳定发展。

项目的财务分析和国民经济分析都是项目的盈利性分析，但各自所代表的利益主体不同，因而两种分析方法的目的、任务和作用等也有所不同。财务分析是微观经济效益分析，它是站在投资者的立场上的，而国民经济分析是宏观经济效果分析，它是站在国家或全社会的角度进行分析的。

对于投资者来讲，投资项目的目的是希望从项目的实施中获得回服，取得效益。这样，企业就必须本着获得利益的原则对项目进行财务分析，计算项目直接发生的财务效益和费用，编制财务分析报表，计算评价指标，关注项目各年的资金收支平衡情况和资产债务结构以及债务清偿能力，以便对项目自身的盈利水平和生存能力做出评价。财务分析是以企业净收入最大为目标的。

国民经济分析则是从国民经济的角度对投资项目的经济效果做出评价。在一般情况下，投资项目对整个国民经济的影响不仅仅表现在项目自身的财务效益上，还可能会对国民经济其他部门和单位或是对国家战略、资源、环境等造成影响，必须通过项目的国民经济分析来具体考核项目的整体经济效果。

综上所述，财务分析是从投资者或项目本身的角度出发进行分析，只考虑可以直接用货币量度量的效果。国民经济分析则是从整个国家和社会的角度出发进行分析，除了考虑直接的、能以货币量度量的效果外，还要考虑间接的、不能以货币量度量的效果；除了考虑项目的内部效果外，还要考虑外部效果。对于国家来讲，资源的配置及效益的获取应从国家利益出发追求其合理性，当财务分析与国民经济分析结果产生不一致时，应以首先满足国民经济需要为前提。一般来说，财务分析与国民经济分析结论均可行的项目，应予通过；国民经济分析结论不可行而财务分析可行的项目，应予否定。对于一些国计民生必需的项目，国民经济分析结论可行，但财务分析的结论却不可行，通常应进一步优化方案，或必要时向有关主管部门建议或申请采取相应的经济优惠措施，使得投资项目具有财务上的生存能力，既满足人民群众生产、生活的必需，又不给国家带来严重的经济负担。

三、 效益与费用计算口径对应一致的原则

在经济评价中，只有将项目的效益与费用限定在同一个范围内，才有比较的基础，计算的净效益才是项目投入的真实回报。如项目的效益和费用的计量范围、计算期应保持一

致，这样才具有可比性。

四、 收益与风险权衡的原则

通常，项目的投资人关心的是效益指标，对可能给项目带来风险的因素考虑得不全面，对风险可能造成的损失估计不足，结果往往有可能使得项目失败。收益与风险权衡的原则提示投资者，在进行投资决策时，不仅要看到效益，也要关注风险，权衡得失利弊后再行决策。

五、 定量分析与定性分析相结合， 以定量分析为主的原则

定性分析是评价人员依据国家的法律法规、国家发展布局及发展方向、该项目对国家发展所起作用和该项目发展趋势等进行的基于经验的评价。在实际项目或方案中，由于有些问题具有复杂性和有些内容无法用数量表达，定性分析十分必要。定性分析以主观判断为基础，定性分析法是在占有一定资料、掌握相应政策的基础上，根据决策人员的经验、直觉、学识、逻辑推理能力等，进行评价的方法，评价尺度往往是给项目打分或确定指数。这是从总体上进行的一种笼统的评价方法，属于经验型决策。

定量分析则是以客观、具体的计算结果为依据，以得出的项目的各项经济效益指标为尺度，通过对“成果”与“消耗”、“产出”与“投入”等指标的分析，对项目进行评价。定量分析不仅使评价更加精确，减少了分析中的直觉成分，使得分析评价更加科学化，还有利于在定量分析中发现研究对象的实质和规律，尤其是对于一些不确定因素和风险因素，都可以用量化指标对其做出判断与决策。定量分析以其评价科学、具体、客观、针对性强、可信程度高的特点，在实际中应用普遍。更由于现代应用数学及计算机技术的发展，定量分析更加规范和易行。

可见，定性与定量分析相结合有利于发挥各自在分析上的优势，互相补充；以定量分析为主，可以使分析结果科学、准确，有利于决策者在对项目总体有较全面了解的基础上，进行科学决策。

六、 动态分析与静态分析相结合， 以动态分析为主的原则

动态分析是一种考虑资金时间价值的分析方法，它将不同时点的净现金流量折算到同一个时点进行对比分析。静态分析是一种不考虑资金的时间价值的分析方法。资金的时间价值分析是项目经济评价的核心，所以分析评价要以动态指标为主。静态指标与一般的财务和经济指标内涵基本相同，比较直观，但是只能作为辅助指标。

七、 可比性原则

技术经济分析既要对某方案的各项经济指标进行研究，以确定其经济效益，也要进行方案比较评价，以找出具有最佳经济效果的方案。方案比较是技术经济学中十分重要的内

容，可比性原则是进行定量分析时所应遵循的重要原则之一。

（一）满足需要上的可比

任何一个项目或方案实施的主要目的都是满足一定的社会需求，不同项目或方案在满足相同的社会需求的前提下也能进行比较。

1. 产品品种可比

产品品种是指企业在计划期内应生产的产品的名称、规格和数目，反映企业在计划期内在品种方面满足社会需要的情况。在对技术方案进行经济比较时，为符合产品品种可比的要求，可采用下列方法进行调整：①为达到同样的使用性能，对不同的品种可采用折算系数进行折算。例如，对品种规格不一的同类产品，选其中一种为代表产品，将其他规格的产品按照规定的某种参数折算为代表产品。②可按费用的多余支出或节约来调整，然后再进行比较。

2. 产量可比

这里的产量是指项目或技术方案满足社会需要的产品的数量。例如，煤炭和天然气虽然在化学成分和物理性质等方面差异较大，但都可以作为原料生产合成氨，在满足社会生产合成氨的需要上，它们的作用是相同的，在这里它们可比。

不同项目或技术方案的产量或完成的工作量的可比是指其净产量或净完成工作量、净出力之间的可比，而不是其额定产量或工作量、出力的可比。由于各项目或技术方案往往具有不同的技术特性和条件，在实施过程中又会带来相关的损耗和费用。所以，仅仅以其额定值分析有时会无法比较，而实际产量与额定产量之间往往还相差一定的数额。

3. 质量可比

所谓质量可比，是指在不同项目或技术方案的产品质量相同时，直接比较各项相关指标；在质量不同时，则需经过修正计算后才能比较。在实际中，由于有些产品的质量很难用数字准确描述，即存在所谓的“软指标”，而有些项目或技术方案的产品质量会有所不同，有时对不同的社会需求会有很大的差异。因此，在进行比较时就要进行修正或折算。

另外，在进行满足需要的比较时，对能够满足多方面需要的方案可与满足单一需要方案的联合方案比较；在方案规模不同时，应以规模小的方案乘以倍数与规模大的方案进行比较；对产品可能涉及其他部门或造成某些损失的方案，应将该方案本身与消除其他部门损失的方案组成联合方案进行比较。

（二）消耗费用的可比

比较项目或技术方案消耗的费用，应该与从项目建设到产品产出及产品消费的全过程中整个社会的消耗费用来比较，而不是与某个国民经济部门或个别环节的部分消耗进行比较，也就是说要从总的、全部消耗的观点出发来考虑。例如，建设煤矿的方案，就应该考虑建矿的消耗费用以及运输和运行等的消耗费用。但是，在项目企业内部各生产环节之间，以及在国民经济各部门之间，占用资金、劳动力、运输能力、能源、原材料等均存在一定的协调关系，某一部门或某一生产环节消耗费用的变化必然会引起其他相关部门或环节的变化。在这种情况下进行方案比较时，可只考虑与方案有直接的、经常性联系的主要部门或环节的消耗费用，而略去关系不密切的部门或环节的消耗费用。

（三）时间的可比

对于投资、成本、产品质量、产量相同条件下的两个项目或方案，其投入时间不同，经济效益显然不同。而在相同的时间内，不同规模的项目或方案，其经济效益也不同。规模小的方案，建设期短，生命周期短，投产后很快实现收益，资金回收期短，但往往需要追加投资；规模大且技术先进的方案，通常是建设周期长，生命周期长，经济效益好，但收益晚，回收期长。显然，时间因素对方案经济效益有直接的影响。比较不同项目或方案的经济效益，时间因素的可比条件应满足：

（1）计算期相同。不同的方案应以相同的计算期为比较的基础。

（2）考虑货币的时间价值。发生在不同时间内的效益和费用，应根据货币的时间价值进行折算比较。

（3）考虑整体效益。不同项目或方案在投入财力、物力、人力、运力及自然力和发挥经济效益的时间不同，其经济效益会有很大的差别，比较时应考虑这些对社会、环境、资源等及本企业的总体影响。

（四）价格的可比

每一个项目或技术方案在产出产品或提供服务的同时，也消耗物化劳动。在描述项目或方案的产出和投入，以及进行方案比较时，价格是影响方案比选和经济评价结果的最重要、最敏感的因素。价格的可比性是分析比较项目或技术方案经济效益的一个重要原则。

价格可比是指项目或技术方案所采用的价格指标体系应该相同。在市场经济条件下，货物的价格因地而异、因时而变，而项目评价是对未来活动的估计，投入和产出都在未来一段时间发生，所以要采用预测价格对费用效益进行估算。

在财务分析中应采用以市场价格体系为基础的预测价格，运营期各年采用同一的不变价格。在经济费用效益分析中，采用以影子价格体系为基础的预测价格，影子价格体系不考虑通货膨胀因素的影响。

第四节 技术经济学的产生与发展

一、 国外技术经济学的产生与发展

技术经济学在国外一般被称为工程经济学，源于 1887 年亚瑟姆·惠灵顿（ArthurM. Wellington）的著作《铁路布局的经济理论》。他首次将成本分析方法应用于铁路的最佳长度或路线的曲线选择中，开创了工程领域中的经济评价工作。

1930 年，格兰特（E. L. Grant）在他的《工程经济原理》中指出了古典工程经济的局限性，提出以复利计算为基础，讨论了判别因子和短期投资评价的重要性以及资本长期投资的一般比较，被称为“工程经济学之父”。所谓工程经济，指采用某些经济上的比较方法，运用数学技巧，采用合理的步骤，从经济观点出发，衡量为达到某一特定目的而采用的各种不同手段的优劣。

20 世纪 30 年代，美国在开发西部的田纳西河流域中，就开始推行可行性研究，把技术与项目的经济问题研究提高到了一个新的阶段，通过总结完善，逐步形成了一套比较完整的理论、工作程序和评价方法，此后技术经济学在各国得到了很大发展。

20 世纪 50 年代，苏联的工程经济学院，采用统计、分析、对比的方法进行方案优选，在生产工艺学、技术定额学、劳动组织和定额学、统计学的基础上建立了技术经济学。

二、 我国技术经济学的产生与发展

我国 20 世纪 50 年代从苏联引进建设项目技术经济分析方法。技术经济学在我国的发展大致可划分为四个时期，即初创期、停滞期、发展期和调整发展期。

（一）初创期：20 世纪 50 年代中期~1965 年

新中国的第一个五年计划即“一五”期间（1953~1957 年），在基本建设上，全国完成投资总额 550 亿元，新增加固定资产 460 亿元，相当于 1952 年年底全国固定资产原值的 1.9 倍。五年内施工的工矿建设项目有 1 万多个，苏联帮助我国建设的 156 个重点建设项目，到 1957 年年底，有 135 个已施工建设，有 68 个已全部建成或部分建成投入生产。可以说，“一五”计划的顺利实施为新中国的经济发展做出了重大贡献。值得一提的是，为了科学制订“一五”计划，我国的经济工作者从当时国家的人力物力财力状况、空间布局、技术选择等宏观方面进行了实事求是、周密细致的分析论证，而且在项目具体的选址、产品、规模、原料燃料供应、劳动组织、工艺流程和工艺参数以及设备等方面也都做了可靠的技术经济分析评价。这些做法为后来技术经济理论的形成积累了很多实践经验。

于光远等学者敏锐地认识到技术经济分析在经济建设实践中的重要性，积极倡议建立技术经济学。中央对此也非常重视，1962 年国家制定的《1963~1972 年全国科学技术发展规划纲要》，提出了技术经济学的概念，并将技术经济学作为重点发展的七门学科之一。这标志着中国技术经济学正式诞生。

（二）停滞期：1966~1976 年

1966 年，“文化大革命”开始。在这一时期，刚刚得以恢复的技术经济工作遭到严重破坏，技术经济学受到批判，技术经济研究机构全部被撤销，技术经济队伍被拆散下放，技术经济学科的发展全部停顿。因此，这一时期是技术经济研究工作被摧残的阶段，一些重大项目建设出现严重失误。

（三）发展期：1976 年~20 世纪 90 年代初

1976 年粉碎“四人帮”后，特别是 1978 年 12 月党的十一届三中全会以后，我国实行了改革开放的新政策，党的工作重点转移到以经济建设为中心的轨道上来，这为技术经济学的发展创造了极为有利的条件。国家制定的《1978~1985 年全国科学技术发展规划纲要》，将技术经济与管理现代化理论与方法的研究列入了 108 项重大研究课题。

1978 年年底，在于光远等学者倡导和主持下，我国重建了技术经济研究队伍，成立了中国技术经济研究会。1980 年，中国社会科学院成立了中国第一个技术经济研究所（现为数量经济与技术经济研究所）。大多数省份成立了技术经济专门研究机构，许多高校设置了技术经济及相关专业，相继设置了技术经济与管理硕士专业和博士专业，培养了一大批从事技术经济分析的专业人才。

此时的技术经济学科呈现了“百家争鸣”的学术气氛，吸收了一些西方现代经济理论和先进的评价方法，总结了实际经济建设中的经验，使技术经济学在经济建设的宏观项目评价和微观项目评价中得到了广泛应用。

1983 年国家计委颁发了《建设项目进行可行性研究的试行管理办法》，把可行性研究列为基本建设中一项不可缺少的重要程序，规定工业投资项目必须进行可行性研究和编制可行性研究报告，否则一律不予审批。1987 年国家计委和建设部发布了《建设项目经济评价方法与参数》（第一版），以后经两次修订，第三版于 2006 年正式颁布。该版借鉴了世界银行、亚洲开发银行和英国财政部发布的经济评价的指导手册和研究成果，使经济评价与国家财税制度相匹配，又与国际投资建设项目经济评价做法接轨，使经济评价工作更具有操作性。这是一部面向各行各业的指导性、规范性文件，顺应了投资体制改革的需要，促进了社会主义市场经济的发展。

（四）调整发展期：20 世纪 90 年代中后期以后

1992 年，党的十四大确定我国改革目标模式是建立社会主义市场经济，其后我国经济进入一个持续增长的新时期。为适应这一新时期经济技术发展需要，技术经济学研究领域不断深化和扩展。例如，新型工业化与技术创新关系的理论研究；知识经济研究；循环经济研究；能源技术经济研究；可持续发展研究；区域经济研究；信息化理论和应用研究；高新技术发展及产业化研究；建设项目的社会经济评价；科学发展观与创新型国家研究；等等。

各种技术经济学专著和论文大量出现，在数量上远超过前一时期。其中不乏重要的文献出版，如《投资项目可行性研究指南》出版，《建设项目经济评价方法与参数》（第三版）修订出版，而以《技术经济学》为名的专著累计就有 100 余种。全国科技大会召开后，有关技术创新的论文数以千计。同时，技术经济学研究队伍经历更新换代，一批学术新秀开始涌现。

继 1980 年中国社会科学院成立全国第一个技术经济研究所之后，很多部门相继成立了技术经济研究机构。许多理工科大学开设了技术经济课程，不少文科大学也开设了技术经济课程。一些大学和研究机构专门培养了技术经济专业博士生、硕士生和本科生。这个时期，技术经济学理论方法体系得到了不断改进和完善。在社会主义市场经济条件下，技术经济这门学问越来越重要，研究工作的深度和广度加大。技术经济学在实际中的应用愈来愈广，技术经济学分支学科越来越多。

20 世纪 90 年代以来，技术经济分析论证工作在经济建设中普遍展开，技术经济学研究范围的扩展不但丰富和完善了微观层次的理论和方法，而且将研究领域扩展到中观和宏观的层次，同时借鉴了国外工程经济学、价值工程、可行性研究、预测和决策理论方法，丰富了技术经济学的内容，促进了学科的进一步发展。

随着管理科学的发展，运筹学、概率论、计算机的应用，使对比分析方法多样化，增加了随机过程、数学规划、最佳化等方法，使分析评价技术经济效果及选择最佳技术方案的方法有了质的飞跃。过去无法用数学计量的经济因素开始用数学方法计量，一些变化的经济因素、变量可借助数学模型加以计量，过去用统计、对比、计算选择方案的方法已被大量连续变量计算最佳化的方法所代替。技术经济学超出了原有工程经济学的范畴。

三、 学习技术经济学的必要性

技术和经济是紧密联系的，一个现代的工程技术人员，不仅需要精通本专业的技术，而且必须具有经济头脑，这对于我国的理工科高等院校学生来说尤为重要。

在企业中工作的工程技术人员，最终的发展方向可能有三个：管理人员、专业技术人员或学者。从国内外的实际情况看，工程师们存在担任企业高层领导职务的广泛可能性。已有越来越多的工程师成为公司的负责人、关键部门的领导人或决策者最亲近的参谋人员，工程师们必须克服单纯的技术观点，学习经济知识，掌握进行经济分析和经济决策的本领。

经济分析是为经济决策服务的，决策是一个过程，它包括提出问题、制定目标、拟定方案、分析评价，最后从若干个备选的方案中选出最佳的或比较理想的方案。在经济工作中和技术工作中做到决策科学化是时代提出的要求，要达到这一要求，未来的工程师或管理者必须做到以下几点。

（一）正确了解国家的经济、技术发展战略和有关政策

国家的发展战略和有关政策牵动全局，影响长远。其中，国民经济发展战略是在各项具体工作中确定决策目标的依据。没有明确的目标，拟定方案就是盲目的，分析评价就没有正确的标准，也就谈不上决策的科学化。技术政策表明了国家对技术发展方向与发展重点的总体要求。只有在各项经济技术工作中都严格执行国家的产业政策和技术政策，才能保证整个国民经济的健康发展。国家的各项税收政策、金融政策、物价政策、外资政策、外贸政策、外汇政策等也都会对具体的经济技术决策产生实际影响。所以，正确了解国家的发展战略和有关政策是实现决策科学化的重要前提。

（二）要会做预测工作

在复杂的经济和技术工作中，对经济和技术的未来发展情况做出准确预测，无疑就能为我们做出正确的决策提供依据，减少或避免发生决策失误。对任何决策来说，预测都是一个关键问题。所谓预测，就是对与决策问题有关的各种内部外部情况所进行的预计，是对尚未发生的或目前还不明确的事物所进行的事先估计和推测，是对事物发展将要导致的结果进行探讨和研究。科学的预测是决策科学化的一个重要组成部分，是科学化决策的一项重要前提。

（三）要学会拟订多种替代方案，并从中选择最优方案

在决策过程中只有拟订一定数目的具有一定质量的备选方案，进行对比选择，才能保证决策的科学性。只有一个方案的决策是很危险的。在构思出多种方案之后，还要进一步确定各个方案的细节，估计各个方案的执行结果。这就要求将预计到的各个方案影响决策

目标的全部后果，毫无遗漏地予以揭示，客观地加以描述。这里自然应该既考虑直接后果，又考虑间接后果；既考虑有形后果，又考虑无形后果；既考虑有利方面，又考虑不利方面，通过综合比较从中选出最好的方案。

（四）要善于把定性分析和定量分析结合起来

以定性分析为主的传统的决策方法，是一种在占有一定资料的基础上，根据决策人员的经验、直觉、学识、洞察力和逻辑推理能力来进行决策的方法。这种决策方法具有主观性，属于经验型决策。

随着应用数学和计算机信息管理技术的发展，人们在经济决策中引入了更多的定量分析方法，做出相对准确的判断，便于决策者选择。因此可以说，定量分析使决策的质量更加得到保证。

科学的决策应把定量分析和定性分析结合起来，同时加强调查研究，提高定性分析的客观性，减少主观成分。

综上所述，学习技术经济学，树立经济观点，建立经济意识，掌握经济分析和经济决策的方法与技能，提高解决实际的技术经济问题的能力，对于理工科大学生和工程技术人员来说是十分必要的。这是社会主义现代化建设对新一代工程师提出的要求。

习 题

1. 简述技术与经济的概念及其相互关系。
2. 简述技术经济学的含义及学科特点。
3. 简述技术经济学的研究对象及其分析程序。
4. 技术经济学的发展过程是怎样的？
5. 技术经济评价过程中应遵循哪些基本原则？
6. 理工科大学生和工程技术人员为什么要学习技术经济学？

第二章 经济性评价基本要素

第一节 经济效果

一、 经济效果的含义

我们在第一章导论中提到过经济效果的概念。研究技术方案的经济效果，寻找具有最佳经济效果的方案，是技术经济学研究的主要内容，因此，我们有必要对经济效果的概念有明确的理解和把握。

在技术经济学中通常有经济效益和经济效果两种表述。经济效益和经济效果的含义以及它们之间的关系和区别，理解是不同的。有人认为效益和效果含义相同，但有人认为两者含义不同；认为效果一般是指事物的结果，结果有好有坏；那么效果也是有好有坏，好的效果是有益的效果，称之为效益，所以效益是指好的效果，不是指坏的效果。

经济效果实际上是人们从事经济活动的一种必然结果。这种结果可能符合社会需要，也可能不符合社会需要；而经济效益则是指符合生产目的和社会需要，能够通过市场实现其价值和使用价值的劳动成果，即按照有用成果原则来衡量和评价的经济效果。应该说，经济效果和经济效益是两个既有联系又有区别的不同概念，但在技术经济分析中，在评价经济效果时必须遵循有用成果原则，我们搞经济建设的目的是为了取得有益的经济效果，都是按照有用成果原则来评价经济效果。因此，依据有用成果原则来衡量和评价的经济效果就是经济效益。那么，我们对两者就不加以区分，以后所提到的经济效果概念与经济效益概念在内涵上可以等同。

所谓经济效果，是指人们在经济实践活动中取得的劳动成果与劳动耗费之比，或产出的经济成果与投入的资源总量（包括人力资源、物力资源、财力资源）之比，也可简称成果与消耗之比、所得与所费之比、产出与投入之比。

经济效果概念中的劳动成果是指对社会有用的劳动产出。经济效果概念中的劳动消耗，包括技术方案消耗的全部人力、物力、财力，即包括生产过程中的直接劳动消耗、劳动占用、间接劳动消耗三部分。直接劳动消耗指技术方案在生产运行中所消费的原材料、燃料、动力、生产设备等物化劳动消耗以及劳动力等活劳动消耗。这些单项消耗指标都是产品制造成本的构成部分，因而产品制造成本是衡量劳动消耗的综合性价值指标。劳动占用通常指技术方案为正常进行生产而长期占用的用货币表现的厂房、设备、资金等，通常分为固定资产和流动资金两部分，投资是衡量劳动占用的综合性指标。间接劳动消耗是指在技术方案实施过程中社会发生的消耗。

二、 经济效果表达式

经济效果的表达式是定量计算经济效果的最一般形式。它有以下三种数学表示方法。

（一）差额表示法

差额表示法用有效劳动成果与劳动消耗之差表示经济效果，此时经济效果是个绝对量指标。其表达式是：

$$E = B - C$$

式中：E 为经济效果；

B 为有效劳动成果；

C 为劳动耗费。

这里的 B 和 C 必须使用相同的计量单位，其差额等于零是技术方案可行的经济界限。当二者都以货币单位计量时，所计算的经济效益称为净收益。采用差额表示法的指标有：利润额、利税额、国民收入、净现值等。差额表示法一般不宜用来衡量技术装备水平和内外部条件差别较大的技术方案，如规模不同的企业不能仅仅用净收益大小来评价经济效果的优劣。

（二）比值表示法

比值表示法用有效劳动成果与劳动消耗之比表示经济效果，此时经济效果是个相对量指标。其表达式是：

$$E = \frac{B}{C}$$

这里的 B 和 C 的计量单位可以相同，也可以不同。当计量单位相同时，其比值等于 1 是技术方案可行的经济界限。采用比值法的指标有：投资收益率，劳动生产率，单位产品原材料、燃料、动力消耗水平等。

（三）差额-比值表示法

差额-比值表示法是将差额表示法与比值表示法结合起来使用的表示方法。其表达式是：

$$E = \frac{B - C}{C}$$

这一公式表示单位劳动消耗所取得的净收益，如成本利润率、投资利润率等，更能准确地反映经济活动的经济效益，在技术经济分析中也经常使用。其值等于零是技术方案可行的经济界限。

以上三种经济效果表示方法是建立经济效果评价指标的基础，也是定量分析经济效果的重要依据，一般应结合起来加以使用。

三、 提高经济效果的途径

从经济效果的概念和表示方法中可以看出，经济效果随着人们在经济实践活动中所取得的劳动成果的增加而增加，随劳动消耗的增加而减少。也就是说，在技术方案实施过程中讲究经济效益，就是要用尽可能少的投资及生产费用，生产尽可能多的社会需要的产品，其中包含了劳动消耗的节约及有用成果的增多两方面内容，由此可以归纳出提高经济效果的五种基本途径。

（一） 经济效果（↑）=劳动成果（↑）/劳动耗费（→）

劳动耗费保持不变，劳动成果增加，从而提高经济效果。这就要求在项目耗费的各种资源不增加的情况下，通过改善产品质量、调整结构、改善管理来提高技术经济效果。一方面提高资源利用率，使在资源消耗不增加的情况下生产更多的符合社会需要的产品；另一方面改善品种结构，提高质量，即在资源消耗总量不变的情况下提高附加价值。

（二） 经济效果（↑）=劳动成果（→）/劳动耗费（↓）

劳动成果保持不变，劳动耗费减少，从而提高经济效果。减少投资和生产经营过程中的各种耗费，这个途径的实质就是提倡节约，在降低消耗上想办法。

（三） 经济效果（↑）=劳动成果（↑↑）/劳动耗费（↑）

劳动成果与劳动耗费同时增加，但是劳动成果增加的幅度大于劳动耗费增加的幅度，因此经济效果得以提高。对这种途径，应要求不断提高工作质量、管理水平，提高劳动生产率，提高各种物资资源的利用效果，使劳动成果的增加远大于劳动耗费的增加。

（四） 经济效果（↑）=劳动成果（↓）/劳动耗费（↓↓）

劳动成果与劳动耗费虽然都同时减少，但劳动耗费减少的幅度大于劳动成果减少的幅度，经济效果得到了提高。对这种途径，应采取措施有效利用和节约使用各种资源，大幅度降低劳动耗费，使经济效果在劳动成果有所减少的条件下仍能得到提高。虽然使用价值略有降低，但能满足人们的需要，却使生产耗费大幅度降低，从而提高技术经济效果。

（五） 经济效果（↑）=劳动成果（↑）/劳动耗费（↓）

显然，这是提高经济效果的最理想途径，即以尽可能少的劳动耗费取得尽可能多的劳动成果，但这比较难办到。技术改进和管理改善，即能增加使用价值，又可降低劳动耗费。为此，应不断提高劳动生产率，不断改善产品质量和扩大产品品种，使产品适销对路，并且不断挖掘潜力，节约资源，提高资源利用效率，不断降低生产和建设中的劳动耗费，显著提高经济效益。

四、 技术经济效果的评价指标体系

反映客观事物某一方面情况的数字叫指标，任何一个指标都是由指标名称和指标数值组成的。任何一项单一的指标都只能反映客观事物的一个方面。要客观地反映一个客观事物的全部情况，就需要一组指标。这些指标相互联系、相互制约，构成一个整体，这就是所谓的指标体系。

根据经济效果的表达式，构成技术经济效果指标体系的指标有三方面，这就是：反映劳动成果（有用效果）的指标、反映劳动耗费的指标和反映技术经济效果的指标。

（一）反映劳动成果的指标

劳动成果是重要的技术经济指标，表示劳动成果的指标通常有数量指标、质量指标、品种指标以及时间因素指标等。

1. 数量指标

数量指标表明技术方案对社会需要在数量上的满足。如产品产量、产品产值等均是数量指标。前者是以实物形式说明技术方案有用效果的指标，我们称为实物量指标；后者是通过价值的形式说明技术方案的有用效果的指标，它们都统一在货币的基础上，我们称之为价值量指标。实物量指标不能准确反映一个产出几种产品的方案的价值量，而价值量指标能做到这一点。

2. 质量指标

质量指标表明技术方案的劳动成果特性与外部质量特性。产品内在质量特性包括产品构造、精度、纯度、机械性能、物理性能以及化学性能与化学成分等；产品的外部质量特性包括外观、形状、尺寸、色泽、气味、手感等。由于不同的产品，其质量特性不同，因而反映产品质量的指标不能直接比较，在实际工作中，通常采用间接的质量评价指标，如优质品率、一级品率、废品率、返修率等。

3. 品种指标

品种指标是衡量技术水平和满足需要程度的重要标志，它用来反映具有相同经济用途而实际使用价值不同的产品种类数量。由于新品种是有全新的功能和更广阔的使用范围，这就相当于创造了一种新的有用效果。

表明产品品种的指标主要有：产品品种数量、新产品品种数量、尖端产品品种数量以及它们在产品品种总数中的比重等。

4. 时间因素指标

时间因素指标表明使用价值需要多少时间可以试制和生产出来，从而发挥其使用价值的作用的指标。在科学技术突飞猛进的时代，考虑时间指标是很有必要的。缩短时间，既可改善技术方案的经济效果指标，又可减少因新技术的出现而使原技术方案相对贬值所引起的损失。属于时间因素的指标有：技术方案的建设周期、从投产至达到设计产量的时间、产品生产周期、设备成套周期等。

（二）反映劳动耗费的指标

技术方案的劳动耗费是指技术方案实施过程中消耗的全部人力、物力、财力。物化劳动耗费转移到劳动成果的形式分为多次转移和一次性转移两类，活劳动消耗是劳动者在生产过程中脑力与体力的消耗。因此，技术方案的劳动耗费主要包括三个方面，即活劳动消耗、物化劳动消耗和物化劳动占用。

1. 物化劳动消耗指标

物化劳动消耗可用原材料、燃料、动力等的实物消耗量和价值消耗量来表示。

2. 物化劳动占用指标

劳动占用是指必须参加生产经营过程的一部分劳动产品，虽然它们有的还没被消耗，但为保障生产经营过程的正常进行，已被生产经营过程占用了的劳动产品。生产经营活动中的劳动占用通常包括以下几个方面：①机器设备、仪器仪表中扣除折旧后的价值；②厂房、建筑物等扣除折旧后的价值；③处于储备状态中的原材料、燃料、动力等物化劳动产品；④处于生产过程和流通领域中的在制品、已完工验收入库待销售产品、已销售发货但未收回货款的产品、银行存款和库存现金等货币资金。

上述①、②两部分是作为劳动手段而被占用的固定资产，③、④两部分是作为劳动对象而被占用的流动资产。

3. 反映活劳动耗费的指标

活劳动消耗指劳动力的消耗。活劳动耗费可分为生产中直接的活劳动耗费与间接的活劳动耗费（例如，生产管理工作的活劳动耗费）。而直接的活劳动耗费又可分为各道工序的活劳动耗费。对各道工序的活劳动耗费通常可以用工时这个指标来衡量。此外，当经济论证的对象是一个企业的设计方案时，其实现方案所需的活劳动耗费的指标还有：职工总数、生产工人总数、工资总额和平均工资等。

4. 劳动耗费的综合指标

反映劳动耗费的综合指标有两个：一是基本建设投资指标；二是年经营费用指标。综合指标只能以价值形态指标表示。

（三）反映技术方案经济效果的指标

技术方案的经济效果是由技术方案实施全过程中的劳动消耗与劳动成果比较来定义的。由于反映劳动消耗与劳动成果对比关系的形式及经济效果指标的作用不同，技术经济效果指标分为两类：一类是绝对经济效果指标，另一类是相对经济效果指标。

1. 绝对经济效果指标

表示技术方案自身的劳动成果与劳动消耗对比关系的指标被称为绝对经济效果指标。绝对经济效果指标主要用于说明技术方案本身的经济效果，是评价技术方案经济合理性及可行性的主要依据。如净现值、内部收益率等动态经济效果指标，以及投资收益率、投资回收期等静态指标，均是绝对经济效果指标。此外，像财务分析中计算的资金利润率、成本利润率和单位产品原材料消耗量等也均属于绝对经济效果指标。

2. 相对经济效果指标

这类指标主要用于说明一个技术方案比另一个技术方案的经济性的情况。换句话说，相对经济效果指标是用来从各参加比较的方案中择优的经济效果指标。相对经济效果指标是由绝对经济效果指标派生的。如增量内部收益率、增量净现值等，相对经济效果指标只能从一个方面反映技术方案的经济性，用来判断方案之间的优劣，并不能判断技术方案本身经济性是否可行。

绝对经济效果指标和相对经济效果指标是技术经济评价的基础和主要内容，在后面章节中有具体论述。

第二节 现金流量及其构成

一、 现金流量的概念

项目建设过程可以从物质形态和货币形态两个方面进行考察。从物质形态来看，项目建设表现为人们使用各种工具、设备，消耗一定量的能源，生产某种产品和提供某种服务；从货币形态来看，项目建设表现为投入一定量的资金，花费一定量的成本，通过产品销售获取一定量的货币收入。

一个项目的建设，其投入的资金、花费的成本、得到的收益，都可以看成以货币形式体现的现金流出或现金流入。人们把各个时点上实际发生的现金流入或现金流出称为现金流量，流出系统的资金称为现金流出，流入系统的资金称为现金流入，现金流入与现金流出的差额称为净现金流量。

项目经济评价的目的就是要考察特定经济系统的净现金流量，从而计算出项目各方案的经济效果，选择最佳方案。

对一项经济活动的现金流量的考察与分析，因考察角度和所研究系统的范围不同会有不同的结果，例如，国家对企业经济活动征收的税金，从企业角度看是现金流出，从整个国民经济的角度看既不是现金流出也不是现金流入，而是在国家范围内资金分配权与使用权的一种转移。在技术经济分析中，必须在明确考察角度和系统范围的前提下正确区分现金流入与现金流出。

二、 现金流量的构成

对于一个投资项目来说，投资、费用与成本、销售收入与利润、税收与税金等经济量是构成经济系统现金流量的基本要素，也是进行技术经济分析最重要的基础数据。下面分别加以阐述。

第三节 投资及其构成

一、 投资的概念及构成

（一）投资的基本概念

广义的投资是指人们的一种有目的的经济行为，即以一定的资源投入某项计划，以获取所期望的报酬。投资可分为生产性投资和非生产性投资，所投入的资源可以是资金，也可以是人力、技术或其他资源。本节所讨论的投资是狭义的，是指人们在社会经济活动中为实现某种预定的生产、经营目标而预先垫支的资金。

（二）投资构成

在技术经济分析中，投资是指项目从筹建到全部建设投产为止，整个过程发生的费用的总和。对于一般的投资项目来说，项目总投资包括建设投资和生产经营所需要的流动资产投资。如果建设投资所使用的资金中含有借款，则建设期的借款利息也应计入总投资。当项目建设项目完成后，项目总投资中的建设投资最终形成相应的固定资产、无形资产和递延资产；项目总投资中的流动资产投资形成项目运营过程中的流动资产。项目总投资的构成如图 2-1 所示。

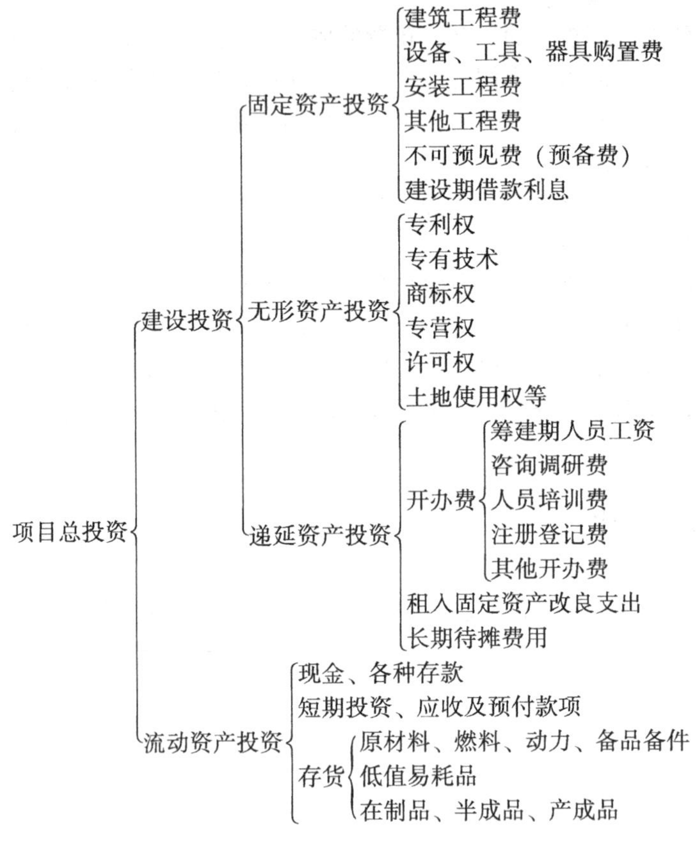

图 2-1　项目总投资的构成

二、　固定资产

（一）固定资产有关概念

在企业中，劳动资料的单项价值相差悬殊，使用时间也不相同。为了便于管理和核算，人们常常按照劳动资料的经济用途、单项价值、使用时间等项标准进行划分，凡达到规定标准的，作为固定资产管理和核算，不够规定标准的，作为低值易耗品管理和核算。固定资产是指使用年限在一年以上，单位价值在规定标准以上，并在使用过程中保持原有物质形态的资产。企业的固定资产包括使用在一年以上的房屋、建筑物、机械、运输设备和其他与生产经营有关的设备、器具、工具等。

购建固定资产的实际支出（包括建设期借款利息、外汇借款汇兑差额、运输费、安装费等）为固定资产的原始价值，简称固定资产原值。

工业项目投产以后，固定资产在使用过程中逐渐磨损和贬值，其价值逐步转移到产品中去，转移价值以折旧的形式计入产品成本，并通过产品销售以货币形式回到投资者手中。折旧是对固定资产磨损的价值损耗的补偿，固定资产使用一段时间之后，其原值扣除累计的折旧额被称为当时固定资产净值。在许多情况下，由于各种原因，净值往往不能反映当时的固定资产真实价值，需要根据社会再生产条件和市场情况对固定资产重新估价，估得的价值被称为固定资产重估值。工业项目寿命结束时固定资产的残余价值被称为期末残值，期末残值一般指当时市场上可实现的价值，对于工业项目的投资者来说，固定资产期末残值是一项在期末可回收的现金流入。

（二）固定资产投资构成

用于建造与购置固定资产的投资构成固定资产投资。固定资产投资包括建筑工程费，设备、工具和器具购置费，安装工程费，其他工程费用，不可预见费（预备费）以及建设期借款利息。

1. 建筑工程费

建筑工程包括房屋建筑工程、大型土石方和场地平整以及特殊构筑物工程等。建筑工程费由直接费、间接费、计划利润和税金组成。直接费包括人工费、材料费、施工机械使用费和其他直接费，可按建筑工程量和当地建筑工程概算综合指标计算。间接费包括施工管理费和其他间接费，一般以直接费为基础，按间接费率计算。计划利润以建筑工程的直接费与间接费之和为基数，按照一定的利润率计算。税金包括营业税、城市维护建设税和教育费附加。

2. 设备、工具、器具购置费

设备、工具、器具购置费包括建设项目在设计范围以内所购置和自制的设备、工具、器具等费用，包括产品的原价、供销部门手续费、包装费、运输费、采购保管费等。对某些生产性建设项目来说，如机器制造厂，设备购置费所占投资比重是较大的。

3. 安装工程费

安装工程费包括：各种需要安装的设备，如成套装置和生产、动力、起重、传动、仪器、仪表等设备的组装及安装的费用，安装时有关管线的配置、单项设备的试车等的费用。安装工程费由直接费、间接费、计划利润和税金四部分组成。

4. 其他工程费用

其他工程费用指根据有关规定应计入固定资产投资的除建筑、安装工程费用和设备、工器具购置以外的一些费用，包括：建设单位管理费，土地征用费，青苗、树林等赔偿费，职工培训费，联合试运转费，临时设施费，施工机构转移费，勘探设计费，以及办公和生活用具费等。

5. 不可预见费（预备费）

不可预见费（预备费）是指事先难以预料的工程费用，其用途主要为：进行初步设计、技术设计、施工图设计和施工过程中在批准的建设投资范围内的一般设计变更所增加的工程费用；一般自然灾害造成的损失和预防自然灾害所采取的措施带来的费用；验收委员会为查定工程质量必须开挖和修复隐蔽工程的费用。在固定资产投资费用的合计之后，用此合计乘以一个固定的费率计算得出基本预备费。此外还有由于在项目建设期间内人工、材料、利率、汇率预计变化而留用的差价预备费。

6. 建设期借款利息

建设期借款利息，是指用于项目建设的借款（不含流动资金借款）在建设期应支付的利息。此项利息应计入项目的总投资，并计入固定资产原值。

三、 无形资产和递延资产

无形资产是指具有一定价值或可以为所有者或控制者带来经济利益，能在比较长时期内持续发挥作用且不具有独立实体的权利和经济资源，包括专利权、专有技术、商标权和土地使用权等。

递延资产是指不能全部计入当年的损益，应当在以后年度内分期摊销的各项费用。我国将开办费、租入固定资产的改良支出、固定资产的大修理支出和摊销期在一年以上的其他待摊销费作为递延资产。

与固定资产类似，无形资产通常也有一定的有效服务期，无形资产的价值也要在服务期内逐步转移到产品价值中去。无形资产的价值转移是以无形资产在其有效服务期内逐年摊销的形式体现的。递延资产也应在项目投入运营后的一定年限内平均摊销。无形资产和递延资产的摊销费均计入产品成本。

四、 流动资产

项目总投资中的流动资金形成项目运营过程中的流动资产。

流动资金指在项目投产前预先垫付，在投产后的生产与经营过程中用于购买原材料、燃料和动力、备品备件、支付工资和其他费用以及在制品、半成品及产成品或商品占用的周转资金。

$$流动资金=流动资产-流动负债$$

流动资产是指可以在一年内或超过一年的一个营业周期内变现或者耗用的资产，包括现金、各种存款、短期投资、应收预付款项、存货等。流动负债是指偿还期在一年或超过一年的一个营业周期以内的债务，包括短期借款、应付票据、应付及预收款项、应交税金、应付利润和应付福利费等。

在生产经营过程中，流动资金的实物形态不断发生变化，以现金及各种存款、存货、应收和预付款项等流动资产的形态出现。一个营业周期结束，其价值一次全部转移到产品中去，并在完成销售以后以货币形式得到补偿。每一营业周期流动资金完成一次周转，但在整个项目寿命期内始终被占用，到项目寿命期末，全部流动资金退出经营过程，以货币资金形式被回收。

第四节 费用与成本

一、 会计成本的构成

成本是反映项目经营过程中资源消耗的一个主要基础数据，是形成产品价格的重要组成部分，是影响经济效益的重要因素，也是技术经济分析中现金流出的主要部分。

在工业生产经营活动中，费用泛指企业在生产经营过程中发生的各项耗费，成本通常指企业为生产商品和提供劳务所发生的各项费用。总成本费用是指项目在一定时期内（一般为一年）为生产和销售产品而花费的全部成本和费用。

产品的总成本费用按其经济用途与核算层次可分为直接费用、制造费用和期间费用，或生产成本、管理费用、财务费用和销售费用。总成本费用构成如图 2-2 所示。

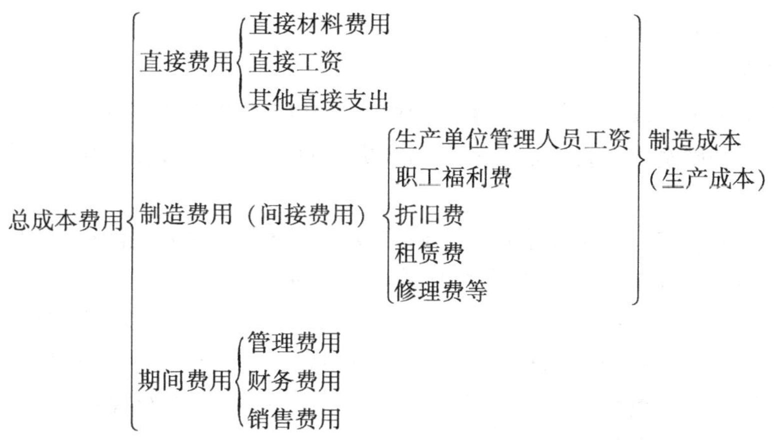

图 2-2　总成本费用构成

总成本费用=生产成本+管理费用+财务费用+销售费用

生产成本由生产过程中消耗的直接材料、直接工资、其他直接支出和制造费用构成。

（一） 直接费用

直接费用包括直接材料费用、直接工资和其他直接支出。直接材料费用是指在生产中用来形成产品主要部分的材料的费用。直接工资是指在产品生产过程中直接对材料进行加工使之变成产品的人员的工资、奖金、津贴和补贴等。其他直接支出包括直接从事产品生产人员的职工福利费。

（二）制造费用

制造费用是指为组织和管理生产所发生的各项间接费用，包括生产单位（车间或分厂）管理人员工资、生产单位房屋、建筑物、机器设备等的折旧费、租赁费（不包括融资租赁费）、机物料消耗、低值易耗品摊销、取暖费、水电费、办公费、差旅费、运输费、保险费、设计制图费、劳动保护费、职工福利费、季节性和修理期间的停工损失以及其他制造费用。

（三）期间费用

期间费用包括管理费用、财务费用和销售费用。

1. 管理费用

管理费用是指企业为组织和管理企业生产经营活动所发生的各项费用，包括企业的董事会和行政管理部门在企业的经营管理中发生的，或者应当由企业统一负担的公司经费。管理费用包括公司经费、工会经费、职工教育经费、劳动保险费、待业保险费、董事会费、咨询费、诉讼费、排污费、绿化费、税金、土地使用费、技术转让费、研究开发费、无形资产摊销、开办费摊销、业务招待费及其他管理费用。

2. 财务费用

财务费用是企业为筹集生产经营所需资金等而发生的各项费用。它包括企业生产经营期间发生的应作为期间费用的利息支出（减利息收入）、汇兑净损失、银行手续费以及为筹集资金发生的其他财务费用。

3. 销售费用

销售费用是指销售商品过程中发生的费用，包括应由企业负担的运输费、装卸费、包装费、保险费、差旅费、广告费以及专设销售机构的人员工资及福利费、折旧费、修理费和其他费用。

在技术经济分析中，为了便于计算，通常按照各费用要素的经济性质和表现形态将其归并，把总费用分成以下九项：①外购材料（包括主要材料、辅助材料、半成品、包装费、修理用备件和低值易耗品等）费用；②外购燃料费用；③外购动力费用；④工资及福利费；⑤折旧费；⑥摊销费；⑦利息支出；⑧修理费；⑨其他费用。这里的“其他费用”是指在制造费用、管理费用、财务费用和销售费用中扣除工资及福利费、折旧费、修理费、摊销费、利息支出后的费用。

二、 技术经济分析中有关成本的概念

在技术经济分析中，对费用与成本的理解与企业财务会计中的理解不完全相同，主要表现在三个方面：①财务会计中的费用和成本是对企业经营活动和产品生产过程中实际发生的各种耗费的真实记录，所得到的数据是唯一的，而技术经济分析中使用的费用和成本数据是在一定假定前提下对拟实施投资方案的未来情况预测的结果，带有不确定性；②会计中对费用和成本的计量分别针对会计期间的企业生产经营活动和特定产品的生产过程，而技术经济分析中对费用和成本的计量一般针对某一投资项目或技术方案的实施结果；③技术经济分析强调对现金流量的考察分析，在这个意义上费用和成本具有相同的性质。

另外，为了分析与计算的方便，还要引入财务会计中不常使用的一些费用与成本概念，这些费用与成本的经济含义有别于会计中的费用与成本。

（一）机会成本

机会成本是指将一种有多种用途的有限资源置于特定用途时所放弃的其他各种用途中的最高收益。当一种有限的资源具有多种用途时，可能有许多投入这种资源获取相应收益的机会，如果将这种资源置于某种特定用途，必须要放弃其他资源投入机会，同时也放弃了相应的收益，在所放弃的机会中最佳的机会可能带来的收益，就是将这种资源置于特定用途的机会成本。例如，一个地区的所有资源可用来生产 100 万吨粮食和 5 万吨钢材，如果想多生产 1 万吨粮食，就必须少生产 500 吨钢材，那么这 500 吨钢材的价值就是生产 1 万吨粮食的机会成本。又如，一定量的资金用于项目投资，有甲和乙两个投资项目，若选择投资甲项目，就只能放弃乙的投资机会，则乙项目的可能收益就是甲项目的机会成本。

在经济分析中，只有考虑了某种资源用于其他用途的潜在收益，才能做出正确决策，使资源得到有效利用。

（二）经济成本

我们一旦认识到存在机会成本，就可以清楚地看到企业除发生看得见的实际成本——显性成本（如企业购买原材料与设备的费用、劳动力报酬、支付借款利息）外，还存在隐性成本。隐性成本是指企业自有的资源，实际上已经投入，但在形式上没有支付报酬的那部分成本。

例如，某人利用自己的地产和建筑物开了一个企业，那么此人放弃了向别的厂商出租土地和房子的租金收入，也放弃了受雇于别的企业而可赚得的工资，这些隐性成本并没有列入企业的账册，导致经营利润偏高。而事实上，这种以自己拥有的资源投入，存在自有要素的机会成本，应该被看作实际生产成本的一部分。因此在经营决策时应用经济成本概念，经济成本是显性成本和隐性成本之和。

（三）经营成本

经营成本指项目总成本中扣除固定资产折旧费、无形及递延资产摊销费和利息支出以后的全部费用。

经营成本＝总成本费用－折旧费－摊销费－借款利息支出

经营成本是为经济分析方便从总成本费用中分离出来的一部分费用。顾名思义，经营成本是项目运营期间的生产经营费用，属于各年的现金流出。由于投资已在期初作为一次性支出计入现金流出，所以折旧费和摊销费不能再作为现金流出，否则会重复计算。另外，由于全投资现金流量表（见第六章财务评价部分）中不考虑资金来源，不存在利息的问题，自有资金现金流量表中已将利息单独列出，因此经营成本中也要扣除利息支出。

（四）沉没成本

沉没成本是指以往发生的与当前决策无关的费用。例如，已使用多年的设备，其沉没成本是指设备的账面净值与其现时市场价值之差。经济活动在时间上是具有连续性的，但从决策的角度来看，以往发生的费用只是造成当前状态的一个因素，当前状态是决策的出发点，当前决策所要考虑的是未来可能发生的费用及所能带来的收益，不考虑以往发生的费用。比如某企业一个月前以 3 500 元/吨的价格购入钢材 800 吨（这是不能改变的事实，3 500 元/吨是沉没成本），现该规格的钢材市场价格仅为 3 000 元/吨，该企业在决策是否出售这批钢材时，不应受 3 500 元/吨购入价格这一沉没成本的影响，而应分析钢材价格的走势。若预计价格将上涨，则继续持有，如有剩余资金，并可逢低吸纳；若预计价格将继续下跌，则应果断出货。

（五）固定成本与变动成本

按各种费用与产品产量的关系，可将产品成本划分为固定成本、变动成本和半变动（半固定）成本。

1. 固定成本

固定成本是指在一定生产规模范围内不随产量的变动而变动的成本费用。一般地讲，折旧费以及管理费用、财务费用和销售费用中有大部分项目，是不随产量的变动而变动的费用。应当指出，固定成本是指对成本费用的总量而言是固定不变的，即固定成本的总额是不随产量变动的。但是，分摊到单位产品的单位固定成本是变动的，与产品产量呈反比变化，即产量增加则单位产品固定成本减少，反之亦然。

固定成本包括固定资产折旧、管理人员工资及福利费、修理费、摊销费等。

2. 变动成本

变动成本是指产品成本费用中随产量的变动而变动的成本费用。一般地讲，构成产品实体的直接材料的费用，如原材料费用、燃料费用以及促进产品形成的动力费用、直接工资和其他直接支出费用等，就是随产品产量的变动而呈比例变动。应当指出，变动成本对产品总量而言是变动的，即随着产量的增加，成本费用总额也成比例增加，反之亦然。但是，分摊到单位产品的单位变动成本是不变的。

变动成本包括直接原材料、直接人工费、直接燃料和动力费及包装费等。

3. 半变动（半固定）成本

半可变（半固定）成本是指其费用总额随产量增减而变化，但不是成比例变化，如制造费用中的运输费用，一般随产量的增加而增加，但在前期递增缓慢，在后期增加明显。

（六）边际成本

边际成本是指多生产一单位产量所产生的总成本增加额。例如，当产量为1 500吨时，总成本为 450 000 元；当产量为 1 501 吨时，总成本为 450 310 元，则第 1 501 吨产量的边际成本等于 310 元。因为边际成本考虑的是单位产量变动所增加的成本，故固定成本可以视为不变，边际成本实际上是生产一单位产品时所增加的变动成本的数额。

三、 费用和成本中的折旧与摊销

工业项目投入运营之后，固定资产在使用过程中会逐渐磨损和贬值，其价值逐步转移到产品中去。这种伴随着固定资产损耗发生的价值转移被称为固定资产折旧。转移的价值以折旧费的形式计入产品成本，并通过产品的销售以货币形式收回到投资者手中。

与固定资产类似，无形资产通常也有一定的有效服务期，无形资产的价值也要在服务期内逐步转移到产品价值中去。无形资产的价值转移是以无形资产在其有效服务期内逐年摊销的形式体现的。递延资产也是在项目投入运营后的一定年限内摊销的，无形资产和递延资产的摊销费一般应计入当期损益（管理费用）。

企业常用的计算、提取折旧的方法有年限平均法、工作量（或产量）法和加速折旧法等。我国企业一般采用年限平均法或工作量法，在符合国家有关规定的情况下，经批准也可采用加速折旧法。

（一）年限平均法

年限平均法也被称为直线折旧法，是使用最广泛的一种折旧计算方法。按照年限平均法，固定资产每年折旧额的计算公式为：

$$年折旧额=\frac{固定资产原值-固定资产净残值}{折旧年限}$$

在会计核算中，购建固定资产的实际支出（包括建设期借款利息，外币借款汇兑差额及固定资产投资方向调节税）就是固定资产的原始价值，简称固定资产原值。固定资产净残值是预计的折旧年限终了时的固定资产残值减去清理费用后的余额。固定资产净残值与固定资产原值之比被称为净残值率，净残值率一般为3%~5%。各类固定资产的折旧年限由财政部统一规定。

$$年折旧率=\frac{年折旧额}{固定资产原值}\times100\%=\frac{1-预计净残值率}{折旧年限}\times100\%$$

（二）工作量法

工作量法是一种特殊的直线折旧法，一般用于计算某些专业设备和交通运输车辆的折旧，是以固定资产完成的工作量（行驶里程、工作小时、工作台班、生产的产品数量）为单位计算折旧额。计算公式为：

$$单位工作量折旧额=\frac{固定资产原值-固定资产净残值}{预计使用期限内可以完成的工作量}$$

$$年折旧额=单位工作量折旧额\times年实际完成工作量$$

（三）加速折旧法

加速折旧的目的是使固定资产在使用年限内加快得到补偿。

加速折旧的方法有多种，使用较多的有年数总和法与双倍余额递减法。

1. 年数总和法

采用年数总和法计算折旧，折旧率是逐年递减的，各年折旧率的计算公式为：

$$年折旧率=\frac{折旧年限-已使用年数}{折旧年限\times（折旧年限+1）/2}\times100\%$$

按照年数总和法，各年固定资产折旧额的计算公式为：

$$年折旧额=（固定资产原值-固定资产净残值）\times当年折旧率$$

2. 双倍余额递减法

按双倍余额递减法计算折旧的公式为：

$$年折旧率=\frac{2}{折旧年限}\times100\%$$

$$年折旧额=固定资产净值\times年折旧率$$

折旧年限到期前的最后两年，年折旧额的计算公式为：

$$年折旧额=\frac{固定资产净值-固定资产净残值}{2}$$

式中固定资产净值是其固定资产原值扣除固定资产使用时间内累计的折旧费总额后的差值。

应明确，无论采用何种方法计提折旧，在整个固定资产折旧年限内，折旧总额都是一样的。采用加速折旧法只是固定资产使用前期计提折旧较多而使用后期计提折旧较少。一般来说，加速折旧有利于企业进一步发展。

使用寿命有限的无形资产，其摊销金额应当在使用寿命内系统合理摊销，使用寿命不确定的无形资产不应摊销。对无形资产的摊销可采用直线法、产量法和加速摊销法。

对于递延资产中的开办费，企业可以在经营开始之日所在的当年一次性扣除，也可以作为长期待摊费用的支出，自支出发生月的次月起分期摊销，摊销年限不低于 3 年。租入固定资产改良支出应按照剩余租赁期限进行摊销。

固定资产折旧费与无形资产、递延资产摊销费在技术经济分析中具有相同的性质。虽然在会计中折旧费与摊销费被计入费用和成本，但在进行现金流量分析时，折旧费与摊销费既不属于现金流入，也不属于现金流出。

第五节 销售收入与利润

一、 销售收入

销售收入是企业向社会出售商品或提供劳务的货币收入，是技术经济分析中现金流入的重要部分。

企业的销售收入包括产品销售收入和其他销售收入。产品销售收入包括销售产成品、自制半成品及工业性劳务取得的收入；其他销售收入包括材料销售、技术转让、包装物出租、外购商品销售及承担运输等非工业性劳务所取得的收入。

销售收入与总产值是有区别的。总产值是企业生产的成品、半成品和处于加工过程中的在制品的价值总和，可按当前市场价格或不变价格计算；而销售收入是指出售商品的货币收入，是按其出售时的市场价格计算的。企业生产的产品只有在市场上出售，才能成为给企事业带来收益的有用的劳动成果。因此销售收入才是反映工业项目真实收益的经济参数。

二、 利润

如果企业不能获得利润，企业就不能生存，因而不管企业家是否以利润最大化为其首要目标，利润在企业做决策时的至关重要地位是不容怀疑的。

企业的利润应当是企业的总经营收益减去企业投入的总成本，正因为成本有不同的含义，利润也就有着不同的含义。

要想让一个企业继续在原行业经营，企业所有投入的自有要素必须取得社会平均资金利润率，否则企业就会关门，自有资金就会投入他用，企业主也会另谋他业。对隐性成本的报酬是正常利润。

而当企业的总收益减去包含了显性成本和隐性成本后还有剩余，剩余就被称作经济利润，又被称作超额利润。

销售单价扣除边际成本就是边际利润，边际利润指增加单位产量所增加的利润。

企业的经营收益减去会计成本，所得到的就是会计利润。按照我国的财会制度，有销售利润、利润总额及税后利润等概念。

销售利润是销售收入扣除成本、费用和各种流转税及附加费后的余额；利润总额是企业在一定时期内实现盈亏的总额；税后利润是企业利润总额扣除应交所得税后的利润。计算公式为：

销售利润=产品销售净额-产品销售成本-产品销售税金及附加-销售费用-管理费用-财务费用

其中：

产品销售净额=产品销售总额-（销货退回+销货折扣与折让）

利润总额=销售利润+投资净收益+营业外收入-营业外支出

税后利润=利润总额-应交所得税

企业的税后利润按国家《企业财务通则》规定，一般采用下列顺序进行分配：

（1）弥补以前年度亏损；

（2）提取法定公积金，用于弥补企业亏损及按照国家规定转增资本金等；

（3）向投资者分配利润。

第六节 税收与税金

税收是国家凭借政治权力参与国民收入分配和再分配的一种形式，具有强制性、无偿性和固定性三大特点。税金是国家依据法律对有纳税义务的单位和个人征收的财政资金，是纳税人为国家提供积累的重要方式。我国目前的工商税制分为流转税类、所得税类、资源税类、特定目的税类和财产税类五大类。有的税金是允许计入成本的，有的税金直接从销售收入中扣除，而有的税金从利润中扣除。可以计入产品成本的税金有：房产税、土地使用税、车船使用税、印花税及进口原材料和备品备件的关税。从销售收入中直接扣除的税金及附加费有营业税、消费税、资源税、城市维护建设税和教育费附加（注：增值税为价外税）。从销售利润中扣除的税金为所得税。现将主要的税种简述如下。

一、 流转税类

流转税是以商品生产、流通和劳动服务各个环节的流转额为征收对象的各种税。它是我国目前最大的一类税，包括营业税、增值税、消费税等。

（一）增值税

增值税是对在我国境内销售或提供加工、修理修配劳务以及进口货物的单位和个人，就其取得的货物或应税劳务销售额，以及进口货物金额计算税额，并实行税款抵扣制的一种流转税。就计税原理而言，增值税是对商品生产和流通中各环节的新增价值或商品附加值进行征税，所以叫做增值税。因此增值税克服了以往的产品税重复计税，税负不平的缺陷。

凡在我国境内销售货物或者提供加工、修理修配劳务以及进口货物的单位和个人，为增值税的纳税义务人。由于众多纳税人的会计核算水平参差不齐，为了严格增值税的征收管理和对某些经营规模小的纳税人简化计算办法，将纳税人按其经营规模与会计核算健全与否划分为一般纳税人和小规模纳税人。小规模纳税人是指年销售额在规定标准以下，并且会计核算不健全，不能按规定报送有关税务资料的增值税纳税人，除此之外的纳税人为一般纳税人。

对于一般纳税人而言，应纳税额计算公式为：

应纳税额=当期销项税额-当期进项税额

当期销项税额=销售额×适用增值税率

销售额是指纳税人销售货物或者提供应税劳务而向购买方收取的全部价款和价外费用，但是不包括收取的销项税额，销项税额应在增值税专用发票“税额”栏中填写。增值税采用两档税率，基本税率为 17%，低税率为 13%，纳税人出口货物，税率为零。

小规模纳税人销售货物或提供应税劳务，按 3%的征收率计算应纳税额，不得抵扣进项税额。应纳税额计算公式为：

应纳税额=销售额×税率

由于增值税是价外税，既不计入成本费用，也不计入销售收入，因此从企业角度进行项目现金流量分析时，可不考虑增值税。

（二）营业税

营业税是对我国境内提供规定的劳务、转让无形资产、销售不动产等业务的单位和个人，就其营业收入或转让收入征收的一种税。不同行业采用不同的适用税率。

营业税应纳税额计算公式为：

应纳税额=营业额×税率

2011 年和 2013 年，财政部、国家税务总局联合发布了《营业税改增值税试点方案》和《营业税改征增值税试点实施办法》，要求在交通运输、建筑、邮电通信、金融保险、现代服务、文化体育、销售不动产和转让无形资产等各行业逐步开展试点，择机扩大试点范围。税率新增 11%和 6%两档低税率。

（三）消费税

消费税是对在我国境内生产、委托加工和进口国家规定的应税消费品的单位和个人征收的流转税。消费税计税依据为销售收入，实行从价定率或者从量定额的办法计算应纳税额。应纳税额计算公式为：

（1）以实行从价定率办法计算的消费税：

应纳税额＝销售额×税率

（2）实行从量定额办法计算的消费税：

应纳税额＝销售数量×单位税额

消费税的计税依据是应税消费品的销售额或销售量，税率或单位销售量税额依不同消费品类别分若干档次。

二、 资源税类

资源税类是指以被开发或占用的资源为征税对象的各种税，包括资源税、城镇土地使用税等。

（一）资源税

资源税是对在我国境内开采原油、天然气、煤炭、其他非金属原矿、黑色金属矿原矿、有色金属矿原矿及生产盐的单位和个人征收。征收资源税的主要目的在于调节因资源条件差异而形成的资源级差收入，促使国有资源的合理开采与利用，同时为国家取得一定的财政收入。资源税的应纳税额按照从价定率或从量定额的办法计征：

应纳税额＝销售额×适用税率

或

应纳税额＝销售量×适用税额

国家依照产品类别和不同的资源条件规定相应的从价定率或者从量定额。

（二）城镇土地使用税

城镇土地使用税是指国家在城市、县城、建制镇和工矿区，对使用土地的单位和个人征收的一种税。土地使用税以纳税人实际占用的土地面积为计税依据，按大中小城市和县城、建制镇、工矿区分别规定单位面积年税额：

应纳税额＝使用土地面积×单位面积税额

国家规定对农、林、牧、渔业的生产用地，以及国家机关、人民团体、军队及事业单位的自用土地免征土地使用税。对一些重点发展产业，国家也有相应的减免税规定。

三、 所得税类

所得税类是指以单位或个人在一定时期内的纯所得额为征税对象的各个税种，包括企业所得税及个人所得税。

（一）企业所得税

企业所得税的纳税人是在我国境内实行独立经济核算的企业。纳税人每一纳税年度的收入总额减去准予扣除项目后的余额为应纳税所得额。收入总额包括生产经营收入、财产转让收入、利息收入、租赁收入、特许权使用费收入、股息收入及其他收入，准予扣除的项目是指与纳税人取得收入有关的成本、费用和损失，计算公式如下：

$$应纳税所得额=利润总额\pm税收调整项目金额$$

其中，

$$利润总额=产品销售利润+其他业务利润+投资净收益+营业外收入-营业外支出$$

税收调整项目是指将会计利润转换为应纳税所得额时按照税法规定应当调整的项目。企业所得税税率为25%：

$$应纳所得税额=应纳税所得额\times税率$$

（二）个人所得税

个人所得税的征税对象是个人取得的应税所得，包括工资薪金、个体工商户的生产经营所得、劳务费报酬所得、稿酬所得、利息股息所得、财产租赁所得及其他所得。

个人所得税按超额累进税率和比例税率两种方式计税。

四、 财产税类

财产税类是指以法人和自然人拥有及转移的财产价值或增值额为征税对象的各种税，主要包括车船税、房产税、遗产税、契税和土地增值税等。财产税类一般采用比例税率计税。

五、 特定目的税类

特定目的税类是指国家为达到某种特定目的而设立的各种税，主要有城市维护建设税、车辆购置税、耕地占用税等，按照不同税种的具体规定计征。

习　题

1. 如何正确理解经济效果的科学含义？
2. 提高经济效果的途径有哪些？
3. 下列哪些指标属于经济效果指标，哪些属于劳动耗费指标，哪些属于劳动成果指标？

投资　资金利润率　销售收入　劳动生产率　利息　利率　物资消耗定额

4. 固定资产投资与流动资产投资的主要区别是什么？
5. 什么是机会成本、经济成本、沉没成本、固定成本、变动成本？试举例说明。
6. 何为经营成本？经营成本与总成本费用有何区别？
7. 增值税、资源税、所得税的征税对象是什么？

第三章 资金时间价值及其等值计算

第一节 资金的时间价值

资金的时间价值，是技术经济分析的基本概念，是采用动态分析方法对投资方案进行科学评价的基础。在进行技术经济分析时，为了保证各投资方案在不同的时间上所发生的费用及收益具有可比性，引进资金时间价值的概念，消除各方案的费用及收益在时间上的差异，使之具有可比性。

一、 资金时间价值的概念

任何投资项目的建设与运行，任何技术方案的实施，都有一个时间上的延续过程。对于投资者来说，资金的投入与收益的获取往往构成一个时间上有先有后的现金流量序列。要客观地评价投资项目或技术方案的经济效果，不仅要考虑现金流出与现金流入的数额，还必须考虑每笔现金流量发生的时间。

在不同的时间付出或得到同样数额的资金在价值上是不等的。也就是说，资金的价值会随时间推移发生变化。今天可以用来投资的一笔资金，即使不考虑通货膨胀因素，也比将来可获得的同样数额的资金更有价值。因为当前可用的资金能够立即用来投资并带来收益，而将来才可取得的资金则无法用于当前的投资，也无法获取相应的收益。不同时间发生的等额资金在价值上的差别被称为资金的时间价值。

对于资金的时间价值，可以从两个方面理解。

首先，资金随着时间的推移，其价值会增加。这种现象叫资金增值。资金是属于商品经济范畴的概念，在商品经济条件下，资金是不断运动的。资金的运动伴随着生产与交换的进行，生产与交换活动会给投资者带来利润，表现为资金的增值。资金增值的实质是劳动者在生产过程中创造了剩余价值。从投资者的角度来看，资金的增值特性使资金具有时间价值。

其次，资金一旦被用于投资，就不能被用于现期消费。牺牲现期消费是为了能在将来得到更多的消费，个人储蓄的动机和国家积累的目的都是如此。从消费者的角度来看，资金的时间价值体现为对放弃现期消费的损失所应给予的必要补偿。

在发展商品经济的今天，自觉运用资金在生产、流通过程中的增值原理，即资金时间价值的基本思想，在各项基本建设投资中重视资金的时间价值，尽力缩短建设周期，加速资金的周转，可以取得更大的投资经济效果。

二、 利息与利率

（一）利息和利率

利息是指占用资金所付的代价（或放弃使用资金所得的补偿）。如果将一笔资金存入银行，这笔资金就可称为本金。经过一段时间之后，储户可在本金之外再得到一笔利息，这一过程可表示为：

$$F_n = P + I_n$$

式中：F 为到期之后的本利和；

P 为本金；

I 为到期所得利息。

下标 n 表示计算利息的周期数（简称计息周期，指计算利息的时间单位，如“年”“月”等）。

利息是衡量资金时间价值的绝对尺度。

利率是在一个计息周期内所得的利息额与借贷金额（即本金）之比，一般以百分数表示。用 i 表示利率，其表达式为：

$$i = \frac{I_1}{P} \times 100\%$$

式中：I_1 为一个计息周期的利息。

上式表明，利率是单位本金经过一个计息周期后的增值额。

利率是衡量资金时间价值的相对尺度，i 越大，表明资金增值速度越快。

（二）单利和复利

利息的计算有单利计算和复利计算之分。

1. 单利

单利是仅以本金为基数计算利息，利息不再产生利息。资金随时间推移呈线性变化。

单利的本利和计算公式为：

$$F_n = P(1 + i \cdot n), \qquad I_n = P \cdot i \cdot n \tag{3-1}$$

式中：F_n 为 n 年末本利和；

P 为本金；

i 为年利率，是利息占本金的百分比，是相对值；

I_n 为 n 年后的利息额；

n 为计息周期数。

【例 3-1】 一笔 10 000 元借款，单利年利率为 10%，借期 2 年。

解：2 年后应付利息为：

$$I = P \cdot i \cdot n = 10\ 000 \times 10\% \times 2 = 2\ 000(\text{元})$$

2 年后应偿还的总金额为：

$$F = P + I = 10\ 000 + 2\ 000 = 12\ 000(\text{元})$$

或用式（3-1）的单利本利和计算公式为：

$$F_2 = P(1 + i \cdot n) = 10\,000(1 + 10\% \times 2) = 12\,000(\text{元})$$

应注意，10 000 元 1 年末应付的利息为：

$$I = 10\,000 \times 10\% \times 1 = 1\,000(\text{元})$$

在第 2 年末应付的利息为 2 000 元，而第 1 年新增的利息 1 000 元并未产生利息。

2. 复利

复利是用本金和前期累计利息总额之和进行计息，即除最初的本金要计算利息外，每一计息周期的利息都要并入本金，再生利息，即所谓的“利滚利”。资金随时间的推移成指数曲线变化。

复利计算的本利和公式为：

$$F_n = P(1 + i)^n \tag{3-2}$$

仍以借期 2 年，10 000 元贷款，年利率 10%为例。当以复利计算时，其计算如表 3-1 所示。

表 3-1　复利的计算　单位：元

时间	年初所欠金额	年末应付利息	年末所欠金额
1	10 000	10 000×10%＝1 000	10 000+1 000＝11 000
2	11 000	11 000×10%＝1 100	11 000+1 100＝12 100

同样是一笔年利率为 10%，10 000 元两年期的贷款，用复利计算支付的利息比单利支付多 12 100-12 000＝100（元）。这 100 元利息正好是第一年所得利息 1 000 元在第二年间所产生的利息。

用式（3-2）的复利计算公式为：

$$\begin{aligned} F_2 &= P + P \cdot i + (P + P \cdot i)i = (P + P \cdot i)(1 + i) = P(1 + i)^2 \\ &= 10\,000 \times (1 + 10\%)^2 = 12\,100\,(\text{元}) \end{aligned}$$

资金随时间的变化规律如图 3-1 所示。

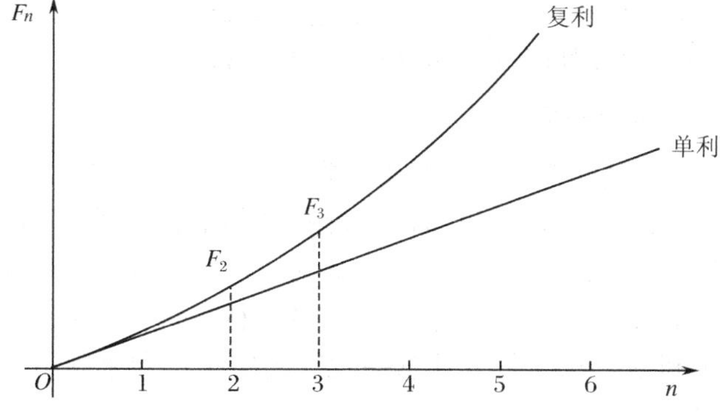

图 3-1　资金随时间的变化规律曲线

【例 3-2】 某人借入资金 5 000 元，年利率为 10%，借款期限为 5 年，分别以单利法和复利法计算 5 年后应归还的本利和为多少。

解：（1）单利法计算，5 年后的本利和为：

$$F = P(1 + i \cdot n) = 5\ 000 \times (1 + 10\% \times 5) = 7\ 500(\text{元})$$

5 年中每年年末应付利息及本利和如表 3-2 所示。

表 3-2　单利计息应付利息及本利和　单位：元

时间	年初欠款	每年应付利息	年末应偿还本利和
1	5 000	5 000×10%＝500	5 500
2	5 500	5 000×10%＝500	6 000
3	6 000	5 000×10%＝500	6 500
4	6 500	5 000×10%＝500	7 000
5	7 000	5 000×10%＝500	7 500

（2）复利法计算，5 年后的本利和为：

$$F = P(1 + i)^n = 5\ 000 \times (1 + 10\%)^5 = 8\ 052.55(\text{元})$$

5 年中每年年末应付利息及本利和如表 3-3 所示。

表 3-3　复利计息应付利息及本利和　单位：元

时间	年初欠款	每年应付利息	年末应偿还本利和
1	5 000	5 000×10%＝500	5 500
2	5 500	5 500×10%＝550	6 050
3	6 050	6 050×10%＝605	6 655
4	6 655	6 655×10%＝665. 5	7 320. 5
5	7 320. 5	7 320. 5×10%＝732. 05	8 052. 55

从表 3-3 可以看出，对于同一笔借款，在 i、n 相同的情况下，用复利法计算的利息金额及应偿还的本利和比用单利法计算的大。当本金越大、利率越高、计息周期越长时，用两种方法计算的结果差距就越大。

较单利法而言，虽然复利法的计算复杂一些，但就资金在整个社会生产过程中运动的实际情况看，复利计息比较符合资金在社会再生产中的实际状况，即5 000元的资金在一年内生产的增值，这增值的 500 元资金不会被闲置，将会继续被投入生产领域，又会继续产生增值。资金在社会的生产过程中总是不断地运动着，总是在不停地产生增值。因此，在技术经济学中，对资金的时间价值多采用复利计算方法。

（三）名义利率和实际利率

在实际经济活动中，计息周期有年、半年、季、月、周、日等多种。我们将计息周期实际发生的利率称为计息周期实际利率，计息周期实际利率乘以每年计息周期数就得到名义利率。

假如按月计算利息，月利率为 1%，通常称为“年利率 12%，每月计息一次”。这个年利率 12%被称为“名义利率”。按单利计息，名义利率与实际利率是一致的。但是，按复利计算，上述“年利率 12%，每月计息一次”的实际年利率则不等于名义利率，而是比 12%略大的一个数。

名义利率显然没有考虑资金的时间因素，是一种单利计算法。当计入复利，即考虑资金时间因素时，则年实际利率的计算如下：

设 r 为名义利率，i 为年实际利率，m 为每年的计息周期数。则 1 年后的本利和应为：

$$F = P(1 + r/m)^m \tag{3-3}$$

按利率定义得年实际利率 i 为：

$$i = (F - P)/P = (1 + r/m)^m - 1 \tag{3-4}$$

从式（3-4）解得名义利率 r 为：

$$r = m[(1 + i)^{1/m} - 1] \tag{3-5}$$

【例 3-3】 半年计算 1 次利息，利率为 4%，1 年计息周期数为 2，则年名义利率为 4%×2=8%。通常称为"年利率为 8%，按半年利息"。这里的年利率 8%，就是名义利率。

如果将 100 元存入银行，年利率 8%，那么第 1 年年末的本利和是：

$$F = 100 \times (1 + 8\%) = 108(\text{元})$$

若假定计息期是半年，则半年后，储户得到的利率是 4%，而不是 8%。存款在第 1 年年末的本利和是：

$$F = 100 \times \left(1 + \frac{8\%}{2}\right)^2 = 108.16(\text{元})$$

以上两终值的差异 0.16 元是前半年的利息（100×4%=4 元）在第二个半年中的利息。1 年中的计息次数越多，在给定 1 年的年末的本利和就越大。

【例 3-4】 设季度为计息期，i 为 2%，年初存款 400 元的年末终值为多少？

解：

$$F = 400 \times (1 + 2\%)^4 = 433(\text{元})$$

$$i_{\text{年实}} = (1 + 2\%)^4 - 1 = 8.24\%$$

$$F = 400 \times (1 + 8.24\%) = 433(\text{元})$$

年名义利率　$r = 4 \times 2\% = 8\%$。

当 $m = 1$，即计息周期为 1 年(1 年中只计息一次)，则 $i = r$，即实际年利率与名义利率相等。当 $m > 1$，即付息周期次数大于 1 时，则 $i > r$，即年实际利率将大于名义利率。特别地，当 $m \to \infty$ 时，即 1 年中无限多次计息，这被称为连续复利计息，连续复利计息的实际年利率为：

$$i = \lim_{m\to\infty}\left[\left(1 + \frac{r}{m}\right)^m - 1\right] = \lim_{m\to\infty}\left[\left(1 + \frac{r}{m}\right)^{\frac{m}{r}}\right]^r - 1 = e^r - 1$$

下面以 12%的名义利率为例，计算比较名义利率、实际年利率以及连续复利率，结果如表 3-4 所示。

表 3-4　名义利率、实际年利率以及连续复利率的比较

计息周期	一年内计息次数（m）	12%的年名义利率	
		计息周期利率（%）	实际年利率（%）
年	1	12	12
半年	2	6	12.36
季	4	3	12.550 9
月	12	1	12.682 5
周	52	0.230 8	12.734 5
日	365	0.032 9	12.747 5
连续	∞	—	12.749 7

第二节 资金等值计算

一、 资金等值的概念

资金等值是指在考虑资金时间价值因素后，不同时点上数额不等的资金在一定利率条件下具有相等的价值。例如，现在的 1 000 元与一年后的 1 100 元，其数额并不相等，但如果年利率为 10%，则两者是等值的。因为现在的 1 000，在 10%利率下，一年后的本金与资金时间价值之和为 1 100 元。同样，一年后的 1 100 元在年利率为 10%的情况下等值于现在的 1 000 元。不同时点上数额不等的资金如果等值，则它们在任何相同时点上的数额必然相等。

影响资金等值计算的要素有三个：①资金金额；②资金发生的时间；③计算的利率。在已定资金金额及时点情况下，利率是决定资金等值的主要因素。

为了计算资金的时间价值，利用现金流量图对现金流量进行分析和计算，需掌握资金时间价值的相关概念。

（一）贴现与贴现率

把将来某一时点的资金金额换算成另一时点的等值金额被称为贴现。贴现时所用的利率称贴现率或折现率。

（二）现值

发生在时间序列起点处的资金值被称为资金的现值。时间序列的起点通常是评价时刻的点，即现金流量图的零点处，用符号 P 表示。注意，现值是一个相对的概念，一笔资金被称为现值是相对将来某个时刻而言的。

（三）年值

年值是指分期等额收支的资金，用符号 A 表示。

（四）终值

终值是现值在未来时点上的等值资金，用符号 F 表示。

二、 现金流量图

为了考察投资项目在其整个寿命期或计算期内的全部收益和全部费用，可以用现金流量图来分析和计算项目的经济效果。现金流量图直观、方便、形象地把项目的现金收支情况表示出来，如图 3-2 所示。

在图 3-2 中，纵坐标表示所在时刻发生的费用或收益的金额，并且约定以研究对象（如一个项目）为一个独立系统。现金流量图上横坐标表示时间尺度，单位通常用年。图

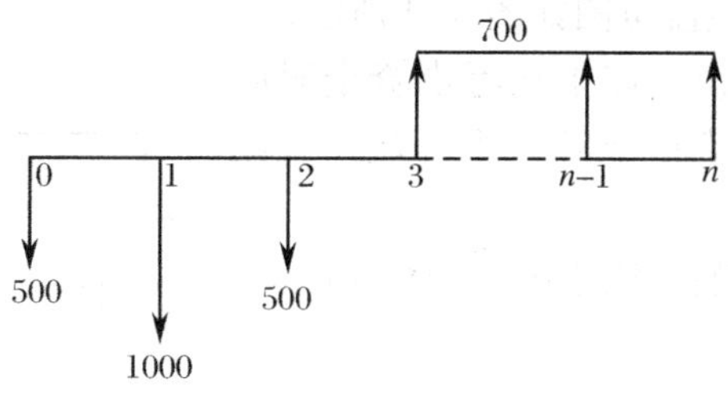

图 3-2 现金流量图

上的时点 1，2，3，…是该年年末时点，同时也是下一年年初时点。0 时点是第一年开始的时点。箭头向上表示现金的流入（正现金流），箭头向下表示现金的流出（负现金流）。带箭头的垂直线段的长短与现金流入、现金流出的大小相对应。现金流量图上还要注明每一笔现金流量的金额。

为了便于分析和评价，通常将具体的资金运动予以简化。在项目或方案的经济评价中，如无特别说明，现金流量图中时间以年为分析单位，并约定投资发生在年初，经营费用、销售收入、残值等发生在年末。

【例 3-5】 某项目第一年、第二年分别投资 50 万元、30 万元，以后各年收益均为 40 万元，经营费用均为 20 万元，寿命期为 10 年（包括建设期），期末残值为 30 万元。试画现金流量图，如图 3-3 所示。

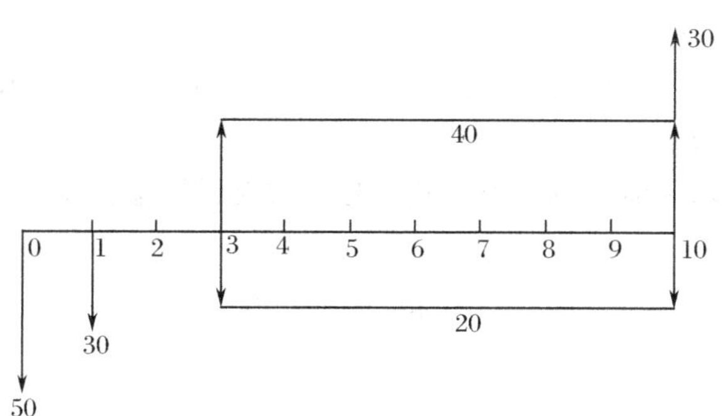

图 3-3 例 3-5 的现金流量图（单位：万元）

三、 资金等值计算公式

在技术经济分析中，为了考察投资项目的经济效果，必须对项目寿命期内不同时间发生的全部费用和全部收益进行计算和分析。在考虑资金时间价值的情况下，不同时间发生的收入或支出，其数值不能直接相加或相减，只能通过资金等值计算将它们换算到同一时间点上进行分析。资金等值计算公式和复利计算公式的形式是相同的。现将主要计算公式介绍如下。

（一）一次支付类型

一次支付又称整付，是指所分析系统的现金流量，无论是流入还是流出，均在一个时点上一次发生。其典型现金流量图如图 3-4 所示。

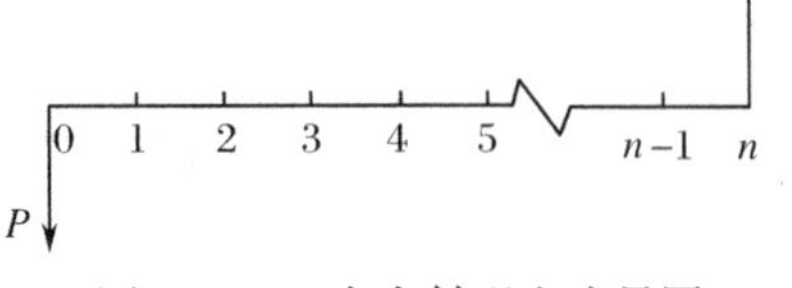

图 3-4　一次支付现金流量图

对于所考虑的系统来说，如果在考虑资金时间价值的条件下，现金流入恰恰能补偿现金流出，则 F 与 P 就是等值的。

一次支付的等值计算公式有两个，具体如下。

1. 一次支付终值公式

$$F = P(1+i)^n \tag{3-6}$$

上式与复利计算的本利和式（3-2）是一样的。但在等值计算中，一般称 P 为现值；F 为终值；i 为折现率；n 为时间周期数。此公式表示在折现率为 i，周期数为 n 的条件下，终值 F 和现值 P 之间的等值关系。系数 $(1+i)^n$ 被称为一次支付终值系数，也可用符号（F/P，i，n）表示。其中，斜线右边字母表示已知的数据与参数，左边表示欲求的等值现金流量。（F/P，i，n）可由附表查出。

【例 3-6】　某企业为开发新产品，向银行借款 100 万元，年利率为 10%，借期 5 年，5 年后一次归还银行的本利和是多少?

解：5 年后归还银行的本利和应与现在的借款金额等值，折现率就是银行利率。由式（3-6）可得出：

$$F = P(1+i)^n = 100 \times (1+0.1)^5 = 100 \times 1.611 = 161.1(\text{万元})$$

也可以查复利系数表（见本书附表），当折现率为 10%时，$n = 5$ 的一次支付终值系数（F/P，10%，5）为 1.611。故：

$$F = P(F/P,\ i,\ n) = 100(F/P,\ 10\%,\ 5) = 100 \times 1.611 = 161.1(\text{万元})$$

2. 一次支付现值公式

这是已知终值 F 求现值 P 的等值公式，是一次支付终值公式的逆运算。由式（3-6）可直接导出：

$$P = F\left[\frac{1}{(1+i)^n}\right] \tag{3-7}$$

符号意义同前。系数 $\frac{1}{(1+i)^n}$ 被称为一次支付现值系数，也可记为 $(P/F,\ i,\ n)$，$(P/F,\ i,\ n)$ 的值可查附表，它和一次支付终值系数 $(1+i)^n$ 互为倒数。

【例 3-7】　如果银行利率为 12%，假定按复利计息，为在 5 年后获得 10 000 元款项，现在应存入银行多少?

解：由式（3-7）可得出：

$$P = F(1+i)^{-n} = 10\,000 \times (1+0.12)^{-5} = 10\,000 \times 0.5674 = 5\,674(\text{元})$$

或先查表求出一次支付现值系数，再计算：

$$P = F(P/F,\ i,\ n) = 10\,000(P/F,\ 12\%,\ 5) = 10\,000 \times 0.5674 = 5\,674(\text{元})$$

（二）等额分付类型

等额分付是多次支付形式中的一种。多次支付是指现金流入和流出在多个时点上发生，而不是集中在某个时点上。现金流数额的大小可以是不等的，也可以是相等的。当现金流序列是连续的，且数额相等，则称为等额序列现金流。下面介绍等额序列现金流的四个等值计算公式。

1. 等额分付终值公式

如图 3-5 所示，从第 1 年末至第 n 年末有一等额的现金流序列，每年的金额均为 A，被称为等额年值。如果在考虑资金时间价值的条件下，n 年内系统的总现金流出等于总现金流入，则第 n 年末的现金流入 F 应与等额现金流出序列等值，F 相当于等额年值序列的终值。

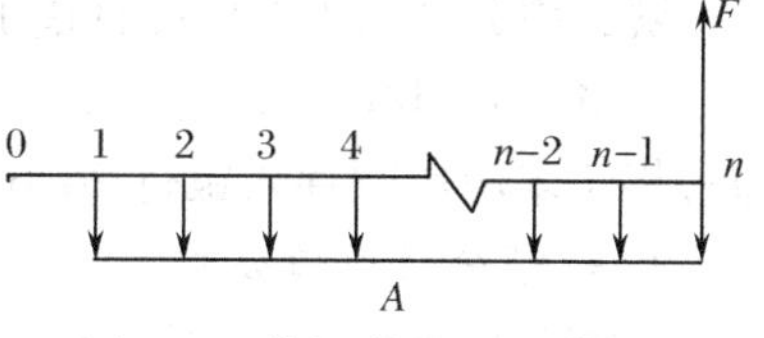

图 3-5　等额序列现金流之一

若已知每年的等额年值 A，欲求终值 F，依据图 3-5，可把等额序列视为 n 个一次支付的组合，利用一次支付终值公式推导出等额分付终值公式：

$$F = A + A(1+i) + A(1+i)^2 + \cdots + A(1+i)^{n-2} + A(1+i)^{n-1}$$
$$= A[1 + (1+i) + (1+i)^2 + \cdots + (1+i)^{n-2} + (1+i)^{n-1}]$$

利用等比数列求和公式，得：

$$F = A\left[\frac{(1+i)^n - 1}{i}\right] \tag{3-8}$$

式（3-8）为等额分付终值公式。$\frac{(1+i)^n - 1}{i}$ 被称为等额分付终值系数，亦可记为 $(F/A, i, n)$，其值可由附表查出。

【例 3-8】　某公司为设立退休基金，每年年末存入银行 2 万元，若存款利率为 10%，按复利计息，第 5 年末基金总额为多少？

解：由式（3-8）可得出：

$$F = A\left[\frac{(1+i)^n - 1}{i}\right] = 2 \times \left[\frac{(1+0.1)^5 - 1}{0.1}\right]$$
$$= 2 \times 6.105 = 12.21(\text{万元})$$

2. 等额分付偿债基金公式

等额分付偿债基金公式是等额分付终值公式的逆运算，即已知终值 F，求与之等价的等额年值 A。由式（3-8）可直接导出：

$$A = F\left[\frac{i}{(1+i)^n - 1}\right] \tag{3-9}$$

式中系数 $\frac{i}{(1+i)^n - 1}$ 被称为等额分付偿债基金系数，也可以用符号记为 $(A/F, i, n)$，其值可查书后附表。

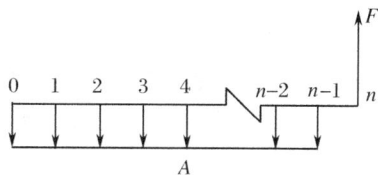

图 3-6　等额序列现金流之二

利用式（3-8）和式（3-9）进行等值计算时，必须注意的一点是，这两个公式适用于图 3-5 所示的现金流量图。如果现金流量图是图 3-6 的形式，则不能直接套用式（3-8）、式（3-9），必须进行一定的变换。

【例 3-9】　某公司打算在 5 年后购置一项固定资产，所需资金估计为 150 万元。该公司计划从当年开始于每年年末向银行等额存入资金，若年利率为 6%，在复利计息条件下，该公司 5 年中每年年末应向银行存入多少钱？

解：由公式（3-9）可直接求得：

$$A = F(A/F, i, n) = 150 \times (A/F, 6\%, 5) = 150 \times 0.1774 = 26.61(\text{万元})$$

即每年年末应等额存入银行 26.61 万元。

3. 等额分付现值公式

等额分付现值公式推导时所依据的现金流量图见图 3-7。如果在考虑资金时间价值的条件下，n 年内系统的总现金流出等于总现金流入，则第 0 年末的现金流出 P 应与从第 1 年末到第 n 年末的等额现金流入序列等值，P 就相当于等额年值序列的现值。

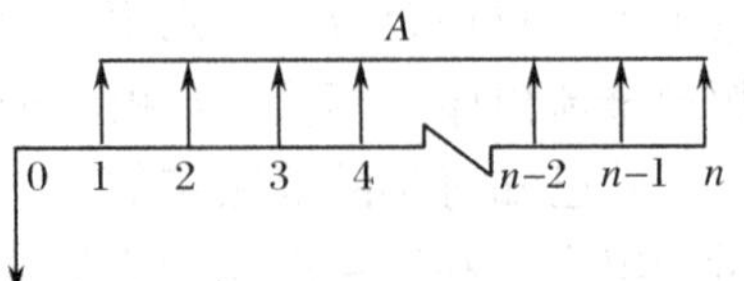

图 3-7　等额序列现金流之三

将式（3-8）两边各乘以 $\frac{1}{(1+i)^n}$，可得到：

$$P = A\left[\frac{(1+i)^n - 1}{i(1+i)^n}\right] \tag{3-10}$$

上式即为等额分付现值公式。$\frac{(1+i)^n - 1}{i(1+i)^n}$ 被称为等额分付现值系数，也可记为 $(P/A, i, n)$，其值可查书后附表。式(3 - 10) 表示在折现率为 i 时，n 个等额年值 A 与期初现值 P 的等价关系，适用于已知 A 求 P 的情况。

【例 3-10】　某公司要设立一项基金，计划在从现在开始的 10 年内，每年年末从基金中提取 50 万元，若已知年利率为 10%，现在应存入基金多少钱？

解：根据公式（3-10）可得：

$$P = A(P/A, 10\%, 10) = 50 \times 6.1446 = 307.23(\text{万元})$$

现在应一次性存入 307.23 万元。

由于

$$\lim_{n \to \infty} \frac{(1+i)^n - 1}{i(1+i)^n} = \frac{1}{i}$$

当周期数 n 足够大时，可近似认为：

$$P = \frac{A}{i}$$

4. 等额分付资金回收公式

等额分付资金回收公式是等额分付现值公式的逆运算，即已知现值，求与之等价的等额年值 A。由式（3-10）可直接导出：

$$A = P\left[\frac{i(1+i)^n}{(1+i)^n - 1}\right] \tag{3-11}$$

式中 $\frac{i(1+i)^n}{(1+i)^n - 1}$ 被称为等额分付资金回收系数，亦可记为 $(A/P, i, n)$，其值可查书后附表。这是一个重要的系数，对工业项目进行技术经济分析时，它表示在考虑资金时间价值的条件下，对应于工业项目的单位投资，在项目寿命期内每年至少应该回收的金额。如果对应于单位投资的实际回收金额小于这个值，在项目的寿命期内就不可能将全部投资收回。

资金回收系数与偿债基金系数之间存在如下关系：

$$(A/P,\ i,\ n) = (A/F,\ i,\ n) + i$$

【例 3-11】 某企业向银行贷款 100 万元，银行要求该企业在随后的五年中每年等额偿还本利和。若银行年贷款利率为 8%，采用复利法计息，企业每年应偿还银行多少钱？

解：根据公式（3-11）可得：

$$A = P(A/P,\ 8\%,\ 5) = 100 \times 0.25046 = 25.05(\text{万元})$$

企业每年应偿还银行 25.05 万元。

为了便于理解，将以上 6 个公式汇总于表 3-5 中。

表 3-5　　6 个常用资金等值公式

类别		已知	求解	公式	系数名称及符号	现金流量图
一次支付	终值公式	现值 P	终值 F	$F = P(1+i)^n$	一次支付终值系数 $(F/P,\ i,\ n)$	F 0 1 2 3 n-1 n P
	现值公式	终值 F	现值 P	$P = \dfrac{F}{(1+i)^n}$	一次支付现值系数 $(P/F,\ i,\ n)$	
等额分付	终值公式	年值 A	终值 F	$F = A \cdot \dfrac{(1+i)^n - 1}{i}$	等额分付终值系数 $(F/A,\ i,\ n)$	F 0 1 2 3 n-1 n A
	偿债基金公式	终值 F	年值 A	$A = F \cdot \dfrac{i}{(1+i)^n - 1}$	等额分付偿债基金系数 $(A/F,\ i,\ n)$	
	现值公式	年值 A	现值 P	$P = A \cdot \dfrac{(1+i)^n - 1}{i(1+i)^n}$	等额分付现值系数 $(P/A,\ i,\ n)$	A 0 1 2 3 n-1 n P
	资金回收公式	现值 P	年值 A	$A = P \cdot \dfrac{i(1+i)^n}{(1+i)^n - 1}$	等额分付资金回收系数 $(A/P,\ i,\ n)$	

（三）等差序列现金流的等值计算

等差序列现金流如图 3-8 所示。

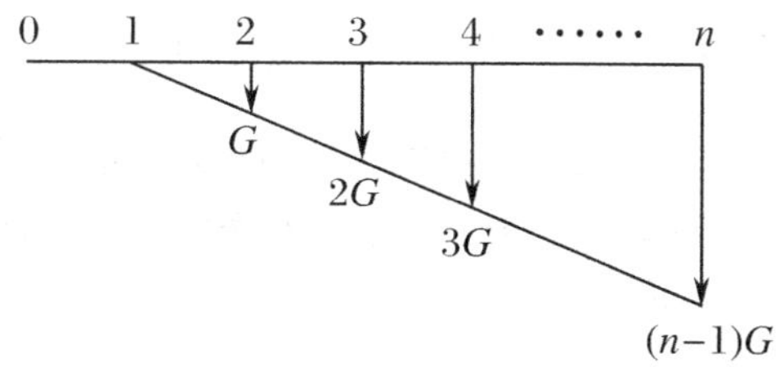

图 3-8　等差序列现金流

等差序列现金流的通用公式为：

$$A_t = (t-1)G \qquad (t = 1,\ 2,\ \cdots,\ n) \tag{3-12}$$

式中：G 为等差额；

t 为时点。

等差序列现金流 n 年末的终值为：

$$F = \sum_{t=1}^{n} A_t (1+i)^{n-t}$$

F 也可以看成 $n-1$ 个等额序列现金流的终值之和，这些等额序列现金流的年值均为 G，年数分别为 1，2，…，$n-1$。即：

$$F=\sum_{j=1}^{n-1} G\cdot\frac{(1+i)^{j}-1}{i}$$

$$=G\left[\frac{(1+i)-1}{i}+\frac{(1+i)^{2}-1}{i}+\cdots+\frac{(1+i)^{n-1}-1}{i}\right]$$

$$=\frac{G}{i}\left[(1+i)+(1+i)^{2}+\cdots+(1+i)^{n-1}-(n-1)\right]$$

$$=\frac{G}{i}\left[1+(1+i)+(1+i)^{2}+\cdots+(1+i)^{n-1}\right]-\frac{n\cdot G}{i}$$

故：

$$F=\frac{G}{i}\left[\frac{(1+i)^{n}-1}{i}\right]-\frac{n\cdot G}{i} \tag{3-13}$$

上式两端乘以系数 $(1+i)^{-n}$，则可得等差序列现值公式：

$$F\left[\frac{1}{(1+i)^{n}}\right]=\frac{G}{i}\left[\frac{(1+i)^{n}-1}{i}-n\right]\cdot\frac{1}{(1+i)^{n}}$$

即：

$$P=G\left[\frac{1}{i^{2}}-\frac{(1+in)}{i^{2}(1+i)^{n}}\right]$$

或：

$$P=G\left[\frac{(1+i)^{n}-in-1}{i^{2}(1+i)^{n}}\right] \tag{3-14}$$

式中 $\frac{(1+i)^{n}-in-1}{i^{2}(1+i)^{n}}$ 被称为等差序列现值系数，可记为 $(P/G, i, n)$。

等差序列现金流与等额序列现金流之间存在以下关系：

$$A=P(A/P, i, n)=G(P/G, i, n)(A/P, i, n)=G\left\{\frac{(1+i)^{n}-in-1}{i[(1+i)^{n}-1]}\right\}$$

式中 $\frac{(1+i)^{n}-in-1}{i[(1+i)^{n}-1]}$ 被称为等差序列年值系数，可记为 $(A/G, i, n)$。

【例 3-12】 某设备起初购置及安装费共计 50 000 元，估计可使用 6 年，第 1 年的维修费 200 元，之后逐年递增，年递增额为 70 元。若年利率为 10%，该设备总费用现值为多少？

解：现金流量图如图 3-9 所示。

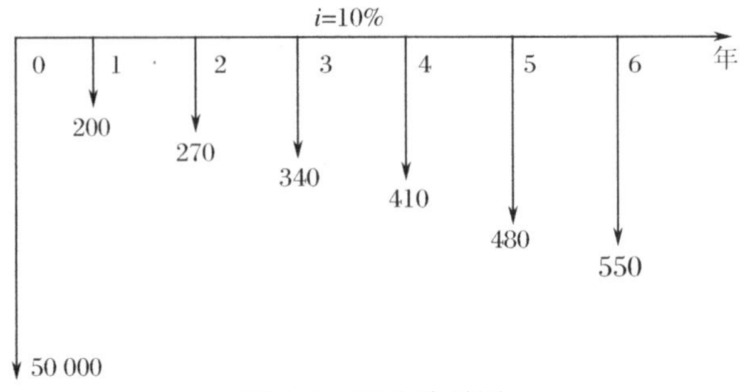

图 3-9　现金流量图

此为等差递增数列求现值，可利用公式（3-14）计算：

$$\begin{aligned}P &= 50\,000 + 200(P/A,\ 10\%,\ 6) + 70(P/G,\ 10\%,\ 6)\\ &= 50\,000 + 200 \times 4.355\,3 + 70 \times 9.684\,2\\ &= 51\,548.95(\text{元})\end{aligned}$$

因此，设备总费用现值为 51 548.95 元。

（四）等比序列现金流的等值计算

等比序列现金流量是在一定的基础数值上逐期等比增加或逐期等比减少的现金流量序列。其现金流量如图 3-10 所示。

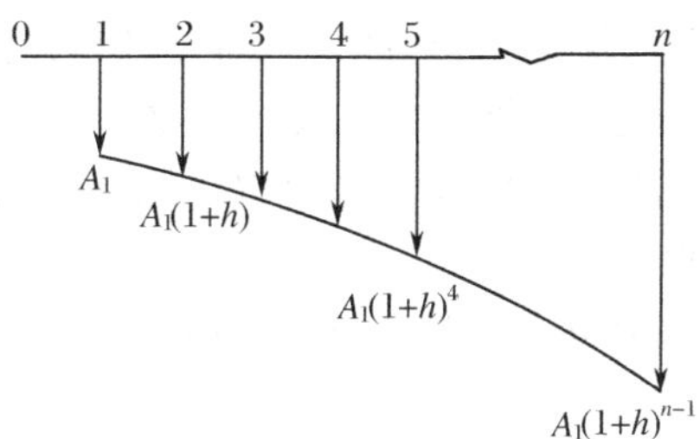

图 3-10　现金流量图

等比序列现金流的通用公式为：

$$A_t = A_1(1+h)^{t-1} \qquad (t = 1,\ 2,\ \cdots,\ n) \tag{3-15}$$

式中：A_1 为定值；

h 为等比系数。

因此，等比序列现金流的现值为：

$$\begin{aligned}P &= \sum_{t=1}^{n} A_1(1+h)^{t-1}(1+i)^{-t}\\ &= \frac{A_1}{1+h}\sum_{t=1}^{n}\left(\frac{1+h}{1+i}\right)^t\end{aligned}$$

利用等比序列求和公式可得：

$$P = \begin{cases} A_1\left[\dfrac{1-(1+h)^n(1+i)^{-n}}{i-h}\right] & (i \neq h)\\ \dfrac{nA_1}{1+i} & (i = h)\end{cases} \tag{3-16}$$

式（3-16）为等比序列现金流量现值公式。式中 $\dfrac{1-(1+h)^n(1+i)^{-n}}{i-h}$ 被称为等比序列现值系数，可记为 $(P/A_1,\ i,\ h,\ n)$。故上式可简化为：

$$P = A_1(P/A_1,\ i,\ h,\ n)$$

同理可得等比序列现金流量终值公式和年值公式。

等比序列现金流量终值公式为：

$$F = A_1\left[\frac{1-(1+h)^n(1+i)^{-n}}{i-h}\right](1+i)^n \quad (i \neq h) \tag{3-17}$$

式中 $\left[\frac{1-(1+h)^n(1+i)^{-n}}{i-h}\right](1+i)^n$ 被称为等比序列终值系数，可记为 $(F/A_1, i, h, n)$。故上式可简化为：$F=A_1(F/A_1, i, h, n)$

等比序列现金流量年值公式为：

$$A=A_1\left[\frac{1-(1+h)^n(1+i)^{-n}}{i-h}\right]\cdot\frac{i(1+i)^n}{(1+i)^n-1} \quad (i\neq h) \tag{3-18}$$

式中 $\left[\frac{1-(1+h)^n(1+i)^{-n}}{i-h}\right]\cdot\frac{i(1+i)^n}{(1+i)^n-1}$ 被称为等比序列年值系数，可记为 $(A/A_1, i, h, n)$。故上式可简化为：$A=A_1(A/A_1, i, h, n)$。

【例 3-13】 某企业需要一块土地建造生产车间。如果是租赁，目前每亩地年租金为 5 000 元，预计租金水平在今后 20 年内每年上涨 6%；如果将该土地买下来，每亩地 70 000元，需要一次性支付，但估计 20 年后还可以以原价格的两倍出售。若投资收益率设定为 15%，是租赁合算还是购买合算？

解：如果租赁土地，20 年内每亩地年租金的现值是：

$$P_1=A_1\left[\frac{1-(1+h)^n(1+i)^{-n}}{i-h}\right]$$
$$=5\,000\times\frac{1-(1+6\%)^{20}(1+15\%)^{-20}}{15\%-6\%}=44\,669(\text{元})$$

如果购买土地，每亩地全部费用的现值是：

$$P_2=70\,000-2\times70\,000(P/F, 15\%, 20)$$
$$=70\,000-140\,000\times0.0611=61\,446(\text{元})$$

由于 $P_1<P_2$，所以租赁更合算。

四、 应用举例

【例 3-14】 某人计划在未来 10 年于每年年初向银行存入资金 1 000 元。若银行的年利息率为 5%，采用复利法计息，到第 10 年年末的本利和为多少？

解：画出现金流量图，如图 3-11 所示。

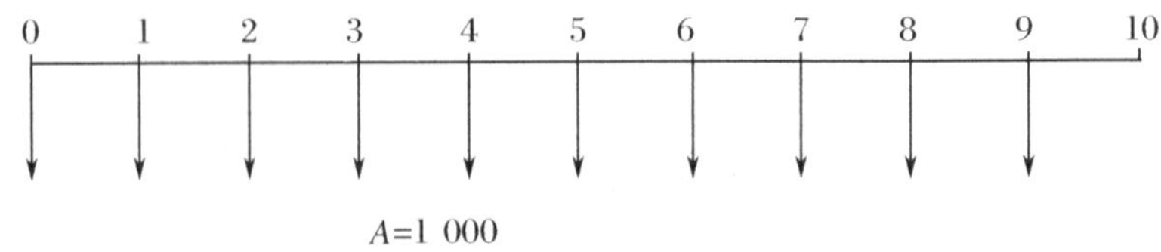

图 3-11 现金流量图

方法一：

$$F=1\,000(F/P, 5\%, 10)+1\,000(F/A, 5\%, 9)(F/P, 5\%, 1)$$
$$=1\,000\times1.629+1\,000\times11.027\times1.050=13\,207.35(\text{元})$$

方法二：

$F = 1\,000(F/A, 5\%, 10)(F/P, 5\%, 1) = 1\,000 \times 12.578 \times 1.050 = 13\,206.9$(元)

方法三：

$F = 1\,000(F/A, 5\%, 11) - 1\,000 = 1\,000 \times 14.207 - 1\,000 = 13\,207$(元)

注：三种方法得数上的微小差别是计算过程中数字的四舍五入造成的。

【例 3-15】 某企业拟购买一台大型设备，价值 500 万元，有两种付款方式可供选择：一种是一次性付款，优惠 12%；另一种是分期付款，不享受优惠，首期支付 40%，第一年末支付 30%，第二年末支付 20%，第三年末支付 10%。假若企业购买设备所用资金是自有资金，自有资金的机会成本为 10%，应选择哪种付款方式？又假若企业用借款资金购买设备，借款的利率为 15%，则应选择哪种付款方式？

解：通过比较两种付款方式所支付的货款的现值来选择付款方式。设 P_1 为一次性付款方式的现值；P_2 为分期付款方式的现值。

（1）若资金的成本为 10%，则：

$$P_1 = 500 \times (1 - 12\%) = 440\text{(万元)}$$

$$\begin{aligned} P_2 &= 500 \times 40\% + 500 \times 30\%(P/F, 10\%, 1) + 500 \times 20\% \times \\ &\quad (P/F, 10\%, 2) + 500 \times 10\% \times (P/F, 10\%, 3) \\ &= 200 + 150 \times 0.909 + 100 \times 0.826 + 50 \times 0.7513 \\ &= 456.57\text{(万元)} \end{aligned}$$

（2）若资金成本为 15%，则：

$$P_1 = 500(1 - 12\%) = 440\text{(万元)}$$

$$\begin{aligned} P_2 &= 500 \times 40\% + 500 \times 30\%(P/F, 15\%, 1) + 500 \times 20\%(P/F, 15\%, 2) \\ &\quad + 500 \times 10\%(P/F, 15\%, 3) \\ &= 200 + 150 \times 0.8696 + 100 \times 0.7561 + 50 \times 0.6575 = 438.925\text{(万元)} \end{aligned}$$

答：对该企业来说，若资金利率为 10%，则应选择一次性付款方式；若资金借款利率为 15%，则应选择分期付款方式。

【例 3-16】 某人向银行贷款 10 万元，银行要求每年偿还 1 万元。若银行的贷款年利率为 5%，用复利法计息，多少年后才能把贷款还完？

解：设 n 年后才能把贷款还完。根据已知条件可建立如下等式：

$$10 = 1 \times (P/A, 5\%, n)$$

$$(P/A, 5\%, n) = 10$$

解法 1：由 5%的复利系数表可知，n 介于 14 年和 15 年，可用试算内插法求出 n 的近似值。

当 $n=14$ 时，$(P/A, 5\%, 14) = 9.8986$

当 $n=15$ 时，$(P/A, 5\%, 15) = 10.3797$

$$n = 14 + \frac{15 - 14}{10.3797 - 9.8986} \times (10 - 9.8986) = 14.21\text{(年)}$$

解法 2：$(P/A, 5\%, n)$，所代表的实际意义是：

$$\frac{(1+i)^n - 1}{i(1+i)^n} = \frac{(1+5\%)^n - 1}{5\%(1+5\%)^n}$$

所以有：$\dfrac{(1+5\%)^n-1}{5\%(1+5\%)^n}=10$

解此方程，得：$n=14.207$（年）

【例 3-17】　某债券是一年前发行的，面额为 1 000 元，年限 5 年，年利率 10%，每年支付利息，到期还本，若投资者要求在余下的 4 年中的年收益率为 8%，问该债券现在的价格低于多少时，投资者才会买入？

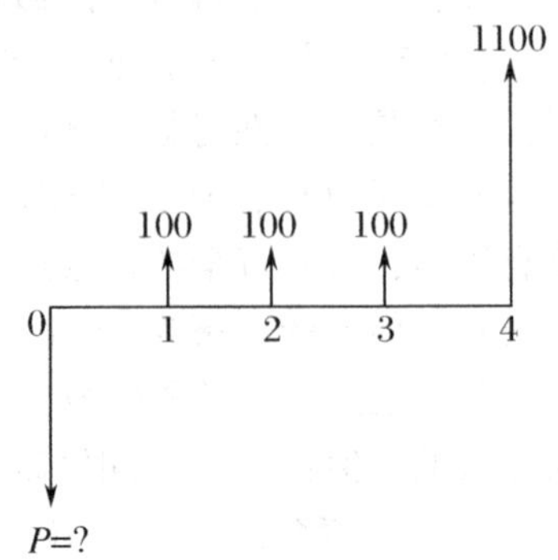

图 3-12　现金流量图

解：根据题意画出该债券在未来 4 年的现金流量，如图 3-12 所示。

$P=100\times(P/A,\ 8\%,\ 4)+1\ 000\times(P/F,\ 8\%,\ 4)$

$=1\ 066.2$(元)

即该债券现在价格低于 1 066.2 元时投资者才会买入。

习　　题

1. 什么是资金的时间价值？

2. 试述单利法和复利法的主要区别。

3. 如何理解资金等值的概念？

4. 什么是现金流量？怎样绘制现金流量图？

5. 试解释名义利率和实际利率及两者的关系。

6. 现金流量图（见下图）中，考虑资金时间价值后，总现金流出等于总现金流入。试利用各种资金等值计算系数，用已知项表示未知项。

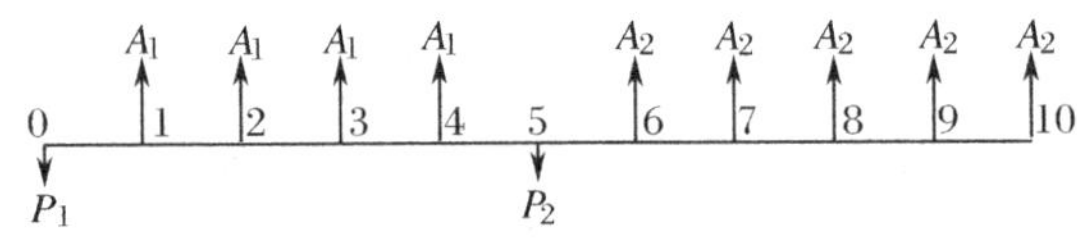

现金流量

(1) 已知 A_1，A_2，P_1，i，求 P_2；

(2) 已知 A_1，P_2，P_1，i，求 A_2；

(3) 已知 P_2，A_2，P_1，i，求 A_1。

7. 某企业拟向银行借款 1 500 万元，5 年后一次还清。甲银行贷款年利率 17%，按年计息；乙银行贷款年利率 16%，按月计息。企业应向哪家银行贷款较为经济？

8. 某企业获得 10 万元贷款，偿还期 5 年，年利率为 10%，试就下面四种还款方式，分别计算 5 年还款总额及还款额的现值。

(1) 每年末还 2 万元本金和所欠利息；

(2) 每年末只还所欠利息，本金在第 5 年末一次还清；

（3）每年末等额偿还本金和利息；

（4）第 5 年末一次还清本金和利息。

9. 期初存入银行 1 000 元，试按名义利率 12%，求 7 年后的本利和。

（1）每年复利一次；

（2）每半年复利一次；

（3）每季复利一次；

（4）每月复利一次。

10. 试证 $(A/P, i, n) - (A/F, i, n) = i$。

11. 某企业年初从银行借款 1 200 万元，并商定从第二年开始每年年末偿还 250 万元，若银行按 12%年利率计复利，那么该企业大约在第几年可还清这笔贷款？

12. 某永久性投资项目，预计建成后年净收益 5 600 万元，若期望投资收益率为 12%，允许的最大投资现值为多少？

第四章 经济效果评价方法

工程技术方案经济性评价的核心内容就是经济效果的评价。为了确保经济决策的正确性和科学性，研究经济效果评价的指标和方法是十分必要的。

经济效果评价的指标是多种多样的，它们从不同角度反映了工程技术方案的经济性。投资者可以根据不同的评价深度要求和可获得的资料数量，以及项目本身和所处的不同条件，选用不同的评价指标和方法。本章主要介绍评价工程技术方案经济效果的各类指标、方法和标准。

项目经济性评价的基本方法包括确定性评价方法与不确定性评价方法两类。对同一个项目必须同时进行确定性评价和不确定性评价。

若根据是否考虑资金时间价值，则可将常用方法分为静态评价方法和动态评价方法。前者不考虑资金时间价值，后者则考虑资金时间价值。

若根据项目对资金的回收速度、获利能力和资金的使用效率进行分类，项目经济性评价指标可以分为三类：第一类是以时间为计量单位的时间型指标；第二类是以货币单位计量的价值型指标、第三类是反映资源利用效率的效率型指标。

不确定性评价方法将在第五章介绍，本章介绍常用的确定性评价方法，按照时间型指标、价值型指标和效率型指标来分类介绍。

第一节 时间型经济评价指标

投资回收期法是最常用的时间型指标，投资回收期法，又叫投资返本期法或投资偿还期法，所谓投资回收期，是指以项目净现金流入回收全部投资所需的时间，一般以年为计算单位，并从项目投建之年算起。如果从投产年算起，应予以注明。

一、 静态投资回收期

（一）概念

静态投资回收期是在不考虑资金时间价值的条件下，以项目净现金流入回收项目全部投资所需要的时间，是反映项目方案在财务上投资回收能力的重要指标，是考察项目投资赢利水平的经济效益指标。

（二）计算

静态投资回收期（T_P，以年表示）的计算公式是：

$$\sum_{t=0}^{T_P}(CI-CO)_t=0 \tag{4-1}$$

式中：CI 为现金流入量；

CO 为现金流出量；

$(CI-CO)_t$ 为第 t 年的净现金流量；

T_P 为静态投资回收期（年）。

公式（4-1）是求解静态投资回收期的理论公式，不容易直接求解，投资回收期通常用列表法求得，通过累计净现金流量的计算可以求得 T_P 值，其实用公式为：

$$T_P=\frac{\text{累计净现金流量开始}}{\text{出现正值的年份数}}-1+\frac{\text{上年累计净现金流量的绝对值}}{\text{当年净现金流量}} \tag{4-2}$$

（三）判别准则

在用投资回收期评价投资项目时，需要将计算所得的投资回收期与同类项目的历史数据或投资者意愿确定的基准投资回收期相比较。设基准投资回收期为 T_b，判别准则为：

$T_P \leqslant T_b$ 时，项目可以考虑接受；$T_P > T_b$ 时，项目应予以拒绝。

【例 4-1】 某项目的现金流量情况如表 4-1 所示，试计算其投资回收期，若标准投资回收期 $T_b=4$ 年，判断其在经济上的合理性。

表 4-1　　例 4-1 现金流量表　　单位：万元

项目 \ 年份	0	1	2	3	4	5
总投资	4 000	500				
销售收入		1 700	2 000	2 000	2 000	2 000
经营成本		500	500	500	500	500
净现金流量	−4 000	700	1 500	1 500	1 500	1 500
累计净现金流量	−4 000	−3 300	−1 800	−300	1 200	2 700

解：根据表 4-1 可得：

$$T_P=4-1+\frac{300}{1\,500}=3.2(\text{年})<4\text{年}$$

因为 $T_P<T_b$，故该投资方案在经济上可行。

（四）指标评价

当然，投资方案的回收期越短越好，作为一种判据，基准投资回收期没有绝对的标准，它取决于投资项目的规模、行业的性质、资金来源的情况、投资环境的风险大小及投资者的主观期望，要根据具体情况进行分析。显然，重点是回收期不能长于项目的计算期，否则到计算期末，投资项目连本都收不回来。另外，该指标没有考虑投资回收以后的经济效果，不能全面反映项目在寿命期内的真实效果。

二、 动态投资回收期

为了克服静态投资回收期未考虑资金时间价值的缺点，可采用动态投资回收期。

（一）概念

所谓动态投资回收期，是在考虑资金时间价值，即按设定的基准收益率条件下，以项目的净现金流入收回全部投资所需的时间，它克服了静态投资回收期未考虑时间因素的缺点。

（二）计算

动态投资回收期可由下式求得：

$$\sum_{t=0}^{T_P^*}(CI-CO)_t(1+i_0)^{-t}=0 \tag{4-3}$$

式中：T_P^* 为动态投资回收期；

i_0 为折现率。

动态投资回收期 T_P^* 的计算也常采用列表法，计算动态投资回收期的实用公式见式（4-4）：

$$T_P^*=\text{累计净现金流量折现值开始出现正值年份数}-1+\frac{\text{上年累计净现金流量折现值的绝对值}}{\text{当年净现金流量折现值}} \tag{4-4}$$

（三）判别准则

用动态投资回收期评价投资项目的可行性，需要与基准动态投资回收期相比较。设基准动态投资回收期为 T_b，则判别准则为：

$T_P^* \leqslant T_b$ 时，项目可以被接受；$T_P^* > T_b$ 时，项目应予以拒绝。

【例 4-2】 资料同例 4-1，基准折现率为 10%，求动态投资回收期。

表 4-2 例 4-2 现金流量表 单位：万元

项目 \ 年份	0	1	2	3	4	5
总投资	4 000	500				
销售收入		1 700	2 000	2 000	2 000	2 000
经营成本		500	500	500	500	500
净现金流量	-4 000	700	1 500	1 500	1 500	1 500
折现系数（i_0=10%）	1.000 0	0.909 1	0.826 4	0.751 3	0.683 0	0.620 9
净现金流折现值	-4 000	636.4	1 239.6	1 127.0	1 024.5	931.4
累计净现金流折现值	-4 000	-3 363.6	-2 124.0	-997	27.5	958.9

解： 现金流量情况如表 4-2 所示。

$$T_P^*=4-1+\frac{997}{1\ 024.5}=3.97<4\text{年}$$

所以该方案的动态投资回收期为 3.97 年。因为 $T_P^*<T_b$，该投资方案在经济上可行。

投资回收期指标直观、简单，尤其是静态投资回收期，表明投资需要多少年才能回收，便于为投资者衡量风险。投资者关心的是用较短的时间回收全部投资，减少投资风险。但是，投资回收期指标最大的缺点是没有反映投资回收期以后方案的情况，因而不能全面反映项目在整个寿命期内真实的经济效果。所以投资回收期一般用于粗略评价，需要和其他指标结合起来使用。

第二节 价值型经济评价指标

一、净现值（*NPV*）

净现值（Net Present Value）指标是动态评价最重要的指标之一。它不仅考虑了资金的时间价值，而且考察了项目在整个寿命期内的全部现金流入和现金流出。

所谓净现值，是指按设定的折现率，将技术方案计算期内各个不同时点的净现金流量折现到计算期初的累计值。计算公式为：

$$NPV = \sum_{t=0}^{n}(CI_t - CO_t)(1 + i_0)^{-t} \tag{4-5}$$

式中：NPV 为净现值；

CI_t 为第 t 年的现金流入量；

CO_t 为第 t 年的现金流出量；

n 为项目寿命年限；

i_0 为基准折现率。

判别准则：

对单一项目方案而言，若 $NPV \geqslant 0$，则项目应接受；若 $NPV < 0$，则项目应拒绝。

因为当 $NPV > 0$ 时，此时方案的收益率不仅能达到设定的基准折现率水平，而且能取得超额收益现值；当 $NPV = 0$ 时，方案的收益率恰好达到了设定的基准折现率要求的水平；当 $NPV < 0$ 时，此时方案的收益率未达到设定的基准折现率要求的水平。

多方案比选时，净现值越大的方案越优（净现值最大准则）。

【例 4-3】 某设备的购价为 40 000 元，每年的运行收入为 15 000 元，年运行费用 3 500 元，4 年后该设备可以按 5 000 元转让，如果基准收益率 $i_0 = 20\%$，此项设备投资是否值得？

解：用净现值指标进行评价，根据题意画出现金流量图如图 4-1 所示：

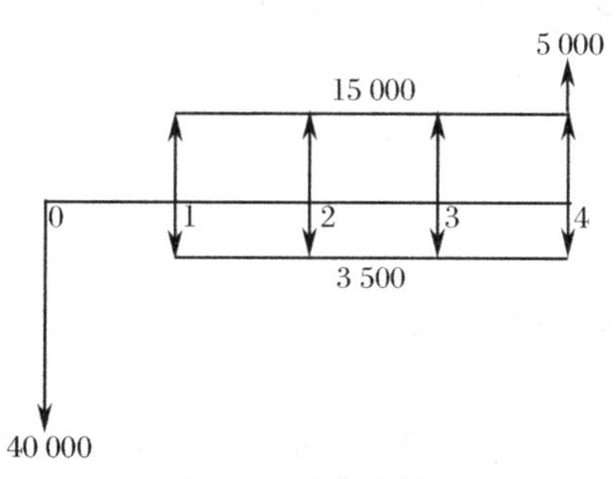

图 4-1 现金流量图

$$NPV(20\%) = -40\,000 + (15\,000 - 3\,500)(P/A, 20\%, 4) + 5\,000(P/F, 20\%, 4)$$
$$= -40\,000 + 11\,500 \times 2.589 + 5\,000 \times 0.4823$$
$$= -7\,815(\text{元})$$

由于 $NPV(20\%) < 0$，此投资经济上不合理。

【例 4-4】 在例 4-3 中，若其他情况相同，如果基准收益率 $i_0 = 5\%$，此项投资是否值得？

解：计算此时的净现值：

$$NPV(5\%) = -40\,000 + (15\,000 - 3\,500)(P/A, 5\%, 4) + 5\,000(P/F, 5\%, 4)$$
$$= -40\,000 + 11\,500 \times 3.546 + 5\,000 \times 0.8227$$
$$= 4\,892.5(\text{元})$$

$NPV(5\%) > 0$，这意味着若基准收益率为 5%，此项投资是值得的。

显然，净现值的大小与折现率 i_0 有很大关系，当 i_0 变化时，NPV 也随之变化，两者呈非线性关系：$NPV(i_0) = f(i_0)$。

一般情况下，同一净现金流量的净现值随着折现率 i 的增大而减少，故基准折现率 i_0 定得越高，能被接受的方案越少，如图 4-2 所示。

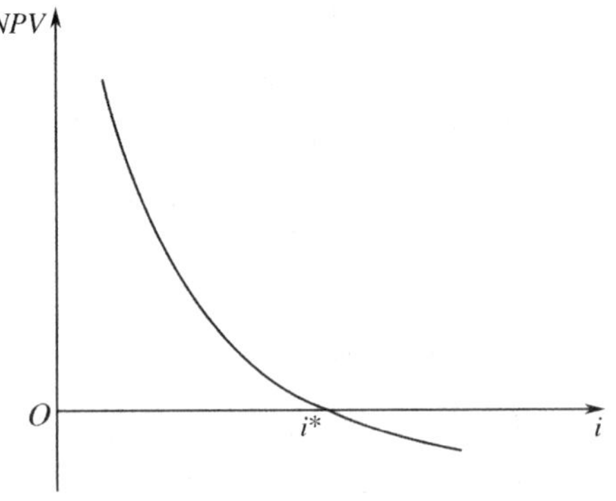

图 4-2　净现值与折现率的关系

图 4-2 中，在某一个 i^* 值上，净现值曲线与横坐标相交，表示该折现率下的净现值 $NPV = 0$，且当 $i_0 < i^*$ 时，$NPV(i_0) > 0$；$i_0 > i^*$ 时，$NPV(i_0) < 0$，i^* 是一个具有重要经济意义的折现率临界值，被称为内部收益率，后面将进行详细分析。

NPV 之所以随着 i 的增大而减小，是因为一般投资项目正的现金流入（如收益）总是发生在负的现金流出（如投资）之后，使得随着折现率的增加，正的现金流入折现到期初的时间长，其现值减小得多，而负的现金流出折现到期初的时间短，相应现值减小得少，这样现值的代数和就减小。

从这里也可以看出，规定的折现率 i_0——基准收益率——对方案的评价起重要的作用。i_0 定得较高，计算的 NPV 比较小，容易小于零，不容易使方案通过评价标准，容易否定投资方案；反之，i_0 定得较低，计算的 NPV 比较大，不容易小于零，容易使方案通过评价标准，容易接受投资方案。因此，国家正是通过制定并颁布各行业的基准收益率，作为投资调控的手段。国家有关部门按照企业和行业的平均投资收益率，并考虑产业政策、资源劣化程度、技术进步和价格变动等因素，分行业确定并颁布基准收益率。

二、 净年值（NAV）

净年值（Net Annual Value）是指按给定的基准折现率，通过等值换算将方案计算期内各个不同时点的净现金流量分摊到计算期内各年的等额年值。

净年值计算公式为：

$$NAV = \left[\sum_{t=0}^{n}(CI_t - CO_t)(1+i_0)^{-t}\right](A/P, i_0, n) = NPV(A/P, i_0, n) \tag{4-6}$$

式中：NAV 为净年值；

$(A/P, i_0, n)$ 为资金回收系数。

其余符号意义同式（4-5）。

判别准则：

对单一项目方案而言，若 $NAV \geq 0$，则项目在经济效果上可以接受；若 $NAV<0$，则项目在经济效果上不可接受；

多方案比选时，净年值越大的方案越优（净年值最大准则）。

将净年值的计算公式及判别准则与净现值的进行比较可知，由于 $(A/P, i_0, n) > 0$，故净年值与净现值在项目评价的结论上总是一致的。因此，就项目的评价结论而言，净年值与净现值是等效评价指标。净现值给出的信息是项目在整个寿命期内获取的超出最低期望盈利的超额收益的现值，而净年值给出的信息是寿命期内每年的等额超额收益。由于信息的含义不同，而且在某些决策结构形式下，采用净年值比采用净现值更为简便和易于计算（后面再详述），净年值指标在经济效果评价指标体系中占有相当重要的地位。

【例 4-5】 某设备的购价为 40 000 元，每年的运行收入为 15 000 元，年运行费用 3 500元，4 年后该设备可以按 5 000 元转让，如果基准折现率为 5%，试用净年值法判断此项设备投资是否值得？（该题为用净年值指标对例 4-4 中的决策问题进行评价）

解：根据题意画出现金流量图见图 4-1，直接计算净年值，得：

$$\begin{aligned} NAV &= -40\,000(A/P, 5\%, 4) + 15\,000 - 3\,500 + 5\,000(A/F, 5\%, 4) \\ &= -40\,000 \times 0.282 + 11\,500 + 5\,000 \times 0.232 \\ &= 1\,380(\text{元}) \end{aligned}$$

或者，根据例 4-4 的结果 NPV=4 892.5（元），得：

$$\begin{aligned} NAV &= NPV(A/P, i, n) = NPV(A/P, 5\%, 4) \\ &= 4\,892.5 \times 0.282 = 1\,380(\text{元}) \end{aligned}$$

由于 $NAV > 0$，故此项投资是值得的。这与用净年值指标的评价结论是一致的。

三、 费用现值 （PC） 和费用年值 （AC）

在对多个方案比较选优时，如果诸方案产出价值相同，或者诸方案能够满足同样需要但其产出效益难以用价值形态（货币）计量（如环保、教育、保健、国防）时，可以通过对各方案费用现值或费用年值的比较进行选择。

费用现值的计算公式为：

$$PC = \sum_{t=0}^{n} CO_t(P/F, i_0, t) \tag{4-7}$$

费用年值的计算公式为：

$$AC = \left[\sum_{t=0}^{n} CO_t(P/F,\ i_0,\ t)\right](A/P,\ i_0,\ n) \tag{4-8}$$
$$= PC(A/P,\ i_0,\ n)$$

式中：PC 为费用现值；

AC 为费用年值；

CO_t 为第 t 年的费用（包括投资和经营成本等）。

其余符号的意义同公式（4-5）。

费用现值和费用年值指标只能用于多个方案的比选，其判别准则是：

费用现值或费用年值最小的方案为优。

【例 4-6】 某项目有两个工艺方案 A、B，均能满足同样的需要。其费用数据如表 4-3 所示。在基准折现率 $i_0=10\%$的情况下，试用费用现值和费用年值确定最优方案。

表 4-3　　两个工艺方案的费用数据表　　单位：万元

方　案	总投资（第 0 年末）	年运营费用（第 1 到第 10 年）
A	200	60
B	300	35

解：两方案的费用现值计算如下：

$$PC_A = 200 + 60(P/A,\ 10\%,\ 10) = 568.64(万元)$$
$$PC_B = 300 + 35(P/A,\ 10\%,\ 10) = 515.04(万元)$$

两方案的费用年值计算如下：

$$AC_A = 200(A/P,\ 10\%,\ 10) + 60 = 92.55(万元)$$
$$AC_B = 300(A/P,\ 10\%,\ 10) + 35 = 83.82(万元)$$

根据费用最小的选优准则，费用现值和费用年值的计算结果都表明，方案 B 优于方案 A。

费用现值与费用年值的关系，恰如前述净现值和净年值的关系一样，所以就评价结论而言，两者是等效评价指标。两者除了在指标含义上有所不同外，就计算的方便简易而言，在不同的决策结构下，两者各有所长。

第三节　效率型经济评价指标

一、内部收益率（*IRR*）

（一）内部收益率的概念与判别准则

内部收益率（Internal Rate of Return）又称内部报酬率，它是经济评价中重要的动态评价指标之一。所谓内部收益率，是指使方案在寿命期内的净现值为零时的折现率。

判别准则：

设基准折现率为 i_0，若 $IRR \geqslant i_0$，则项目在经济效果上可以接受；若 $IRR<i_0$，则项目在经济效果上不可接受。

（二）内部收益率的计算方法

按照内部收益率的定义，其表达式为：

$$NPV(IRR) = \sum_{t=0}^{n} (CI_t - CO_t)(1 + IRR)^{-t} = 0 \tag{4-9}$$

式中：IRR 为内部收益率；

其他符号意义同公式（4-5）。

公式（4-9）是一个高次方程，不容易直接求解，通常采用试算内插法求 IRR 的近似解，其原理如图 4-3 所示。

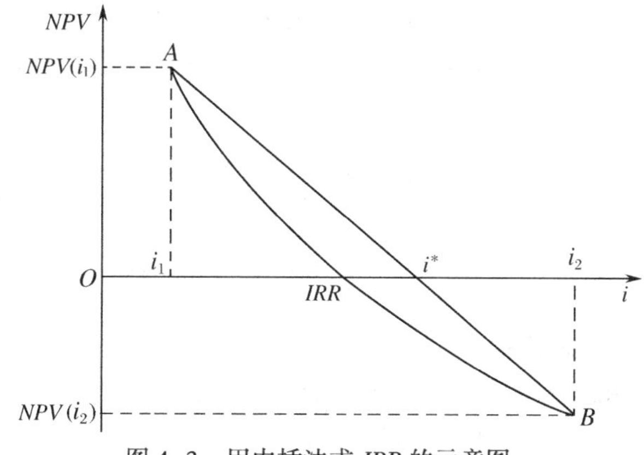

图 4-3　用内插法求 IRR 的示意图

从图 4-3 可以看出，IRR 在 i_1 与 i_2 之间，用 i^* 近似代替 IRR，当 i_2 与 i_1 的距离控制在一定范围内，可以达到要求的精度。具体计算步骤如下：

（1）设初始折现率值为 i_1'，一般可以先取行业的基准收益率 i_0 作为 i_1'，并计算对应的净现值 $NPV(i_1')$。

（2）若 $NPV(i_1') \neq 0$，则根据 $NPV(i_1')$ 是否大于零，再设 i_2'。若 $NPV(i_1') > 0$，则设 $i_2'>i_1'$；若 $NPV(i_1') <0$，则设 $i_2'<i_1'$。i_2'与 i_1'的差距取决于 $NPV(i_1')$ 绝对值，较大的绝对值可以取较大的差距；反之，取较小的差距。计算对应的 $NPV(i_2')$。

（3）重复步骤（2），直到出现 $NPV(i_1) >0$，$NPV(i_2) <0$，用试算内插法求得 IRR 近似值，即：

$$IRR \approx i^* = i_1 + \frac{NPV(i_1)}{NPV(i_1) + |NPV(i_2)|}(i_2 - i_1) \tag{4-10}$$

式中：i^* 为近似的内部收益率；

i_1 为试算用的较低折现率；

i_2 为试算用的较高折现率；

NPV（i_1）为用较低折现率计算的净现值（应为正值）；

NPV（i_2）为用较高折现率计算的净现值（应为负值）。

应当指出，用试算内插法计算式（4-10）的误差（i^*-IRR）与估计选用的两个折现率的差额（i_2-i_1）有直接关系。为了控制误差，试算用的两个折现率之差（i_2-i_1）一般不应超过5%。

式（4-10）可利用图4-3证明如下：

在图4-3中，当i_2-i_1足够小时，可以将曲线段AB近似看成直线段$\overline{AB}$，$\overline{AB}$与横坐标交点处的折现率i^*就是IRR的近似值。因为三角形Ai^*i_1相似于三角形Bi^*i_2，故有：

$$\frac{NPV(i_1)}{|NPV(i_2)|}=\frac{i^*-i_1}{i_2-i^*}$$

从上式中解得：

$$i^*=i_1+\frac{NPV(i_1)}{NPV(i_1)+|NPV(i_2)|}(i_2-i_1)$$

【例4-7】 某项工程方案的现金流量如表4-4所列，设其行业基准收益率为10%。试用内部收益率法分析判断方案是否可行。

表4-4　　某项工程方案的现金流量表　　单位：万元

年份（年末）	0	1	2	3	4	5
现金流量	-2 000	300	500	500	500	1 200

解：该方案的净现值表达式为：

$$NPV=-2\,000+300(P/F,\ i,\ 1)+500(P/A,\ i,\ 3)(P/F,\ i,\ 1)+1\,200(P/F,\ i,\ 5)$$

第一次试算，取$i_1=12\%$并代入上式求得：

$$\begin{aligned}NPV(i_1)&=-2\,000+300(P/F,\ 12\%,\ 1)+500(P/A,\ 12\%,\ 3)(P/F,\ 12\%,\ 1)\\&\quad+1\,200(P/F,\ 12\%,\ 5)\\&=-2\,000+300\times0.8929+500\times2.402\times0.8929+1200\times0.5674\\&=21(\text{万元})>0\end{aligned}$$

第二次试算，取$i_2=15\%$并代入上式求得：

$$\begin{aligned}NPV(i_2)&=-2\,000+300(P/F,\ 15\%,\ 1)+500(P/A,\ 15\%,\ 3)(P/F,\ 15\%,\ 1)\\&\quad+1\,200(P/F,\ 15\%,\ 5)\\&=-2\,000+300\times0.8696+500\times2.283\times0.8696+1\,200\times0.4972\\&=-150(\text{万元})<0\end{aligned}$$

可见，内部收益率必然在12%~15%，代入试算内插法计算式（4-10）可求得：

$$\begin{aligned}IRR&=i_1+\frac{NPV(i_1)}{NPV(i_1)+|NPV(i_2)|}(i_2-i_1)\\&=12\%+\frac{21}{21+|-150|}\times(15\%-12\%)=12.4\%\end{aligned}$$

因为$IRR=12.4\%>i_0=10\%$，所以该方案可行，可以接受。

（三）内部收益率的经济含义

一般地讲，内部收益率就是投资（资金）的收益率，它表明了项目对所占用资金的一种恢复（收回）能力，项目的内部收益率越高，其经济性也就越好。因此，内部收益率的经济含义是，在项目的整个寿命期内，如果按利率 $i=IRR$ 计算各年的净现金流量，会始终存在未能收回的投资，只有到了寿命期末时投资才能被全部收回，此时的净现金流量刚好等于零。换句话说，在寿命期内各个时点，项目始终处于"偿还"未被收回的投资的状态，只有到了寿命期结束的时点，才偿还完全部投资。将项目内部收益率的这种投资"偿还"过程和结果按内部收益率折现为净现值时，则项目的净现值必然等于零。

在例 4-7 中，已经计算出其内部收益率为 12.4%，且是唯一的。下面按此利率计算收回全部投资的过程，如表 4-5 所示。

表 4-5　以 IRR=12.4%收回全部投资过程计算表　单位：万元

项目 年份	净现金流量（年末）	年初未收回的投资	年初未收回的投资到年末的金额	年末尚未收回的投资
	①	②	③=②×（1+IRR）	④=③-①
0	-2 000			
1	300	2 000	2 248	1 948
2	500	1 948	2 189	1 689
3	500	1 689	1 897	1 397
4	500	1 397	1 569	1 069
5	1 200	1 069	1 200	0

由表 4-5 可以明显看到，从第 0 年末直到第 5 年末的整个寿命期内，每年均有尚未收回的投资，只有到了第 5 年末即寿命期结束时，才全部收回了投资。

为了更清楚、更直观地考察和了解内部收益率的经济含义，将表 4-5 收回全部投资过程的现金流量变化状况如图 4-4 所示。

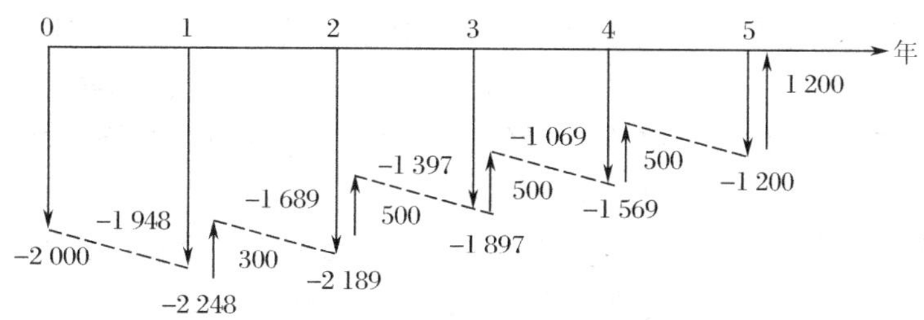

图 4-4　以利率 $i=IRR$ 收回全部投资过程的现金流量图

可见，用利率 $i=IRR=12.4\%$ 收回全部投资，符合内部收益率的经济含义。所以 12.4%是该项目的内部收益率。

一般地讲，根据内部收益率方程式（4-9）、方程式（4-10）求得的使项目净现值为零的折现率，只有当它符合内部收益率的经济含义时才是项目的内部收益率，否则将不是项目的内部收益率。

（四）内部收益率方程多解的讨论

内部收益率方程式（4-9）是一元高次（n 次）方程。如果令 $(1+IRR)^{-1}=\frac{1}{(1+IRR)}=X$，$C_t=(CI_t-CO_t)$，$(t=0,1,2,\cdots,n)$，则内部收益率方程式可改写为如下形式：

$$C_0+C_1X+C_2X^2+\cdots+C_nX^n=0$$

这是一元 n 次多项式，是 n 次方程。n 次方程应该有 n 个解，即有 n 个根（包括重根）。其中只有正实数根才可能是项目的内部收益率，而负根无经济意义。如果只有一个正实数根，则其应当是该项目的内部收益率；如果有多个正实数根，则必须经过检验，只有符合内部收益率的经济含义的根才是项目的内部收益率。

n 次方程式的正实数根的数目可用笛卡尔符号规则进行判断，即正实数根的个数不会超过项目净现金流量序列（多项式系数序列）C_0，C_1，C_2，…，C_n 的正负号变化的次数（如果有系数为0，可视为无符号）；如果少的话，则少偶数个。例如，表4-6有4个方案，可用笛卡尔符号规则判断其正实数根的数目。

表4-6　　具有不同正实数根的四个方案　　单位：万元

方案＼净现金流量（年末）＼年份	0	1	2	3	4	5
A	−2 000	300	500	500	500	1 200
B	−1 000	−500	−500	500	0	2 000
C	−100	60	50	−200	150	100
D	−100	470	−720	360	0	0

方案A：净现金流量序列正负号变化一次，故只有1个正实数根。前面已计算和验证内部收益率有唯一解，即 $IRR=12.4\%$。

方案B：净现金流量序列正负号变化一次，故只有1个正实数根。

方案C：净现金流量序列正负号变化三次，故最多只有3个正实数根。经计算证明该方案有3个实数根，即 $i_1=0.129$，$i_2=-2.30$，$i_3=-1.42$。作为内部收益率的解，负根无经济意义，故只有 i_1 为内部收益率的有效解。经验证，$i_1=0.1297$ 符合内部收益率的经济含义，故 $IRR=12.97\%$ 为方案C的内部收益率。

方案D：净现金流量序列正负号变化三次，故最多只有3个正实数根。经计算求得 $i_1=0.20$，$i_2=0.50$，$i_3=1$ 三个正实数根的解，如图4-5所示。但经验证，三个解均不符合内部收益率的经济含义，故它们都不是方案D的内部收益率。

如果项目在整个寿命期内，其净现金流序列的符号由“-”到“+”只变化一次，则称此类项目为常规项目，如表4-6中的方案A和B。对常规投资项目，只要其累计净现金流量大于零，则内部收益率方程的正实数根的解是唯一的，此解就是该项目的内部收益率。大多数投资项目都应该是常规项目。因为在一般情况下，项目都是在建设期集中投资，直到投产初期可能还入不敷出，净现金流量为负值，但进入正常生产年份或达产年后

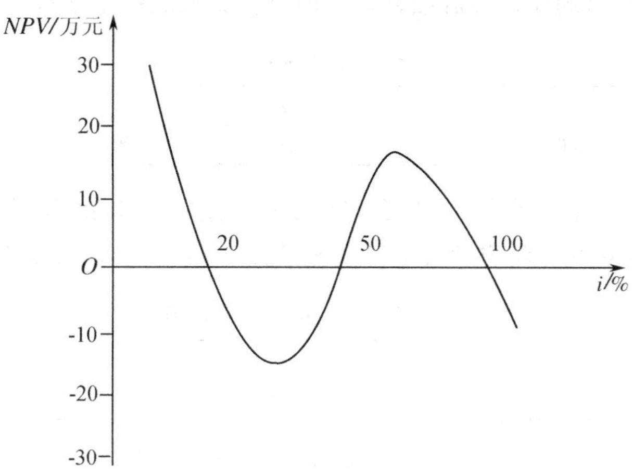

图 4-5　方案 D 的净现值函数曲线

就能收入大于支出，净现金流量为正值。因而，在整个计算期内净现金流量序列的符号从"-"到"+"只改变一次，构成常规投资项目，内部收益率得到唯一解。

如果项目在整个寿命期内，其净现金流序列的符号正负变化多次，称此类项目为非常规项目，例如表 4-6 中的方案 C 和 D。一般地讲，如果在生产期大量追加投资，或在某些年份集中偿还债务，或经营费用支出过多等，都有可能导致净现金流量序列的符号正负多次变化，构成非常规项目。非常规投资项目内部收益率方程的解显然不止一个，如果所有实数根都不能满足内部收益率的经济含义的要求，则它们都不是该项目的内部收益率。

对非常规项目 *IRR* 解的检验，除可以采用类似图 4-4 的图示法，也可以采用下面的递推公式法。

令：

$$
\begin{aligned}
F_0 &= (CI_0 - CO_0) \\
F_1 &= F_0(1 + i^*) + (CI_1 - CO_1) \\
F_2 &= F_1(1 + i^*) + (CI_2 - CO_2) \\
&\vdots \\
F_t &= F_{t-1}(1 + i^*) + (CI_t - CO_t) \\
&= \sum_{j=0}^{t} (CI_j - CO_j)(1 + i^*)^{t-j}
\end{aligned} \tag{4-11}
$$

式中：i^* 是根据项目现金流序列试算出的 *IRR* 的解；

F_t 是项目 0 年至 t 年的净现金流以 t 年为基准年，以 i^* 为折现率的终值之和。

若 i^* 能满足：

$$
\begin{cases}
F_t < 0 \quad (t = 0,\ 1,\ 2,\ \cdots,\ n - 1) \\
F_t = 0 \quad (t = n)
\end{cases} \tag{4-12}
$$

则 i^* 就是项目唯一的内部收益率，否则就不是项目内部收益率，这个项目也不再有其他的具有经济意义的内部收益率。

【例 4-8】 某项目的净现金流如表 4-7 所示，试判断这个项目有无内部收益率。

表 4-7 某项目的净现金流 单位：万元

年　份	0	1	2	3	4	5
净现金流量	-100	60	50	-200	150	100

解：该项目净现金流序列的正负号有多次变化，是一个非常规项目。先试算出内部收益的一个解，$i^*=12.97\%$，将有关数据代入递推式（4-11），计算结果如表 4-8 所示。

表 4-8 *IRR* 解检验的计算结果（$i^*=12.97\%$）

年　份	0	1	2	3	4	5
F_t	-100	-52.97	-9.85	-211.12	-88.52	0

计算结果满足式（4-12），故 12.97%就是项目的内部收益率。

内部收益率被普遍认为是项目投资的盈利率，反映了投资的使用效率，概念清晰明确，可明确说明一项投资在整个寿命期内的盈利能力。此外，与净现值和净年值指标相比，内部收益率的另一个优点就是不需要事先给定基础折现率。

二、 外部收益率

对投资方案内部收益率 *IRR* 的计算，隐含着一个基本假定，即项目寿命期内所获得的净收益全部可用于再投资，再投资的收益率等于项目的内部收益率。这种隐含假定是现金流计算中采用复利计算方法导致的。下面的推导有助于看清这个问题。

求解 *IRR* 的方程可写成下面的形式：

$$\sum_{t=0}^{n}(NB_t-K_t)(1+IRR)^{-t}=0$$

式中：K_t 为第 t 年的净投资；

NB_t 为第 t 年的净收益。

上式两端同乘以（$1+IRR$）^{n}，也就是说，通过等值计算将式左端的现值折算成 n 年末的终值，可得：

$$\sum_{t=0}^{n}(NB_t-K_t)(1+IRR)^{n-t}=0$$

也即：

$$\sum_{t=0}^{n}NB_t(1+IRR)^{n-t}=\sum_{t=0}^{n}K_t(1+IRR)^{n-t}$$

这个等式意味着每年的净收益以 *IRR* 为收益率进行再投资，到 n 年末历年净收益的终值和与历年投资按 *IRR* 折算到 n 年末的终值和相等。

由于投资机会的限制，这种假定往往难以与实际情况相符。这种假定也是造成非常规投资项目 *IRR* 方程可能出现多解的原因。

外部收益率（External Rate of Return）实际上是对内部收益率的一种修正，计算外部收益率时也假定项目寿命期内所获得的净收益全部可用于再投资，所不同的是假定再投资的收益率等于基准折现率。求解外部收益率的方程如式（4-13）所示：

$$\sum_{t=0}^{n} NB_t(1+i_0)^{n-t} = \sum_{t=0}^{n} K_t(1+ERR)^{n-t} \tag{4-13}$$

式中：ERR 为外部收益率；

K_t 为第 t 年的净投资；

NB_t 为第 t 年的净收益；

i_0 为基准折现率。

式（4-13）不会出现多个正实数解的情况，而且通常可以用代数方法直接求解。ERR 指标用于评价投资方案经济效果时，需要与基准折现率 i_0 相比较，判别准则是：

若 $ERR \geqslant i_0$，则项目可以被接受；

若 $ERR < i_0$，则项目不可接受。

【例 4-9】 某重型机械公司为一项工程提供一套大型设备，合同签订后，买方要分两年先预付一部分款项，待设备交货后再分两年支付设备价款的其余部分。重型机械公司承接该项目预计各年的净现金流量如表 4-9 所示。

基准折现率 i_0 为 10%，试用收益率指标评价该项目是否可行。

表 4-9　　某大型设备项目的净现金流表　　单位：万元

年　份	0	1	2	3	4	5
净现金流	1 900	1 000	-5 000	-5 000	2 000	6 000

解：该项目是一个非常规项目，其 IRR 方程有两个解：$i_1=10.2\%$，$i_2=47.3\%$，不能用 IRR 指标评价，可计算其 ERR。据式（4-13）列出如下方程：

$$1\,900\ (1+10\%)^5+1\,000\ (1+10\%)^4+2\,000\ (1+10\%)\ +6\,000$$
$$=5\,000\ (1+ERR)^3+5\,000\ (1+ERR)^2$$

可解得：

$ERR=10.1\%$，$ERR>i_0$，项目可接受。

ERR 指标的使用并不普遍，但是对于非常规项目的评价，ERR 有其优越之处。

三、　净现值指数（$NPVI$）

前面介绍的净现值指标虽然能够直接反映出技术方案的盈利总额，但它没有反映资金的利用效率。换句话说，净现值只是一个绝对经济效益指标。它没有反映方案的相对经济效益，多方案比较时，如果它们的投资额不相等，此时若以各方案净现值的大小来决定方案的取舍，则可能导致相反的结论。这时可以采用净现值指数作为净现值指标的辅助指标来评价方案。

净现值指数（Net Present Value Index）是技术方案的净现值与其投资总额现值之比。其经济含义是单位投资现值所能带来的净现值。净现值指数又被称为净现值率（$NPVR$）。

净现值指数的计算公式为：

$$NPVI = \frac{NPV}{K_P} = \frac{\sum_{t=0}^{n}(CI_t - CO_t)(1+i_0)^{-t}}{\sum_{t=0}^{n} K_t(1+i_0)^{-t}} \tag{4-14}$$

式中：K_P 为项目总投资现值；

K_t 为第 t 年的投资额；

其他符号的意义同式（4-5）。

判别准则：

对于单一项目而言，若 $NPV \geq 0$，则 $NPVI \geq 0$（因为 $K_P > 0$）；若 $NPV < 0$，则 $NPVI < 0$。故用净现值指数评价单一项目经济效果时，判别准则与净现值相同。

多方案比选时，如果被选方案的投资额相近则净现值指数最大的，就表明其投资收益大，该方案即为最佳方案。

值得注意的是，在进行多方案比选时，以净现值指数最大为准则，有利于投资偏小的项目。所以 NPVI 指标仅适用于投资额相近的方案比选。该部分内容会在本章第六节进行详细说明。

四、 投资收益率

投资收益率是投资经济效果的综合评价指标，它一般是指项目达到设计生产能力后的正常生产年份的年净收益与项目总投资之比率。对生产期内各年的净收益变化幅度较大的项目，应计算生产期年平均净收益与总投资的比率。其计算公式为：

$$R = \frac{NB}{K} \tag{4-15}$$

式中：K 为投资总额，$K = \sum_{t=0}^{m} K_t$，K_t 为第 t 年的投资额，m 为完成投资的年份，根据不同的分析目的，K 可以是全部投资额，也可以是投资者的权益投资额；

NB 为正常年份的净收益，根据不同的分析目的，NB 可以是利润，可以是利润税金总额，也可以是年净现金流入等；

R 为投资收益率，根据 K 和 NB 的具体含义，R 可以表现为各种不同的具体形态。

投资收益率常见的具体形态有：

$$全部投资收益率 = \frac{年利润+折旧与摊销+利息支出}{全部投资额}$$

$$权益投资收益率 = \frac{年利润+折旧与摊销}{权益投资额}$$

$$投资利税率 = \frac{年利润+税金}{全部投资额}$$

$$权益投资利润率 = \frac{年利润}{权益投资额}$$

对于权益投资收益率和权益投资利润率来说，还有所得税前与所得税后之分。

投资收益率指标未考虑资金的时间价值，而且舍弃了项目建设期、寿命期等众多经济数据，故一般仅用于技术经济数据尚不完整的项目初步研究阶段。

用投资收益率指标评价投资方案的经济效果，需要与根据同类项目的历史数据及投资者意愿等确定的基准投资收益率作比较。设基准投资收益率为 R_b，判别准则为：

若 $R \geq R_b$，则项目可以考虑接受；

若 $R < R_b$，则项目应予以拒绝。

第四节 多方案间的关系类型

一、 投资方案的类型

对项目投资方案进行经济评价，通常有两种情况：一是单方案评价，即投资项目只有一种技术方案或独立的项目方案可供评价；二是多方案评价，即投资项目有几种可供选择的技术方案。对单方案的评价，一般采用前述的经济评价指标就可以决定项目的取舍。但应该指出的是，在实际项目评价中，由于决策类型的复杂性、决策结构的多样性，往往只有对多方案进行比较评价，才能判断出技术先进、经济合理、社会效益好的最优方案来。

多方案的动态评价方法的选择和各比选项目方案的不同类型，即项目方案之间的相互关系有关。项目方案之间的相互关系可分为如下三种类型。

1. 独立型

独立型是指各个方案的现金流量是独立的，不具有相关性，且任一方案的采用与否都不影响其他方案是否采用的决策。如果决策的对象是单一方案，则可认为是独立方案的特例。

2. 互斥型

互斥型是指各方案之间存在着互不相容、互相排斥的关系，在对多个互斥方案进行比选时，最多只能选取其中之一，其余方案必须放弃。

3. 混合型

混合型是指独立方案与互斥方案混合的情况，即各方案之间既有独立关系，又有互斥关系。

二、 多方案的可比原则

技术经济分析经常要对可实现某一预定目标的多种技术方案进行比较，从中选出最优或最满意的方案。技术方案是指为实现某一目标而具体实施某一技术的工作安排。在技术经济学中，技术方案可以指计划方案、设计方案、生产方案、科研方案等各种类型的方案。技术方案的水平高低主要体现在两个方面：①实现目标程度的高低；②在实现目标的前提下取得的经济效益大小。为了选出最佳方案，根据技术经济比较原理，需对两个以上的方案进行经济效益比较。

技术方案可比原则是指对拟议的不同技术方案进行技术经济比较时的可比条件的认识和要求。具体包括：①对拟议的各种技术方案进行比较；②对技术方案的产品产量、质量、费用、时间、价格等因素，分析在什么条件下具有可比性、可以直接进行比较，以及在什么条件下不具有可比性、不能进行直接比较；③如何使不可比条件转化为可比条件。

技术方案可比原则包括四个方面的内容：一是满足需要的可比；二是消耗费用的可比；三是价格可比；四是时间可比。

（一）满足需要的可比

技术方案满足需要的可比原则，主要包含以下三个方面的含义。

一是方案必须满足客观需要。也就是说，必须满足一定的目标要求，只有满足了客观需要，方案才能成为可行方案。任何技术方案的主要目的就是要满足一定的需要。例如，在京沪两地修建高速公路是为了满足两地的快速通道需要，开发新产品是为了满足企业长远发展以追求更高经济利益的需要。事实上，任何一个技术方案都是以满足或解决一定的客观需要为基础的。

二是不同方案必须满足相同的需要。相比较的各个技术方案只有满足相同的实际需要才具备相互比较和选择其一的条件。一切技术方案一般都是以其产品的数量、品种和质量等技术经济指标来满足社会需要，对满足相同需要的不同技术方案进行比较时，主要要求不同技术方案在产品产量、产品质量和产品品种等指标方面具有可比性。

三是如果不同方案的相同需要得不到满足，则应借助一定的理论和方法使其转化为能满足相同需要的方案。在实际工作中，不同技术方案的产品质量常是有差别的。在这种情况下，即使两方案的产量已经符合可比条件，但方案仍不可比。例如，某企业生产磨床刀具，有 A、B 两个方案可供选择。A 方案的投资和经营费用都高于 B 方案，但生产出来的刀具工作面积大、精确度高且耐磨耐用，这种不同质量的产品是不能直接比较的。按照质量可比原则，对于不同产品的质量也应该根据满足相同社会需要的原则进行考虑。由于质量不同而造成满足不同需要的方案，在技术经济比较中要做出相应的调整，使其具有相同的使用价值，满足相同的社会需要。同样，产品产量或品种不能满足相同需要时，也需要借助一定的修正系数进行调整，转换为满足相同需要时才能进行方案比较。

（二）消耗费用的可比

经济效益是投入和产出之比，既要考核不同方案在满足需要上的可比性，又要从消耗费用方面进行可比条件的认识。由于技术特性不同，不同方案在各方面的劳动消耗和费用也有所区别。

消耗费用可比性的含义是指在计算不同技术方案的消耗费用指标时，应该采用统一的计算范围与口径，计算内容、计价基础、时间单位等要具有统一性。需要注意的是：1. 不同方案在同一经济评价类型中费用包含的范围需要一致；2. 不同的经济评价类型中费用包含的内容有所区别。例如，财务评价从企业角度分析计算项目的费用等情况从而考察项目的获利性，因此，在财务评价中只考虑与方案本身有关的直接费用；而国民经济评价则从国民经济整体角度出发，考察资源的合理利用以及项目给国民经济带来的利益和项目需要国民经济付出的代价，因此在国民经济评价中不仅考虑与方案本身有关的直接费用，还要考虑间接费用。

（三）价格可比

在计算比较不同方案的成果和费用时，需要用到价格指标。因为，在技术方案运行过程中，从投入来看，一般都会消耗两种或两种以上的资源；从产出来看，一般都会产出两种或两种以上的产品。当然，在投入和产出的运行过程中，还可能涉及多种劳务和业务。因此在进行经济评价时，如果将两种或两种以上的资源、业务、产品、劳务等进行归纳汇总，必然要利用价格将各种非价值量转化为价值量，从而便于进行比较。

在技术经济学中，对价格的使用做了统一规定，即在对技术方案进行经济评价时，方案计算期内各年一律使用统一价格，其中财务评价使用现行价格，国民经济评价使用影子价格。使用统一价格的依据主要是：(1) 引起价格变动的因素有很多，因此，很难对价格进行预测，特别是很难对价格进行长期预测；(2) 在许多情况下，投入物可能涨价，产出物也可能同时涨价，两者大致可以相互抵销；(3) 对不同技术方案进行比较时，舍去价格变动因素，一般不会影响技术方案的可比性。所以，在技术经济评价中引出了使用统一价格的思想。

"影子价格"是一个以"边际"概念为基础的、含义广泛的经济概念，在不同的经济文献中有不同的解释。经济学的解释为：影子价格是稀缺资源的单位变化能使系统收益变化的量；或者是指在给定条件下使用这些有限资源的边际效率，也可以理解为单位资源的机会成本。一般来讲，产品和资源越短缺，越为一个国家的经济所必需，其影子价格就越高。从理论上讲，影子价格应该是完全竞争市场经济环境下所表现出的商品市场价格。关于方案的财务评价中所使用的现行价格，应尽可能选择接近影子价格或完全竞争市场环境下所表现的商品市场价格，作为对技术方案经济性评价中所使用的价格。

（四）时间可比

技术方案的经济效益还具有时间的概念。两个不同的技术方案，可能在产品、质量、投资、成本等各方面都相同，但在具体时间上会有差别，如一个投资早，一个投资晚，最终导致的经济效果也会不同。

时间因素可比条件主要有两个方面的含义：一是不同技术方案的比较，应采用相同的计算期，即在同一时间段内考虑各种方案的经济效益和费用。二是不同技术方案比较时，要把不同时期发生的费用与效益，用一定的基准折现率（或基准收益率）折成现值，或者折成同一时间发生的货币价值。换句话说，不同时点上的价值量不具有可比性，也不能直接计算代数和。

第五节 互斥方案的选择

在对互斥型方案进行决策时，参加比选的方案必须具有可比性，如前所述，主要包括计算的时间具有可比性，计算的收益与费用的范围、口径一致，以及计算的价格可比。

互斥方案经济效果的评价包含了两部分内容：一是考察各个方案自身的经济效果，即进行绝对（经济）效果的检验，用经济效果评价标准（如 $NPV \geqslant 0$，$NAV \geqslant 0$，$IRR \geqslant i_0$）

检验方案自身的经济性，叫“绝对（经济）效果的检验”。凡通过绝对（经济）效果检验的方案，就认为它在经济效果上是可以接受的，否则就应予以拒绝；二是考察哪个方案相对最优，称“相对（经济）效果检验”。两种检验的目的和作用不同，通常缺一不可。

一、 寿命周期相同的互斥方案的选择

对于寿命周期相同的互斥方案，计算期通常设定为其寿命周期，这样能满足计算时间的可比性。通过计算增量净现金流量评价增量投资经济效果，对投资额不等的互斥方案进行比选的方法，被称为增量分析法或差额分析法，这是互斥方案比选的基本方法。

（一）增量分析法

先分析一个互斥方案的例子。

【例 4-10】 现有 A、B 两个互斥方案，寿命相同，其各年的现金流量如表 4-10 所示，试对方案进行评价选择（$i_0=10\%$）。

表 4-10　互斥方案 A、B 的净现金流及评价指标（$i_0=10\%$）　单位：万元

年　份	0	1~10	*NPV*	*IRR*/%
方案 A 的净现金流	-2 500	800	2 415.2	29.64
方案 B 的净现金流	-1 800	650	2 193.6	34.28
增量净现金（A-B）	-700	150	221.6	17.72

解：首先计算两个方案的绝对经济效果指标 *NPV* 和 *IRR*，计算结果示于表 4-10。

$$NPV_A=-2\ 500+800\ (P/A,\ 10\%,\ 10)\ =2\ 415.2\ (\text{万元})$$

$$NPV_B=-1\ 800+650\ (P/A,\ 10\%,\ 10)\ =2\ 193.6\ (\text{万元})$$

由方程式：

$$-2\ 500+800\ (P/A,\ IRR,\ 10)\ =0$$

$$-1\ 800+650\ (P/A,\ IRR,\ 10)\ =0$$

可求得：

$$IRR_A=29.64\%$$

$$IRR_B=34.28\%$$

NPV_A、NPV_B 均大于零，IRR_A、IRR_B 均大于基准折现率，所以方案 A 与方案 B 都能通过绝对经济效果检验，且使用 *NPV* 指标和使用 *IRR* 指标进行绝对经济效果检验结论是一致的。

由于 $NPV_A>NPV_B$，故按净现值最大准则方案 A 优于方案 B。但计算结果还表明 $IRR_B>IRR_A$，若以内部收益率最大为比选准则，方案 B 优于方案 A，这与按净现值最大准则比选的结论相矛盾。

到底按哪种准则进行互斥方案比选更合理呢？解决这个问题需要分析投资方案比选的实质。投资额不等的互斥方案比选的实质是判断增量投资（或差额投资）的经济合理性，即投资大的方案相对投资小的方案多投入的资金能否带来满意的增量收益。显然，若增量投资能够带来满意的增量收益，则投资额大的方案优于投资额小的方案；若增量投资不能带来满意的增量收益，则投资额小的方案优于投资额大的方案。

表 4-10 也给出了方案 A 相对于方案 B 各年的增量净现金流，同时计算了相应的差额

净现值（也称为增量净现值，记作 ΔNPV）与差额内部收益率（也称为增量投资内部收益率，记作 ΔIRR）。

$$\Delta NPV=-700+150\ (P/A,\ 10\%,\ 10)\ =221.6\ (\text{万元})$$

由方程式：
$$-700+150\ (P/A,\ \Delta IRR,\ 10)\ =0$$

可解得：
$$\Delta IRR=17.72\%$$

计算结果表明：$\Delta NPV>0$，$\Delta IRR>i_0$（10%），增量投资有满意的经济效果，投资大的方案 A 优于投资小的方案 B。

上例表明了互斥方案比选的基本方法，即采用增量分析法，计算增量现金流量的增量评价指标，通过增量指标的判别准则，分析增量投资的有利与否，从而确定两方案的优劣。

（二）增量分析指标

净现值、净年值、投资回收期、内部收益率等评价指标都可以用于增量分析，下面就代表性指标净现值和内部收益率在增量分析中的应用做进一步讨论。

1. 差额净现值

差额净现值，又叫增量净现值，是指在给定的基准折现率下，两方案在寿命期内各年净现金流量差额折现的累计值；或者说差额净现值等于两个方案的净现值之差。设 A、B 为投资额不等的互斥方案，A 方案比 B 方案投资大，两方案的差额净现值可由下式求出：

$$\begin{aligned}\Delta NPV &= \sum_{t=0}^{n}\left[(CI_{\mathrm{A}}-CO_{\mathrm{A}})_t-(CI_{\mathrm{B}}-CO_{\mathrm{B}})_t\right](1+i_0)^{-t}\\ &= \sum_{t=0}^{n}(CI_{\mathrm{A}}-CO_{\mathrm{A}})_t(1+i_0)^{-t}-\sum_{t=0}^{n}(CI_{\mathrm{B}}-CO_{\mathrm{B}})_t(1+i_0)^{-t}\\ &= NPV_{\mathrm{A}}-NPV_{\mathrm{B}}\end{aligned} \tag{4-16}$$

式中：ΔNPV 为差额净现值；

$(CI_{\mathrm{A}}-CO_{\mathrm{A}})_t$ 为方案 A 第 t 年的净现金流量；

$(CI_{\mathrm{B}}-CO_{\mathrm{B}})_t$ 为方案 B 第 t 年的净现金流量；

NPV_{A}，NPV_{B} 分别为方案 A 和方案 B 的净现值。

用增量分析法进行互斥方案比选时，若 $\Delta NPV\geqslant 0$，表明增量投资可以接受，投资（现值）大的方案经济效果好；若 $\Delta NPV<0$，表明增量投资不可以接受，投资（现值）小的方案经济效果好。显然，用增量分析法计算两方案的差额净现值 ΔNPV 进行互斥方案比选，与分别计算两方案的净现值 NPV，根据净现值 NPV 最大准则进行互斥方案比选，其结论是一致的。

在实际工作中，当有多个互斥方案时，直接用净现值最大准则选择最优方案比两两比较的增量分析更为简便。分别计算各备选方案的净现值，根据净现值最大准则选择最优方案可以将方案的绝对经济效果检验和相对经济效果检验结合起来，判别准则为：净现值最大且非负的方案为最优方案。

类似的等效指标有净年值，即净年值最大且非负的方案为最优方案。当互斥方案的效果一样或者满足相同的需要时，仅需计算费用现金流，采用费用现值或费用年值，其判别准则为：费用现值或费用年值最小的方案为最优方案。

2. 差额内部收益率

差额内部收益率又叫增量内部收益率，是指相比较两个方案的各年净现金流量差额的现值之和等于零时的折现率。计算差额内部收益率的方程式为：

$$\sum_{t=0}^{n}(\Delta CI - \Delta CO)_t(1 + \Delta IRR)^{-t} = 0 \tag{4-17}$$

式中：ΔIRR 为差额内部收益率；

ΔCI 为互斥方案 A 与 B 的差额（增量）现金流入，$\Delta CI = CI_A - CI_B$；

ΔCO 为互斥方案 A 与 B 的差额（增量）现金流出，$\Delta CO = CO_A - CO_B$。

差额内部收益率定义的另一表述方式是：两互斥方案净现值（或净年值）相等时的折现率。其计算公式也可以写成：

$$\sum_{t=0}^{n}(CI_A - CO_A)_t(1 + \Delta IRR)^{-t} - \sum_{t=0}^{n}(CI_B - CO_B)_t(1 + \Delta IRR)^{-t} = 0$$

$$\sum_{t=0}^{n}(CI_A - CO_A)_t(1 + \Delta IRR)^{-t} = \sum_{t=0}^{n}(CI_B - CO_B)_t(1 + \Delta IRR)^{-t}$$

即：

$$NPV_A(\Delta IRR) = NPV_B(\Delta IRR) \tag{4-18}$$

用差额内部收益率比选方案的判别准则是：若 $\Delta IRR > i_0$，则投资大的方案优；若 $\Delta IRR < i_0$，则投资小的方案优。

下面用净现值函数曲线来说明差额投资内部收益率的几何意义以及比选方案的原理。

在图 4-6 中，曲线 A、B 分别为方案 A、B 的净现值函数曲线。*a* 点为 A、B 两方案净现值曲线的交点，在这点两方案净现值相等。*a* 点所对应的折现率就是两方案的差额内部收益率 ΔIRR。由图 4-6 可以看出，当 $\Delta IRR > i_0$ 时，$NPV_A > NPV_B$；当 $\Delta IRR < i_0$ 时，$NPV_A < NPV_B$。用 ΔIRR 与 NPV 比选方案的结论是一致的。

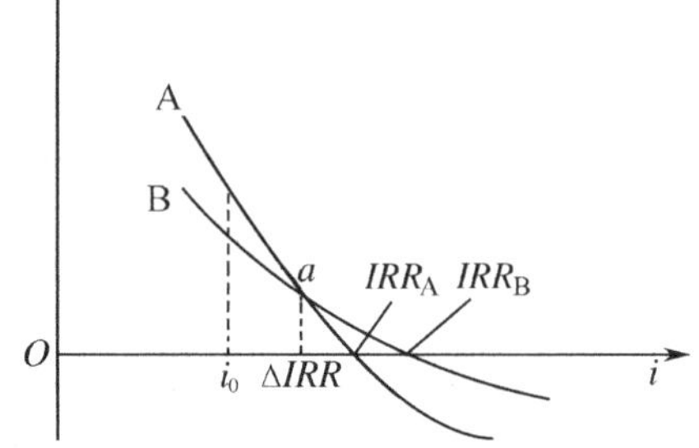

图 4-6　用于方案比较的差额内部收益率

由此可见，在对互斥方案进行比较选择时，净现值最大准则以及净年值最大准则、费用现值和费用年值最小准则都是正确的判别准则，而内部收益率最大准则只在基准折现率大于被比较的两方案的差额内部收益率的前提下成立。也就是说，如果将投资大的方案相对于投资小的方案的增量投资用于其他投资机会，会获得高于差额内部收益率的盈利率，用内部收益率最大准则进行方案比选的结论就是正确的。但是若基准折现率小于差额内部收益率，用内部收益率最大准则选择方案就会导致错误的决策。由于基准折现率是独立确定的，不依赖于具体待比选方案的差额内部收益率，故用内部收益率最大准则比选方案是不可靠的。

用差额内部收益率 ΔIRR 评价互斥方案的步骤如下。

第一步，根据每个方案自身的净现金流，计算每个方案的内部收益率 IRR（或净现值 NPV、净年值 NAV），淘汰内部收益率小于基准折现率 i_0（或净现值 $NPV < 0$、净年值 NAV

< 0) 的方案，即淘汰通不过绝对经济效果检验的方案。

第二步，按照投资从大到小的顺序排列经过绝对经济效果检验保留下来的方案。首先计算头两个方案的差额内部收益率 ΔIRR。若 $\Delta IRR \geqslant i_0$，则保留投资额大的方案；若 $\Delta IRR < i_0$，则保留投资小的方案。

第三步，将第二步得到的保留方案与下一个方案进行比较，再计算两方案的差额内部收益率 ΔIRR，取舍判据同上。以此类推，直到检验所有可行方案，找出最优方案为止。

值得指出的是，差额内部收益率 ΔIRR 与差额净现值 ΔNPV 类似，它只能说明增加投资部分的经济性，并不能说明全部投资的绝对经济效果。因此，采用差额内部收益率 ΔIRR 进行方案评选时，首先必须要判断被比选方案的绝对经济效果，只有在某一方案的绝对经济效果较好前提下，才能用为比较对象。

二、 寿命周期不同的互斥方案的选择

对于寿命相等的互斥方案，通常将方案的寿命期设定为共同的分析期（或称计算期），这样，在利用资金等值原理进行经济效果评价时，方案间在时间上就具有可比性。

对于寿命期不等的互斥方案进行比选，同样要求方案间具有可比性。满足这一要求需要解决两个方面的问题：一是设定一个合理的共同分析期；二是给寿命期不等于分析期的方案选择合理的方案接续假定或者残值回收假定。下面结合具体评价指标在寿命不等互斥方案比选中的应用讨论这两个问题的解决方法。

（一）年值法

年值法是指投资方案在计算期的收入及支出，按一定的折现率换算为等额年值，用以评价或选择方案的一种方法。

在对寿命不等的互斥方案进行比选时，年值法是最为简便的方法，当参加比选的方案数目众多时，尤其是这样。年值法使用的指标有净年值与费用年值。

设 m 个互斥方案的寿命期分别为 n_1，n_2，n_3，…，n_m，方案 $j(j=1, 2, \cdots, m)$ 在其寿命期内的净年值为：

$$\begin{aligned} NAV_j &= NPV_j(A/P, i_0, n_j) \\ &= \sum_{t=0}^{n_j}(CI_j - CO_j)_t(P/F, i_0, t)(A/P, i_0, n_j) \end{aligned} \tag{4-19}$$

净年值最大且非负的方案为最优可行方案。

【例 4-11】 设互斥方案 A、B 的寿命分别为 4 年和 6 年，各自寿命期内的净现金流量如表 4-11 所示。基准折现率为 10%，试用年值法评价选择。

表 4-11　　互斥方案 A、B 的净现金流量　　单位：万元

方案 \ 年份	0	1	2	3	4	5	6
A	-1000	320	320	320	320		
B	-1200	350	350	350	350	350	350

解：由式（4-19）计算可得两方案的净年值

$$NAV_A = -1\,000(A/P,\ 10\%,\ 4) + 320 = 1\,000 \times 0.31547 + 320 = 4.53(\text{万元})$$

$$NAV_B = -1\,200(A/P,\ 10\%,\ 6) + 350 = -1\,200 \times 0.22961 + 350 = 74.47(\text{万元})$$

由于 $NAV_B > NAV_A > 0$，故可选取 B 方案。

用年值法进行寿命不等的互斥方案比选，实际上隐含着做出这样一种假定：各备选方案在其寿命结束时均可按原方案重复实施或以与原方案经济效果水平相同的方案接续。因为一个方案无论重复实施多少次，其年值是不变的，所以年值法实际上假定了各方案可以无限多次重复实施。在这一假定前提下，年值法以“年”为时间单位比较各方案的经济效果，从而使寿命不等的互斥方案间具有可比性。

对于仅有或仅需要计算费用现金流的互斥方案，可以比照净年值指标的计算方法，用费用年值指标进行比选。判别准则是：费用年值最小的方案为最优方案。

（二）现值法

当互斥方案寿命不等时，一般情况下，各方案的现金流在各自寿命期内的现值不具有可比性。如果要使用现值指标进行方案比选，必需设定一个共同的分析期。分析期的设定通常有以下几种方法。

1. 寿命期最小公倍数法

此法是以不同方案使用寿命的最小公倍数为共同的分析期，在此期间各方案分别考虑以同样规模重复投资多次，据此算出各方案的净现值，然后进行比较选优。

【例 4-12】 互斥方案 A、B 各年的净现金流量如表 4-12 所示，基准收益率为 10%，试用现值法评价选择。

表 4-12　　互斥方案 A、B 的净现金流量表　　单位：元

方案	投资	年净现金流	残值	寿命/年
A	-100 000	30 000	15 000	6
B	-150 000	40 000	20 000	9

解：由于两方案寿命期不同，必须先求出两个方案寿命期的最小公倍数，其值为 18 年，A 方案重复实施 3 次，B 方案重复实施 2 次。

$$\begin{aligned}NPV_A &= -100\,000[1 + (P/F,\ 10\%,\ 6) + (P/F,\ 10\%,\ 12)] + 30\,000(P/A,\ 10\%,\ 18)\\&\quad + 15\,000[(P/F,\ 10\%,\ 6) + (P/F,\ 10\%,\ 12) + (P/F,\ 10\%,\ 18)]\\&= 73\,665(\text{元})\end{aligned}$$

$$\begin{aligned}NPV_B &= -150\,000[1 + (P/F,\ 10\%,\ 9)] + 40\,000(P/A,\ 10\%,\ 18)\\&\quad + 20\,000[(P/F,\ 10\%,\ 9) + (P/F,\ 10\%,\ 18)]\\&= 126\,505(\text{元})\end{aligned}$$

由于 $NPV_B > NPV_A > 0$，故可选取 B 方案。

2. 年值折现法

按某一共同的分析期将各备选方案的年值折现得到用于方案比选的现值。这种方法实际上是年值法的一种变形，隐含着与年值法相同的接续方案假定。设方案 j（$j=1$，

2，…，m）的寿命期为 n_j，共同分析期为 N，按年值折现法，方案 j 的净现值的计算公式为：

$$NPV_j = \left[\sum_{t=0}^{n_j}[(CI_j - CO_j)_t(P/F,\ i_0,\ t)]\right](A/P,\ i_0,\ n_j)(P/A,\ i_0,\ N) \quad (4-20)$$

用年值折现法求净现值时，共同分析期 N 取值的大小不会影响方案比选结论，但通常 N 的取值不大于最长的方案寿命期，不小于最短的方案寿命期。

用上述方法计算出的净现值用于寿命不等互斥方案评价的判别准则是：净现值最大且非负的方案是最优可行方案。对于仅有或仅需计算费用现金流的互斥方案，可比照上述方法计算费用现值进行比选，判别准则是：费用现值最小的方案为最优方案。

【例 4-13】 互斥方案 A、B 的寿命分别为 5 年和 3 年，各自寿命期内的净现金流量如表 4-13 所示，基准收益率为 12%，试用现值法比选方案。

表 4-13 互斥方案 A、B 的净现金流量 单位：万元

方案 \ 年份	0	1	2	3	4	5
A	-280	96	96	96	96	96
B	-100	50	50	50		

解：取最短的方案寿命 3 年作为共同分析期，用年值折现法求各方案的净现值：

$$NPV_A = [-280(A/P,\ 12\%,\ 5) + 96](P/A,\ 12\%,\ 3)$$
$$= [-280 \times 0.27741 + 96] \times 2.402 = 44.02(\text{万元})$$
$$NPV_B = -100 + 50(P/A,\ 12\%,\ 3)$$
$$= -100 + 50 \times 2.402 = 20.1(\text{万元})$$

由于 $NPV_A > NPV_B > 0$，故选取 A 方案。

对于某些不可再生资源开发型项目（如石油开采），在进行寿命不等的互斥方案比选时，方案可重复实施的假定不再成立。在这种情况下，不能用含有方案重复假定的年值法和前面介绍的现值法，也不能用含有同一假定的内部收益率法。对于这类方案，可以直接按方案各自寿命期计算的净现值进行比选。这种处理方法所隐含的假定是：用最长的方案寿命期作为共同分析期，寿命短的方案在其寿命期结束后，其再投资按基准折现率（最低希望收益率）取得收益。

（三）内部收益率法

用内部收益率法进行寿命不等的互斥方案经济效果评价，需要首先对各备选方案进行绝对经济效果检验，然后再对通过绝对经济效果检验（净现值、净年值大于或等于零，内部收益率大于或等于基准折现率）的方案用计算差额内部收益率的方法进行比选。

求解寿命不等互斥方案间差额内部收益率的方程可用令两方案净年值相等的方式建立，其中隐含了方案可重复实施的假定。设互斥方案 A、B 的寿命期分别为 n_A，n_B，求解差额内部收益率 ΔIRR 的方程为：

$$\sum_{t=0}^{n_A}(CI_A - CO_A)_t(P/F,\ \Delta IRR,\ t)(A/P,\ \Delta IRR,\ n_A)$$

$$= \sum_{t=0}^{n_B}(CI_B - CO_B)_t(P/F,\ \Delta IRR,\ t)(A/P,\ \Delta IRR,\ n_B) \quad (4-21)$$

就一般情况而言，用差额内部收益率进行寿命不等的互斥方案比选，应满足下列条件之一：

（1）初始投资额大的方案年均净现金流大，且寿命期长。

（2）初始投资额小的方案年均净现金流小，且寿命期短。

$$方案j的年均净现金流 = \sum_{t=0}^{n_j}(CI_j - CO_j)_t/n_j \quad (4-22)$$

方案比选的判别准则为：在 ΔIRR 存在的情况下，若 $\Delta IRR > i_0$，则年均净现金流大的方案为优；若 $0 < \Delta IRR < i_0$，则年均净现金流小的方案为优。

【例 4-14】 设互斥方案 A、B 的寿命分别为 5 年和 3 年，各自寿命期内的净现金流量如表 4-14 所示，基准收益率为 12%，试用内部收益率法比选方案。

表 4-14　　方案 A、B 的净现金流量　　单位：万元

方案 \ 年份	0	1	2	3	4	5
A	-300	96	96	96	96	96
B	-100	42	42	42		

解：首先进行绝对经济效果检验，计算每个方案在各自寿命期内现金流的内部收益率。列出求解内部收益率的方程式：

$$-300 + 96(P/A,\ IRR_A,\ 5) = 0$$

$$-100 + 42(P/A,\ IRR_B,\ 3) = 0$$

可求得：$IRR_A = 18.14\%$；$IRR_B = 12.53\%$。

由于 IRR_A、IRR_B 均大于基准折现率，故方案 A、B 均能通过绝对经济效果检验。

方案比选应采用差额内部收益率指标。初始投资大的方案 A 的年均净现金流（-300/5+96=36）大于初始投资小的方案 B 的年均净现金流（-100/3+42=8.7），且方案 A 的寿命 5 年长于方案 B 的寿命 3 年，差额内部收益率指标可以使用。根据式（4-21）列出求解差额内部收益率的方程式：

$$[-300+96(P/A,\ \Delta IRR,\ 5)](A/P,\ \Delta IRR,\ 5)$$

$$-[-100+42(P/A,\ \Delta IRR,\ 3)](A/P,\ \Delta IRR,\ 3) = 0$$

利用试算内插法，可求得：$\Delta IRR = 20.77\%$。由于 $\Delta IRR > i_0$，由判别准则可知，应选择年均净现金流大的方案 A。

第六节 独立方案的选择

一、 完全不相关的独立方案

独立方案的采用与否，只取决于方案自身的经济性，即只需检验它们是否能够通过净现值、净年值或内部收益率等绝对经济效果评价指标。因此，多个独立方案与单一方案的评价方法是相同的。

【例 4-15】 三个独立方案 A、B、C，其现金流如表 4-15 所示。设基准收益率为 12%，试判断其经济可行性。

表 4-15 独立方案 A、B、C 的净现金流量表 单位：万元

方案 \ 年末	0	1~8
A	-140	45
B	-180	47
C	-170	32

解：本例为独立方案，可首先计算方案自身的绝对经济效果指标：净现值、或净年值、或内部收益率，然后根据各指标的判别准则进行绝对经济效果检验并决定取舍。

（1） $NPV_A = -140 + 45(P/A, 12\%, 8) = 83.56$（万元）

$NPV_B = -180 + 47(P/A, 12\%, 8) = 53.50$（万元）

$NPV_C = -170 + 32(P/A, 12\%, 8) = -11.02$（万元）

由于 $NPV_A > 0$，$NPV_B > 0$，$NPV_C < 0$，根据净现值判别准则，A、B 方案可以接受；C 方案应予以拒绝。

（2） $NAV_A = -140(A/P, 12\%, 8) + 45 = 16.82$（万元）

$NAV_B = -180(A/P, 12\%, 8) + 47 = 10.77$（万元）

$NAV_C = -170(A/P, 12\%, 8) + 32 = -2.22$（万元）

由于 $NAV_A > 0$、$NAV_B > 0$、$NAV_C < 0$，根据净年值判别准则，A、B 方案可以接受；C 方案应予以拒绝。

（3） 设 A 方案内部收益率为 IRR_A，B 方案内部收益率为 IRR_B，C 方案内部收益率为 IRR_C，由方程：

$$-140 + 45(P/A, IRR_A, 8) = 0$$

$$-180 + 47(P/A, IRR_B, 8) = 0$$

$$-170 + 32(P/A, IRR_C, 8) = 0$$

解得各方案内部收益率为：$IRR_A = 27.6\%$；$IRR_B = 20.1\%$；$IRR_C = 10.1\%$。

由于 $IRR_A > i_0(12\%)$、$IRR_B > i_0(12\%)$、$IRR_C < i_0(12\%)$，根据内部收益率判别准

则，A、B 方案可以接受；C 方案应予以拒绝。

对于独立方案而言，经济上是否可行的判断依据是其绝对经济效果指标是否优于一定的检验标准。不论采用净现值、净年值和内部收益率当中哪种评价指标，评价结论都是一样的。

二、 有资源约束的独立方案的选择

这里讨论的独立方案是指方案之间虽然不存在相互排斥或相互补充的关系，但由于资源的约束，不可能满足所有方案投资的要求，或者由于投资项目的不可分性，这些约束条件意味着接受某几个方案必须要放弃另一些方案，使之成为相关的互相排斥的方案。

受资源约束的方案选择使用的主要方法有“互斥方案组合法”和“净现值指数排序法”。

（一）互斥方案组合法

尽管独立方案之间互不相关，但在有约束条件下，它们会成为相关方案。互斥方案组合法的基本思想是把各个独立方案进行组合，其中每一个组合方案就代表一个相互排斥的方案，这样就可以利用互斥方案的评选方法，选择最佳的方案组合。

【例 4-16】 有三个独立方案 A、B、C，各方案的有关数据如表 4-16 所示，已知总投资限额为 210 万元，基准收益率为 10%，试选择最佳投资方案组合。

表 4-16　　A、B、C 方案的有关数据　　单位：万元

方案	投资额	1~10 年净收入
A	100	30
B	70	27
C	120	32

解：由于 A、B、C 三个方案的总投资 290 万元超过了投资限额，因而不能同时被选中。

互斥方案组合法的基本步骤如下：

第一步，列出全部相互排斥的组合方案。如果有 m 个独立方案，组合方案数共（2^m-1）个。本例原有 3 个独立方案，互斥组合方案共有 7 个（2^3-1）。这 7 个方案彼此互不相容，互相排斥。组合结果如表 4-17 所示。

第二步，保留投资额不超过投资限额的方案，淘汰其余组合方案。本例中，除去不满足约束条件的 A、C 组合及 A、B、C 组合。

第三步，采用净现值或差额内部收益率法选择最佳方案组合。本例采用净现值法，净现值最大的组合方案为最佳组合方案。结果如表 4-17 所示。

表 4-17　　用净现值法选择最佳组合方案　　单位：万元

序号	方案组合	投资	1~10 年净收入	净现值	决　策
1	A	100	30	84.32	
2	B	70	27	95.89	

续表

序号	方案组合	投资	1~10年净收入	净现值	决 策
3	C	120	32	76.61	
4	A+B	170	57	180.21	最佳
5	B+C	190	59	172.5	
6	A+C	220	62	160.93	不可行
7	A+B+C	290	89	256.82	不可行

由表4-17可知，按最佳投资决策确定选择方案A和B，其净现值总额为180.21万元。

当方案的个数增加时，其组合数将成倍增加。所以互斥方案组合法比较适用于方案数比较小的情况。当方案数目较多时，可采用净现值指数排序法。

（二）净现值指数排序法

此法是在计算各方案净现值指数的基础上，将净现值指数大于或等于零的方案按净现值指数大小排序，并依此次序选取项目方案，直至所选取方案的投资总额最大限度地接近或等于投资限额为止。这一方法的目标是达到总投资的净现值最大。

【例4-17】 某地区投资预算为150万元。有6个投资方案，其净现值及投资额如表4-18所示，基准折现率为10%，试按净现值指数排序法进行评选。

解：各方案的净现值、净现值指数及排序结果如表4-18所示。

表4-18 各方案的有关指标计算表 单位：万元

方案	第0年投资	净现值	净现值指数	按净现值指数排序
A	60	13.73	0.23	1
B	40	1.78	0.04	5
C	35	5.5	0.16	3
D	20	-1.56	-0.08	6
E	55	11.58	0.21	2
F	10	1.06	0.11	4

由表4-18可知，方案的优先顺序为A、E、C、F、B、D，方案D净现值指数小于零，应淘汰。当资金总额为150万元时，最优组合方案是A、E、C，净现值总额为30.81万元。

按净现值指数排序原则选择项目方案，其基本思想是单位投资的净现值越大，在一定投资限额内所能获得的净现值总额就越大。净现值指数排序法简便易算，这是它的主要优点，但是，由于投资项目的不可分性，净现值指数排序法在许多情况下，不能保证现有资金的充分利用，不能达到净现值最大的目标。只有在下述情况之一，它才能达到或接近于净现值最大的目标：

（1）各方案投资占投资预算的比例很小；

（2）各方案投资额相差无几；

(3) 各入选方案投资累加额与投资预算限额相差无几。

实际上，在各种情况下都能保证实现最优选择（净现值最大）的更可靠的方法是互斥方案组合法。

第七节 混合方案的选择

混合方案实际上包括多种类型。这里，只讨论由独立方案与互斥方案组成的混合方案，即某些方案为互斥方案（实为同一项目中的方案），而某些方案则为相互独立的方案（实为相互独立的不同项目中的方案）。例如，某企业既可投资IT产业，IT产业又有A、B两个互斥方案；又可同时投资生物制药业，生物制药业又有C、D两个互斥方案。但IT产业的方案与生物制药业的方案之间是相互独立的方案。这样，A、B、C、D就组成了一个混合方案群。

混合方案的选择也分以下两种情况讨论。

一、 无资金约束条件下混合方案的选择

由于各项目是相互独立的，又无资金约束，因此，只要项目可行，就可采纳，但应从可行项目中选择一个最优方案。选择工作分两步。

第一步，评价各项目中各方案的可行性。

第二步，在每个项目中选择一个可行且最优的方案。

即把同一个项目中的互斥方案进行比较与选择，所用的方法主要有：净现值法、净年值法及增量投资内部收益率法。

二、 有资金约束条件下混合方案的选择

在这种情况下，选择的思路与无资金约束条件下混合方案的选择基本相同，只是在选择方案时应考虑总投资额不超过资金总额，因此，所选的方案不一定是该项目中最优的方案。

与独立方案的选择有所不同，它在进行方案组合时，只能从每一个项目的多个方案中最多选择一个方案参与组合，步骤如下。

第一步，评价各方案的可行性，舍弃不可行的方案。

第二步，在总投资额不超过资金限额的条件下，进行独立方案的组合。

除了要考虑总投资额不超过资金限额以外，还应注意各项目中最多只能选一个方案。

第三步，求各种组合的总体经济效果值。

经济效果指标通常采用净现值（*NPV*）、净年值(*NAV*)。

第四步，选择最优的方案组合。

选择的标准也是总净现值或总净年值最大。

【例 4-18】 某公司有三个下属部门 A、B、C，各部门提出了若干个方案，其现金流量如表 4-19 所示。设三个部门之间的投资是相互独立的，但部门内部的投资方案是互斥的。寿命均为 10 年，基准收益率为 10%。

表 4-19　　某公司三个部门各投资方案的现金流量　　单位：万元

部　门	方　案	0 时投资额	净现金流（1~10 年）
A	A_1	100	27.2
	A_2	200	51.1
B	B_1	100	12.0
	B_2	200	30.1
	B_3	300	45.6
C	C_1	100	50.9
	C_2	200	63.9
	C_3	300	87.8

（1）若无资金约束，应选择哪些方案？

（2）若资金限额为 500 万元，应选择哪些方案？

解：考虑到计算的方便性，这里选用净现值法。

（1）在资金无限额条件下方案的选择

第一步，求各方案的净现值并评价它们的可行性。

计算结果如表 4-20 所示，可以看出，B 部门的各方案均不可行，其余方案均可行。

表 4-20　　某公司三个部门各投资方案的净现值　　单位：万元

部　门	方　案	投资额	净现值
A	A_1	100	67.13
	A_2	200	113.99
B	B_1	100	-26.27
	B_2	200	-15.05
	B_3	300	-19.81
C	C_1	100	212.76
	C_2	200	192.64
	C_3	300	239.49

第二步，选择方案。

由于 B 部门的各方案均不可行，因此，只能在 A、C 部门中各选一个净现值最大的方案，所以应选择 A_2、C_3。

（2）在资金限额为 500 万元的条件下

由于已判断了各方案的可行性，所以只需进行以下三步工作。

第一步，进行方案组合。

组合结果如表 4-21 所示。

表 4-21　某公司两个可行项目的投资方案组合及其总净现值　单位：万元

序　号	方案组合	总投资	总净现值
1	A_1	100	67.13
2	A_2	200	113.99
3	C_1	100	212.76
4	C_2	200	192.64
5	C_3	300	239.49
6	A_1、C_1	200	279.89
7	A_1、C_2	300	259.77
8	A_1、C_3	400	306.62
9	A_2、C_1	300	326.75
10	A_2、C_2	400	306.63
11	A_2、C_3	500	353.48

第二步，求各种组合的总净现值。

各种组合的总净现值计算结果如表 4-21 所示。

第三步，选择最优的组合。

由表 4-21 可看出，组合 11 的总净现值最大，所以应选择组合 11，即选择 A_2、C_3 两个方案。

进一步讨论：如果资金限额为 400 万元，则方案组合 11 的总投资 500 万元超过了资金限额，故应选择 A_2、C_1 两个方案。

习　　题

1. 某项目净现金流量如下表所示。

单位：万元

年	0	1	2	3	4	5	6
净现金流量	-50	-80	40	60	60	60	60

计算静态投资回收期、净现值、净年值、内部收益率和动态投资回收期（$i_0=10\%$）。

2. 项目第 1 年和第 2 年各有固定资产投资 400 万元，建设期 2 年，第 3 年投入流动资金 300 万元并当年达产，每年有销售收入 580 万元，生产总成本 350 万元，折旧费 70 万元，项目寿命期 10 年，期末有固定资产残值 100 万元，并回收全部流动资金。若基准收益率 $i_0=10\%$，试求：

（1）计算各年净现金流量，并做现金流量图。

(2) 计算该项目的静态投资回收期(包括建设期)。

(3) 计算净现值，并判断项目是否可行。

3. 某工程项目期初投资3 000万元，建设期1年，投产后，每年销售收入1 680万元，经营成本720万元。寿命期为10年，在第10年年末，还能回收资金240万元，若基准收益率 $i_0=12\%$，试判断该项目是否可行。

4. 某项目净现金流量如下表所示。试求项目的内部收益率，若基准收益率 $i_0=12\%$，判断该项目是否可行。

单位：万元

年　份	0	1	2	3	4	5
净现金流量	-200	40	60	40	80	80

5. 为一条蒸汽管道敷设不同厚度绝热层的初始费用以及蒸汽管道运行中不同绝热层厚度对应的热损失费用见下表。

单位：万元

绝热层厚度/cm	0	2	2.5	3	4.5	6	7.5
初始费用/元	0	18 000	25 450	33 400	38 450	43 600	57 300
年热损失费用/元	18 000	9 000	5 900	4 500	3 910	3 600	3 100

估计该蒸汽管道要使用15年，若最低希望收益率为8%，分别用年值法、现值法和内部收益率法分析多大厚度的绝热层最经济。

6. 某项目净现金流量如下表所示。

单位：万元

年　份	0	1	2	3
净现金流量	-100	420	-585	270

判断 $IRR=20\%$ 是不是其内部收益率?

7. 一个项目的初始投资为10 000元，以后每年均等地获得净现金流入2 000元，项目寿命期为10年。计算项目的外部收益率 ERR，并分析项目是否可行。已知 $i_0=12\%$。

8. 互斥方案A、B、C的净现金流量如下表所示，应该选择哪个方案(基准收益率 $i_0=10\%$)?

单位：万元

方案＼年份	0	1	2	3	4	5	6
A	-5 000	2 000	2 000	2 000	2 000	2 000	2 500
B	-1 600	-1 800	1 800	1 800	1 800	1 800	2 000
C	-1 000	400	400	400	400	400	450

9. 某厂可以40 000元购置一台旧机床，年运行费用估计为32 000元，当该机床在第4年更新时残值为7 000元。该厂也可以60 000元购置一台新机床，其年运行费用为26 000元，当它在第4年更新时残值为9 000元。若基准收益率为10%，应选择哪个方案？

10. 某企业有两种机器可以选用，都能满足生产需要。机器A买价为10 000元，在第6年年末的残值为4 000元，前三年的年运行费用为5 000元，后三年为6 000元。机器B买价为8 000元，第6年年末的残值为3 000元，其运行费用前三年为每年5 500元，后三年为每年6 500元。运行费用增加的原因是维护修理工作量及效率上的损失随着机器使用时间的增加而提高。基准收益率是15%。试用费用现值和费用年值选择机器。

11. 购置一台设备初始费用为60 000元，该设备可使用7年，使用1年后设备价值降为36 000元，以后每年递降4 000元。设备在其寿命期内运行费用和修理费用逐年增加，见下表。

单位：万元

年　份	1	2	3	4	5	6	7
年运行费与修理费	1.0	1.1	1.2	1.4	1.6	2.2	3.0

假定设备可随时在市场上转让出去，若最低希望收益率为15%，该设备使用几年最经济？

12. 某企业产品市场前景看好，需要立即改造生产线扩大生产能力。根据企业发展规划，若干年后还要再进行一次技术改造进一步扩大生产能力。有两种方案均可满足生产能力扩大的要求。第一种方案需要立即投资200万元，下次改造再投资400万元；第二种方案需要立即投资250万元，下次改造再投资320万元。若最低希望收益率为10%，试分析下次改造在哪一年之前进行可以接受第二种方案。

13. 某制造厂考虑下面三个投资计划。在5年计划期中，这三个投资方案的现金流量情况如下表所示，基准收益率为10%。

单位：万元

方　案	A	B	C
期初投资	65 000	58 000	93 000
年净收入（1~5年末）/元	18 000	15 000	23 000
残值	12 000	10 000	15 000

（1）假设这三个计划是独立的，且资金没有限制，那么应选择哪个方案或哪些方案？

（2）在（1）中假定资金限制在160 000元，试选出最好的方案。

（3）假设计划A、B、C是互斥的，试用增量内部收益率法来选出最合适的投资计划，增量内部收益率说明什么？

14. 某企业现有若干互斥投资方案，有关数据如下表所示。各方案寿命期均为7年，试问：

（1）当折现率为10%时，资金无限制，哪个方案最佳？

（2）折现率在什么范围时，B方案在经济上最佳？

单位：万元

方案	初始投资	年净收入
A	2 000	500
B	3 000	900
C	4 000	1 100
D	5 000	1 380

15. 某公司计划进行投资，有三个独立方案 A、B、C 可供选择，A、B、C 三方案的投资分别是 200 万元、180 万元和 320 万元，净年值分别是 55 万元、40 万元和 73 万元，如果资金有限，不超过 600 万元，如何选择方案？

16. A、B 两个互斥方案各年的现金流量如下表所示，基准收益率为 10%，试评价选优。

单位：万元

方案	投资	年净现金流量	残值	寿命（年）
A	−5	1. 5	0. 75	6
B	−7. 5	2	1	9

第五章 不确定性分析

技术经济分析与评价项目中所用的数据，大部分来自对未来的预测与估算，如项目的建设期、投产期和生产期、项目的生产能力、价格等。投资项目的风险与不确定性是客观存在的。实践证明，人们对投资项目的分析和预测不可能完全符合未来的情况和结果。因为投资活动所处的环境、条件及相关因素是变化发展的。项目评价所采用的数据大部分来自预测和估算，存在一定程度的不确定性。因此，为了提高投资决策的可靠性，减少决策时所承担的风险，就必须对投资项目的风险和不确定性进行正确的分析和评价。

不确定性（Uncertainty）是指决策者事先不知道决策的所有可能结果，或者虽然知道所有可能结果但不知道它们出现的概率。技术方案的不确定性分析产生的直接原因是方案评价中所采用的各种数据与实际值出现偏差，如项目总投资、年销售收入、年经营成本、产量、设备残值、资本利率、税率等的变化对投资方案经济效果的影响。

一般将未来可能变化的因素对投资方案效果的影响分析统称为不确定性分析（Uncertainty Analysis）。它通过运用一定的方法计算出各种不确定性因素对项目经济效果的影响程度来推断项目的抗风险能力，从而为项目决策提供更加准确的依据，同时也有利于对未来可能出现的各种情况有所估计，事先提出改进措施和风险控制手段。不确定性分析主要包括盈亏平衡分析、敏感性分析、概率分析和风险决策。

第一节 盈亏平衡分析

一、 盈亏平衡分析概述

（一）盈亏平衡分析的基本概念

盈亏平衡分析又称平衡点（临界点、分界点、保本点、转折点）分析，广泛被应用于预测成本、收入、利润，编制利润计划；估计售价、销量、成本水平变动对利润的影响，为各种经营决策提供必要的信息；投资项目的不确定性分析。

盈亏平衡分析是指通过分析产品产量、成本和盈利之间的关系，找出方案盈利和亏损的产量、单价、成本等方面的临界点，以判断不确定性因素对方案经济效果的影响程度，说明方案实施的风险。这个临界点被称为盈亏平衡点（Break-even Point，BEP）。盈亏平衡分析又被称为量本利分析。

（二）盈亏平衡分析的基本假设

进行盈亏平衡分析是以下列基本假设条件为前提的。

(1) 所采取的数据是投资项目在正常年份内所达到设计生产能力时的数据，这里不考虑资金的时间价值及其他因素；

(2) 产品品种结构稳定，否则，随着产品品种结构变化，收益和成本会相应变化，从而使盈亏平衡点处于不断变化之中，难以进行盈亏平衡分析；

(3) 在盈亏平衡分析时，假定生产量等于销售量，即产销平衡。

二、 独立方案盈亏平衡分析

独立方案盈亏平衡分析的目的是通过分析产品产量、成本与方案盈利能力之间的关系，找出投资方案的盈利和亏损与产量、产品价格、单位产品成本等方面的界限，以判断在各种不确定因素作用下方案的风险情况。

（一）线性盈亏平衡分析

1. 线性盈亏平衡分析研究的假设条件

(1) 生产量等于销售量；

(2) 固定成本不变，可变成本与生产量成正比变化；

(3) 销售价格不变；

(4) 只按单一产品计算，若项目生产多种产品，则换算为单一产品计算。

2. 盈亏平衡点及其确定

盈亏平衡点（BEP）可以有多种表达，一般是从销售收入等于总成本费用，即盈亏平衡方程式中导出。

设企业的销售价格（P）不变，则：

$$B = PQ \tag{5-1}$$

式中：B 为税前销售收入（从企业角度看）；

P 为单位产品价格（完税价格）；

Q 为产品销售量。

企业的总成本费用（C），从决策用的成本概念来看，包括固定成本（C_f）和变动成本（C_vQ），即：

$$C = C_f + C_vQ \tag{5-2}$$

式中：C_f 为固定成本；

C_v 为单位产品变动成本。

这里需要说明的是，变动成本是指随产品产量的变动而变动的费用。大部分的变动成本与产量是成线性关系的；也有一部分变动成本与产量不成线性关系，如生产工人工资中的部分附加工资、某些工艺的能耗费用等，这部分变动成本随产量变动的规律一般是呈阶梯形曲线，通常称这部分的变动成本为半变动成本。由于半变动成本通常在总成本费用中所占比例很小，在经济分析中一般可近似地认为变动成本与产品产量成正比例关系。

当处于盈亏平衡状态时，总收入 B 等于总成本 C，则有

$$PQ^* = C_f + C_vQ^* \tag{5-3}$$

式中：Q^* 为盈亏平衡点的产量。

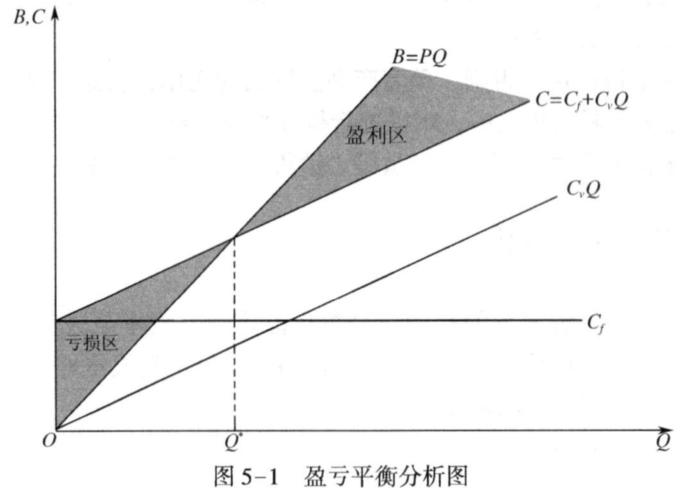

图 5-1　盈亏平衡分析图

图 5-1 中纵坐标表示销售收入与成本费用，横坐标表示产品产量。销售收入线 B 与总成本线 C 的交点称为盈亏平衡点（BEP），也就是项目盈利与亏损的临界点。从图中可以看出，当产量在 $0 < Q < Q^*$ 范围时，线 C 位于线 B 之上，此时企业处于亏损状态；而当产量在 $Q > Q^*$ 范围时，线 B 位于线 C 之上，此时企业处于盈利状态。显然 Q^* 是 BEP 的一个重要表达。由式（5-3）可知：

$$Q^* = \frac{C_f}{P - C_v} \tag{5-4}$$

式中，$(P - C_v)$ 表示每销售一个单位产品在补偿了变动成本后之所剩，被称为单位产品的边际贡献。盈亏平衡产量就是以边际贡献补偿固定成本的产量。

盈亏平衡点除可用产量表示外，还可用销售收入、生产能力利用率、销售价格和单位产品变动成本等来表示。

若在产品销售价格、固定成本和变动成本不变的情况下，盈亏平衡销售收入为：

$$B^* = PQ^* = \frac{PC_f}{P - C_v} \tag{5-5}$$

若方案设计生产能力为 Q_c，在产品销售价格、固定成本、变动成本不变的情况下，盈亏平衡生产能力利用率为：

$$E^* = \frac{Q^*}{Q_c} \times 100\% = \frac{C_f}{(P - C_v)Q_c} \times 100\% \tag{5-6}$$

若按设计能力进行生产和销售，且产品固定成本、变动成本不变，则盈亏平衡销售价格为：

$$P^* = \frac{B}{Q_c} = \frac{C}{Q_c} = C_v + \frac{C_f}{Q_c} \tag{5-7}$$

若按设计生产能力进行生产和销售，且产品销售价格、固定成本不变，则盈亏平衡单位产品变动成本为：

$$C_v^* = \frac{C - C_f}{Q_c} = \frac{B - C_f}{Q_c} = P - \frac{C_f}{Q_c} \tag{5-8}$$

若按设计生产能力进行生产和销售，且产品销售价格、单位产品变动成本不变，则盈亏平衡固定成本为：

$$C_f = (P - C_v)Q_c \tag{5-9}$$

【例 5-1】 某工业项目年设计生产能力为生产某种产品 3 万件，单位产品售价 3 000 元，总成本费用为 7 800 万元，其中固定成本 3 000 万元，总可变成本与产品产量成正比例关系，求以产量、生产能力利用率、销售价格、单位产品可变成本表示的盈亏平衡点。

解：根据已知条件可以求出单位产品可变成本：

$$C_v = \frac{(7\,800 - 3\,000) \times 10^4}{3 \times 10^4} = 1\,600(\text{元/件})$$

盈亏平衡产量：

$$Q^* = \frac{3\,000 \times 10^4}{3\,000 - 1600} = 21\,429(\text{件})$$

盈亏平衡生产能力利用率：

$$E^* = \frac{3\,000 \times 10^4}{(3\,000 - 1\,600) \times 3 \times 10^4} \times 100\% = 71.43\%$$

盈亏平衡销售价格：

$$P^* = 1\,600 + \frac{3000 \times 10^4}{3 \times 10^4} = 2\,600(\text{元/件})$$

盈亏平衡单位产品可变成本：

$$C_v^* = 3\,000 - \frac{3\,000 \times 10^4}{3 \times 10^4} = 2\,000(\text{元/件})$$

在该例中，若未来的产品销售价格及生产成本与预期相同，项目不发生亏损的条件是年销售量不低于 21 429 件，生产能力利用率不低于 71.43%；如果按照设计生产能力生产并全部销售，生产成本与预期相同，项目不发生亏损的条件是产品价格不低于 2 600 元/件；如果销售量、产品价格与预期值相同，项目不发生亏损的条件是单位产品可变成本不高于 2 000 元/件。

3. 成本结构与经营风险的关系

销售量、产品价格及单位产品变动成本等不确定因素发生变动时，引起项目营利额的波动被称为项目的经营风险（Business Risk）。由销售量及单位产品变动成本的变动引起的经营风险与项目固定成本所占的比例有关。

设产量为 Q_0，年总成本为 C_0，固定成本与总成本费用的比例为 $S\left(S = \frac{C_f}{C_0}\right)$，此时由 $C_0 = C_f + C_v Q_0$ 可知，单位产品变动成本：$C_v = \frac{C_0(1 - S)}{Q_0}$

当产品价格为 P 时，盈亏平衡产量为：

$$Q^* = \frac{C_0 S}{P - \frac{C_0(1 - S)}{Q_0}} = \frac{Q_0 C_0}{\frac{1}{S}(PQ_0 - C_0) + C_0} \tag{5-10}$$

盈亏平衡单位产品变动成本为：

$$C_v^* = P - \frac{C_0 S}{Q_0} \tag{5-11}$$

由式（5-10）及式（5-11）可以看出，固定成本占总成本的比例 S 越大，则盈亏平衡产量越高，盈亏平衡单位产品变动成本越低。这些都会导致项目在面对不确定因素的变动时发生亏损的可能性增大。

设项目的年净收益为 NB，对应于预期的固定成本和单位产品变动成本：

$$\begin{aligned} NB &= PQ - C_f - C_v Q \\ &= PQ - C_0 S - \frac{C_0(1-S)}{Q_0}Q \end{aligned} \tag{5-12}$$

$$\frac{\mathrm{d}(NB)}{\mathrm{d}Q} = P - \frac{C_0(1-S)}{Q_0}$$

显然，当销售量发生变动时，S 越大，年净收益的变化率越大。也就是说，固定成本的存在扩大了项目的经营风险，固定成本占总成本的比例越大，这种扩大作用越强，这种现象被称为经营杠杆效应（Operating Leverage）。

固定成本占总成本的比例取决于产品生产的技术要求及工艺设备的选择。一般来说，资金密集型的项目固定成本占总成本的比例比较高，经营风险也比较大。

（二）非线性盈亏平衡分析

在以上分析中，我们做了如下的假定：产量等于销售量；产品销售单价 P 不变；固定成本和单位可变成本不变。这样得到线性盈亏分析图。在实际工作中常常会遇到产品的年总成本与产量不成线性关系，产品的销售价格会受市场供求变化和批量的影响，因而销售收入与产量也不成线性关系。这时，就要采用非线性盈亏平衡分析法分析。

造成总生产成本与产量不再保持线性关系的原因有：当生产扩大到某一限度后，用正常价格获得的原料、动力等已不能保证满足供应，必须付出较高的代价才能获得；设备超负荷运行，会带来磨损的加剧、寿命的缩短和维修费用的增加；正常的生产班次已不能完成生产任务，不得不采用加班加点办法，因而会增大劳务费用。这些情况，都会使年总生产成本 C 与产量 Q 的关系由线性变成非线性。

非线性的成本函数通常可用二次函数来表示，即：

$$C = C_f + dQ + eQ^2 \tag{5-13}$$

式中，d，e 为系数。

同样的情况下，在产品的销售税率不变的条件下，由于市场供求关系变化及发生批量折扣也会使销售净收入与产量不成线性关系。此时，销售净收入也可由二次函数来表示，即：

$$B = fQ + jQ^2 \tag{5-14}$$

式中，f，j 为系数。

在盈亏平衡条件下，$C - B = 0$，即：

$$(e - j)Q^2 + (d - f)Q + C_f = 0$$

解之可得：

$$Q^* = \frac{-(d-f)}{2(e-f)} \pm \frac{\sqrt{(d-f)^2 - 4(e-j)C_f}}{2(e-j)} \tag{5-15}$$

即总成本曲线和销售净收入曲线有两个交点，对应这两个点有两个盈亏平衡点产量 Q_1^* 和 Q_2^*（销售量），如图 5-2 所示。

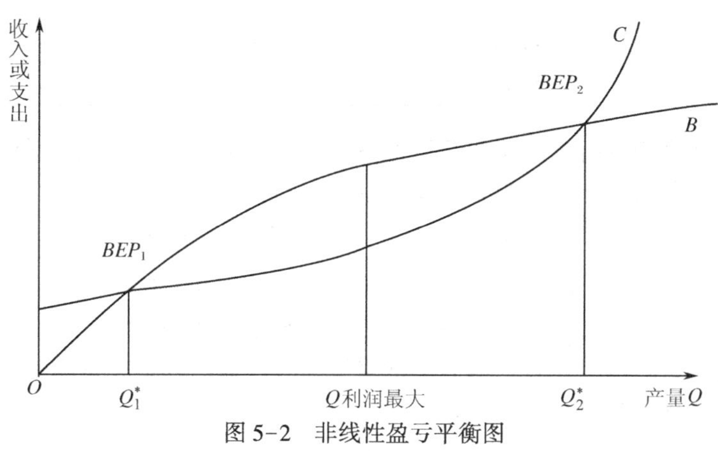

图 5-2 非线性盈亏平衡图

这时，利润最大的产量为：

$$\frac{\mathrm{d}(C-B)}{\mathrm{d}Q} = 2Q(e-j) + (d-f) = 0$$

$$Q_{利润最大} = \frac{-(d-f)}{2(e-j)} \tag{5-16}$$

三、 互斥方案盈亏平衡分析

当不确定性的因素同时对两个以上方案，比如对于互斥方案的经济效果产生不同的影响程度时，可以通过盈亏平衡分析的方法，帮助互斥方案在不确定性条件下的比选，有时这也被称为优劣平衡分析。

设两个互斥方案的经济效果受某一个不确定因素 x 的影响，则可把这两个方案的经济效果指标表示为 x 的函数：

$$E_1 = f_1(x) \tag{5-17}$$

$$E_2 = f_2(x) \tag{5-18}$$

式中，E_1 和 E_2 分别为方案 1 与方案 2 的经济效果指标。当两个方案的经济效果相同时，即 $E_1 = E_2$，有：

$$f_1(x) = f_2(x) \tag{5-19}$$

解出使方程式成立的 x 值，即为方案 1 与方案 2 的盈亏平衡点，也就是决定这两个方案优劣的临界点。结合对不确定因素 x 未来的取值的预测，可以做出相应的决策。

【例 5-2】 某企业生产两种产品分别是 X 与 Y，可以采用三种设备 A，B，C 进行生产，三种设备可视为三个互斥方案，其每月生产的费用如表 5-1 所示，产品 X 的单价为

12 元，Y 的单价为 16 元，假如产品 X 与 Y 的月销售量是个不确定因素，如何选择生产设备？

表 5-1　　互斥方案的生产费用　　单位：元

设　备	固定费用	单位变动费用（元）	
		产品 X	产品 Y
A	20 000	7	11
B	30 000	3	11
C	70 000	3	5

解：采用优劣平衡分析方法比选互斥方案，设 x 与 y 分别是产品 X 和 Y 的月销售量，各设备生产的平均每月赢利分别为 G_A，G_B，G_C，则

$$\begin{cases} G_A = (12 - 7)x + (16 - 11)y - 20\,000 \\ G_B = (12 - 3)x + (16 - 11)y - 30\,000 \\ G_C = (12 - 3)x + (16 - 5)y - 70\,000 \end{cases}$$

三个方案分别进行两两比较，当方案优劣平衡时，即两方案设备生产的月平均盈利相等，可以求得两方案的优劣平衡方程：

$$G_A = G_B,\ G_B = G_C,\ G_A = G_C$$

将 G_A，G_B，G_C 代入并简化，得

$$\begin{cases} x = 2\,500 \\ y = 6\,667 \\ 4x + 6y = 50\,000 \end{cases}$$

上述方程做成图 5-3 的优劣平衡线。

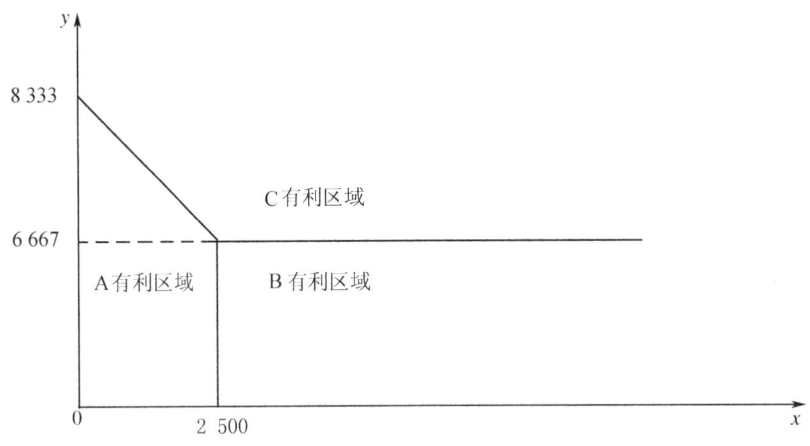

图 5-3　优劣平衡线

图 5-3 分成三个区域。B 有利区域指的是：当不确定性因素 x 与 y 落在该区域时，由于此时 $G_B > G_C$，$G_B > G_A$，采用 B 设备最优；同样道理，A 有利区域是采用 A 设备最优；C 有利区域是指采用 C 设备最优。因此，有了优劣平衡图，当产品 X 与 Y 的销售互相独立时，对不同的销售量 x 和 y，采用何种设备便可以一目了然。

第二节 敏感性分析

一、 敏感性分析与敏感因素

敏感性分析是项目经济效果评价中常用的一种不确定性分析方法。敏感性分析是通过分析、预测项目的主要不确定因素发生变化对经济评价指标的影响程度，对项目承受各种风险的能力做出判断，为项目决策提供可靠依据。

影响项目经济评价指标的不确定因素很多，一般有产品销售量（产量）、产品售价、主要原材料和动力的价格、固定资产投资、经营成本、建设工期和生产期等。其中有的不确定因素的微小变化会引起评价指标值发生很大变化，对项目经济评价的可靠性产生很大影响，则这些不确定因素被称为敏感因素；反之，被称为不敏感因素。与不敏感因素相比，敏感因素的变化给项目带来的风险会更大一些，所以，敏感性分析的核心问题，是从众多的不确定因素中找出敏感因素，并提出有针对性的控制措施，为决策项目服务。

二、 敏感性分析的步骤

（一）确定分析指标

分析指标是敏感性分析的具体分析对象。评价一个项目经济效果的指标有多个，如净现值、内部收益率、投资回收期等，它们都可以作为敏感性分析指标。但是，对于某一个具体的项目而言，没有必要对所有的指标都进行敏感性分析，因为不同的项目有不同的特点和要求，因此，敏感性分析指标的选择应针对实际的需要而定。选择的原则有两点：(1) 敏感性分析的指标应与确定性分析的指标相一致，不应超出确定性分析所用指标的范围另立指标；(2) 确定性经济分析中所用指标比较多时，应选择最能够反映该项目经济效益、最能够反映该项目经济合理性的一个或几个最重要的指标作为敏感性分析的对象。一般最常用的敏感性分析指标是内部收益率和净现值等动态指标，此外还可以将投资回收期和借款偿还期等静态指标作为分析对象。

（二）设定需要分析的不确定因素及其变动范围

影响项目方案经济指标的因素众多，不可能也没有必要对全部不确定因素逐个进行分析。应该根据经济评价的要求和项目的特点，将发生变化的可能性比较大、对项目方案经济效益影响比较大的几个主要因素设定为不确定因素。对于一般的项目而言，常用作敏感性分析的因素有投资额、建设期、产量或销售量、价格、经营成本、折现率等。对于具体的项目来说，还要做具体的选择和考虑，并且根据实际情况设定所选因素可能的变动范围。

（三）计算设定的不确定因素变动对经济指标的影响数值，找出敏感因素

假定一次变动一个或多个不确定因素，其他因素不变，重复计算各种可能的不确定因

素的变化对经济指标影响的具体数值。然后采用敏感性分析计算表或分析图的形式，把不确定因素的变动与经济指标的对应数量关系反映出来。能使经济指标相对变化最大的因素或分析图中曲线斜率最大的因素，就是敏感因素。

项目对不确定因素的敏感程度还可以表示为经济效果评价指标达到临界点的程度，如内部收益率等于基准收益率、净现值等于零时，允许某个不确定因素变化的最大幅度，即极限变化，如果该不确定因素的变化超过了此极限，则该项目不能接受。

（四）结合确定性分析进行综合评价，并对项目的风险情况做出判断

根据敏感因素对方案评价指标的影响大小及敏感因素的多少，来判断项目风险的大小，结合确定性分析的结果做进一步综合判断，寻求对主要不确定因素变化不敏感的项目，为项目决策进一步提供可靠的依据。

三、 敏感性分析应用举例

敏感性分析可以是对单一因素的分析，即假定其他因素不变，只分析一个不确定因素的变化对项目经济效果的影响，这被称为单因素敏感性分析；也可以是对多个因素的分析，即考察多个因素同时变化对项目经济效果的影响程度，这被称为多因素敏感性分析。单因素敏感性分析计算简单，结果明了，但实际上它是一种理想化了的敏感性分析方法。现实中，许多因素的变动是具有相关性的，一个因素的变动往往会伴随着其他因素的变动，单纯考虑单个不确定因素的变化对经济效果评价指标的影响不能够真实反映实际情况，因此，具有一定的局限性。弥补这种不足的方法是进行多因素敏感性分析，这样才能更准确地判断项目的风险情况。多因素敏感性分析需要考虑多种不确定因素可能发生的不同变动幅度的多种组合，计算起来比单因素敏感性分析要复杂得多，可编制相应程序，应用电子计算机进行计算。

【例 5-3】 假设某项目，初始投资为 1 000 万元，当年建成并投产，预计可使用 10 年，每年销售收入 700 万元，年经营费用 400 万元，设基准折现率为 10%。试分别对初始投资和年销售收入、经营成本三个不确定因素做敏感性分析。

解：设初始投资额为 K，年销售收入为 B，年经营成本为 C，用净现值指标评价本项目经济效果，计算公式为：

$$NPV=-K+(B-C)(P/A,10\%,10)$$

代入相关数据得：

$$NPV=-1\ 000+(700-400)\times 6.144=843.2\text{（万元）}$$

下面用净现值指标分别对初始投资、年销售收入和年经营成本三个不确定因素进行单因素敏感性分析。

设投资额变动百分比为 X，分析投资额对方案净现值影响的计算公式为：

$$NPV=-K(1+X)+(B-C)(P/A,10\%,10)$$

设销售收入变动百分比为 Y，分析销售收入对方案净现值影响的计算公式为：

$$NPV=-K+[B(1+Y)-C](P/A,10\%,10)$$

设经营成本变动百分比为 Z，分析经营成本对方案净现值影响的计算公式为：

$$NPV=-K+[B-C(1+Z)](P/A,10\%,10)$$

按照这三个公式，根据原始数据，分别取不同的 X、Y 和 Z 的值，可确定不同幅度下变动的不确定因素所产生的方案净现值，计算结果见表 5-2，并相应绘出敏感性分析图，见图 5-4。

表 5-2　　净现值指标敏感性分析计算表　　单位：万元

因素 \ 变动率	-20%	-15%	-10%	-5%	0	5%	10%	15%	20%
投资额	1 043.2	993.2	943.2	893.2	843.2	793.2	743.2	693.2	643.2
年销售收入	-16.96	198.08	413.12	628.16	843.2	1 058.24	1 273.28	1 488.32	1 703.36
年经营成本	1 334.7	1 211.84	1 088.96	966.08	843.2	720.32	597.32	474.56	351.68

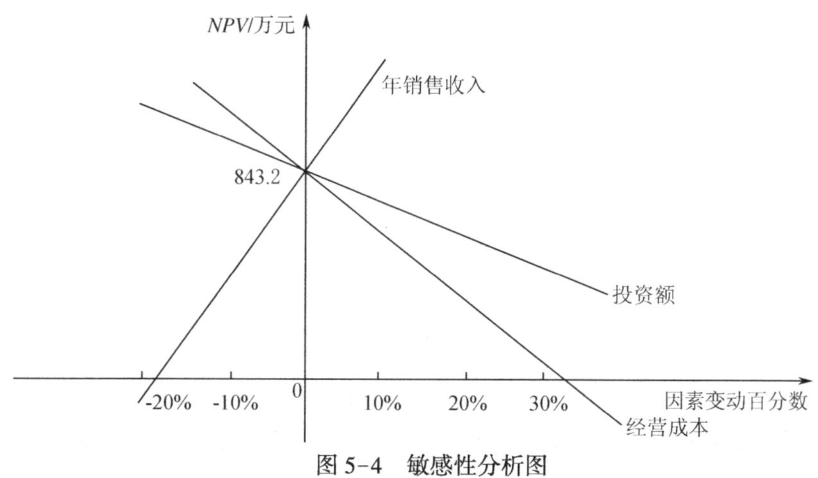

图 5-4　敏感性分析图

由表 5-2 和图 5-4 可看出，在同样的变动率下，年销售收入对方案净现值影响最大，年经营成本影响程度次之，而投资额影响程度最小。

在前面三个公式中，令 $NPV=0$，则有

$$X=84.32\%,\ Y=-19.6\%,\ Z=34.3\%$$

即：如果年销售收入和经营成本不变，投资额高于预期值 84.32%，方案不可接受。同理，当投资额和年经营成本不变，年销售收入减少 19.6%以下时方案不可接受；而若投资额和年销售收入不变，年经营成本增加 34.3%以上，方案不可接受，因此年销售收入是最敏感因素。因此，在方案选择时，必须对年销售收入进行准确预测，否则，如果年销售收入低于预测的 19.6%，则会使投资面临较大的风险。同时，这一分析结果也告诉我们，如果实施这一方案，还必须严格控制经营成本，因为降低经营成本，也是提高项目经济效益的重要途径。

实际中，影响方案经济效果的许多因素具有相关性，往往一个因素的变化也带动了其他因素的变化，而并不像单因素分析中可以假定其他因素均不发生变化，仅仅认为只有一个因素发生变动。多因素同时变化对经济效果的影响，并不是单因素敏感性的简单叠加，因此不能忽略参数间的相互影响。下面举例说明多因素敏感性分析的计算。

【例 5-4】 根据例 5-3 给出的数据进行多因素敏感性分析。

解：如果同时考虑投资额与销售收入的变动，分析这两个因素同时变动对方案净现值的影响。假设投资额变动比例为 X，销售收入变动比例为 Y，则：

$$NPV=-K(1+X)+[B(1+Y)-C](P/A, 10\%, 10)$$

将相关数据代入上式计算得：

$$NPV=843.2-1\,000X+4\,300.8Y$$

取 NPV 的临界值，即令 $NPV=0$，则有：

$$843.2-1\,000X+4\,300.8Y=0, \quad Y=0.233X-0.196$$

这是一个直线方程，可在直角坐标中描绘出来，见图 5-5，此直线为 $NPV=0$ 的临界线，在临界线上，$NPV=0$。

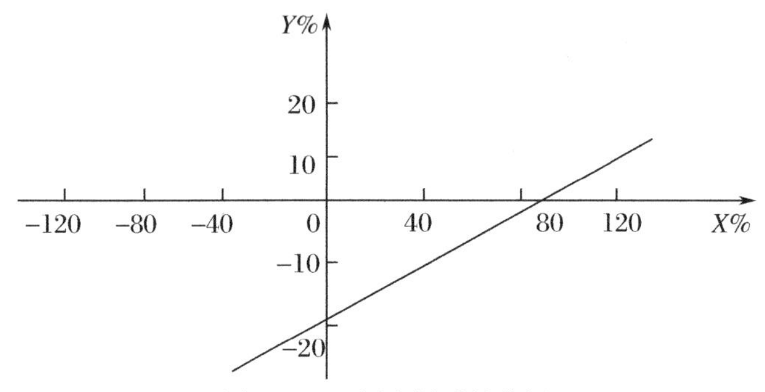

图 5-5　双因素敏感性分析

在临界线左上方区域 $NPV>0$，在右下方区域 $NPV<0$，也就是说，若投资额与销售收入同时变动，只要不超过左上方区域（包括临界线上的点），方案都可接受。

如果分析投资额、经营成本和年销售收入三个因素同时变动对净现值的影响，如例5-3，假设投资额变化率为 X，年销售收入变化率为 Y，经营成本变化率为 Z，则有：

$$NPV=-K(1+X)+[B(1+Y)-C(1+Z)](P/A, 10\%, 10)$$

代入有关数据：

$$NPV=843.2-1\,000X+4\,300.8Y-2\,457.6Z$$

取 NPV 的临界值，即令 $NPV=0$，

当 $Z=+20\%$时，$Y=0.233X-0.082$

当 $Z=+10\%$时，$Y=0.233X-0.139$

当 $Z=-10\%$时，$Y=0.233X-0.253$

当 $Z=-20\%$时，$Y=0.233X-0.310$

在坐标图上，这是一组平行线，见图 5-6。

这一组平行线描述了投资额、经营成本和年销售收入三因素变动对净现值的影响程度，可看出经营成本增大，临界线向左上方移动，可行域变小；而若经营成本减少，临界线向右下方移动，可行域增大。

敏感性分析具有分析指标具体，能与项目方案的经济评价指标紧密结合，分析方法容易掌握，以及便于决策等优点，有助于找出影响项目经济效益的敏感因素及评估其影响程

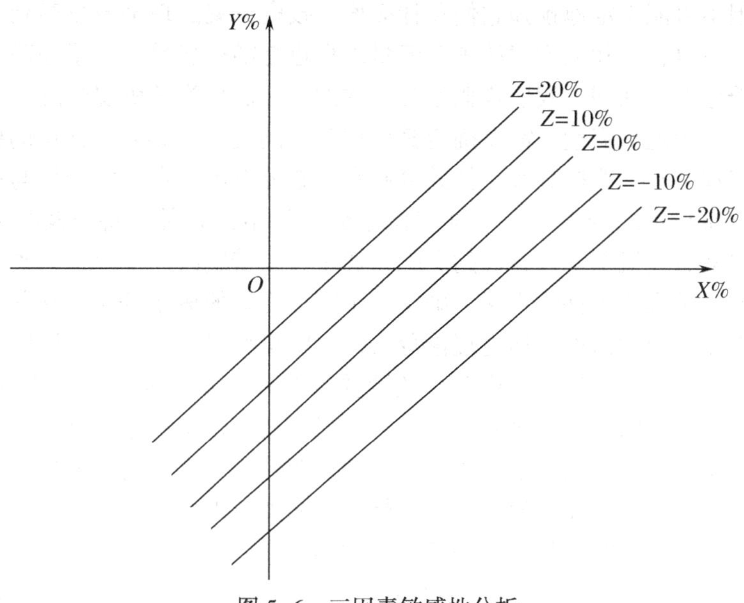

图 5-6　三因素敏感性分析

度，对于提高项目经济评价的可靠性具有重要意义。但是，敏感性分析也有一定的局限性，它不能明确表示某个因素变动对项目经济评价指标影响的可能性有多大，以及在这种可能性下，对评价指标的影响程度如何。因此，根据评价项目的特点和实际需要，有条件时还应该进行概率分析。此外，在敏感性分析中，项目的不确定因素的变化幅度往往由分析人员主观确定，如果事先未进行认真调查研究，或收集的数据不全、不准，敏感性分析得出的结果很可能带有较大的片面性，甚至导致决策失误。因此，运用敏感性分析方法时，必须注意各种影响因素之间的相互关系，广泛开展调查研究，尽量使收集的数据客观、完整，唯此才能克服预测中的主观片面性，为决策者提供可靠的依据。

第三节　概率分析

概率分析是通过研究各种不确定因素发生不同幅度变动的概率分布及其对方案经济效果的影响，对方案的净现金流量及经济效果指标作出某种概率描述，从而对方案的风险情况做出比较准确的判断。

一、　随机现金流的概率描述

严格说来，影响方案经济效果的大多数因素（如投资额、成本、销售量、产品价格、项目寿命期等）是随机变量。我们可以预测其未来可能的取值范围，估计各种取值或值域发生的概率，但不可能肯定地预知它们取什么值。投资方案的现金流量序列是由这些因素的取值决定的，所以，实际上方案的现金流量序列也是随机变量。为了与确定性分析中使用的现金流量概念有所区别，我们称概率分析中的现金流量为随机现金流。

要完整描述一个随机变量，需要确定其概率分布的类型和参数。常见的概率分布类型有均匀分布、二项分布、泊松分布、指数分布和正态分布等，在经济分析与决策中使用最普遍的是均匀分布与正态分布。关于这些概率分布类型的条件、特征及其参数的计算方法，读者可以参阅有关概率统计方面的文献。通常可以借鉴已经发生过的类似情况的实际数据，并结合对各种具体条件的判断，确定一个随机变量的概率分布。在某些情况下，也可以根据各种典型分布的条件，通过理论分析确定随机变量的概率分布类型。

一般来说，工业投资项目的随机现金流要受许多种已知或未知的不确定因素的影响，可以看成是多个独立的随机变量之和，在许多情况下近似地服从正态分布。

描述随机变量的主要参数是期望值与方差。期望值是在大量的重复事件中随机变量取值的平均值，换句话说，是随机变量所有可能取值的加权平均值，权重为各种可能取值出现的概率。方差是反映随机变量取值的离散程度的参数。

假定某方案的寿命期为 n 个周期（通常取 1 年为一个周期），净现金流序列为 y_0，y_1，…，y_n。周期数 n 和各周期的净现金流 y_t（$t=0$，1，…，n）都是随机变量。为便于分析，我们设 n 为常数。从理论上讲，某一特定周期的净现金流 y_t 可能出现的数值有无限多个，我们将其简化为若干个离散数值 $y_t^{(1)}$，$y_t^{(2)}$，…，$y_t^{(m)}$。这些离散数值有的出现概率要大一些，有的出现概率要小一些，设与各离散数值对应的发生概率为 P_1，P_2，…，P_m $\left(\sum_{j=1}^{m} P_j=1\right)$，则第 t 周期净现金流 y_t 的期望值为：

$$\mathrm{E}(y_t)=\sum_{j=1}^{m} y_t^{(j)} P_j \tag{5-20}$$

第 t 周期净现金流 y_t 的方差为：

$$\mathrm{D}(y_t)=\sum_{j=1}^{m}\left[y_t^{(j)}-E(y_t)\right]^2\cdot P_j \tag{5-21}$$

二、 方案净现值的期望值与方差

我们以净现值为例讨论方案经济效果指标的概率描述。由于各个周期的净现金流都是随机变量，所以把各个周期的净现金流现值加总得到的方案中的净现值必然也是一个随机变量，我们称之为随机净现值。在多数情况下，可以认为随机净现值近似地服从正态分布。设各周期的随机现金流为 y_t（$t=0$，1，…，n），随机净现值的计算公式为：

$$NPV=\sum_{t=0}^{n} y_t(1+i_0)^{-t} \tag{5-22}$$

设方案寿命期的周期数 n 为一个常数，根据各周期随机现金流的期望值 $\mathrm{E}(y_t)$（$t=0$，1，…，n），可以求出方案净现值的期望值：

$$\mathrm{E}(NPV)=\sum_{t=0}^{n}\mathrm{E}y_t(1+i_0)^{-t} \tag{5-23}$$

方案净现值的方差的大小与各周期随机现金流之间是否存在相关关系有关，如果方案寿命期内任意两个随机现金流之间不存在相关关系或者不考虑随机现金流之间的相关关系，方案净现值的方差的计算公式为：

$$\mathrm{D}(NPV) = \sum_{t=0}^{n} \mathrm{D}y_t(1+i_0)^{-2t} \tag{5-24}$$

如果考虑随机现金流之间的相关关系，方案净现值的方差的计算式为：

$$\mathrm{D}(NPV) = \sum_{t=0}^{n} \frac{\mathrm{D}y_t}{(1+i_0)^{2t}} + 2\sum_{\tau=0}^{n-1}\sum_{\theta=1}^{n} \frac{\mathrm{cov}(y_\tau, y_\theta)}{(1+i_0)^{\tau+\theta}} \tag{5-25}$$

式中，y_τ，$y_\theta(\tau \in t, \theta \in t, \tau < \theta)$ 分别是第 τ 周期和第 θ 周期的相关现金流量，$\mathrm{cov}(y_\tau, y_\theta)$ 是 y_τ 和 y_θ 这两个随机变量的协方差。式(5－25) 也可写成：

$$\mathrm{D}(NPV) = \sum_{t=0}^{n} \frac{\sigma_t^2}{(1+i_0)^{2t}} + 2\sum_{\tau=0}^{n-1}\sum_{\theta=1}^{n} \frac{\rho_{\tau\theta}\sigma_\tau\sigma_\theta}{(1+i_0)^{\tau+\theta}} \tag{5-26}$$

式中，σ_t，σ_τ，σ_θ 分别是第 t 周期、第 τ 周期、第 θ 周期随机现金流 y_t，y_τ，y_θ 的标准差，$\sigma_t = \sqrt{\mathrm{D}(y_t)}$，$\sigma_\tau = \sqrt{\mathrm{D}(y_\tau)}$，$\sigma_\theta = \sqrt{\mathrm{D}(y_\theta)}$；$\rho_{\tau\theta}$ 是 y_τ 与 y_θ 的相关系数($-1 \leqslant \rho_{\tau\theta} \leqslant +1$)，当 $\rho_{\tau\theta} = -1$ 或 $+1$ 时，y_τ 与 y_θ 完全相关；当 $\rho_{\tau\theta} = 0$ 时，y_τ 与 y_θ 相互独立；当 $-1 < \rho_{\tau\theta} < +1$ 且 $\rho_{\tau\theta} \neq 0$ 时，y_τ 与 y_θ 部分相关。

在实际工作中，如果能通过统计分析或主观判断给出在方案寿命期内影响方案现金流量的不确定因素可能出现的各种状态及其发生概率，就可通过对各种因素的不同状态进行组合，求出所有可能出现的方案净现金流量序列及其发生概率，在此基础上，可以不必计算各年净现金流量的期望值与方差，而直接计算方案净现值的期望值与方差。

如果影响方案现金流量的不确定因素在方案寿命期内可能出现的各种状态均可视为独立事件，则由各因素的某种状态组合所决定的方案净现金流序列的发生概率应为各因素的相应状态发生概率的乘积。设有 A，B，C 三个影响方案现金流量的不确定因素，它们分别有 p，q，r 种可能出现的状态，三个因素可能的状态组合有 $p \cdot q \cdot r$ 种。每一种状态组合对应着一种可能出现的方案净现金流量序列。由 A 因素的第 i 种可能状态 θ_{Ai}，B 因素的第 j 种可能状态 θ_{Bj}；与 C 因素的第 k 种可能状态 θ_{Ck} 的组合 $\theta_{Ai} \cap \theta_{Bj} \cap \theta_{Ck}$ 决定的方案净现金流量序列的发生概率为：

$$P = P_{Ai} \cdot P_{Bj} \cdot P_{Ck} \tag{5-27}$$

式中，P_{Ai}，P_{Bj}，P_{Ck} 分别为 θ_{Ai}，θ_{Bj}，θ_{Ck} 的发生概率。

在得知所有可能出现的方案现金流量状态及其发生概率的基础上，不难计算方案净现值的期望值与方差。

设有 l 种可能出现的方案现金流量状态，各种状态所对应的现金流序列为 $\{y_t \mid t=0, 1, \cdots, n\}^{(j)}(j=1, 2, \cdots, l)$，各种状态的发生概率为 $P_j(j=1, 2, \cdots, l, \sum_{j=1}^{l} P_j = 1)$，则在第 j 种状态下，方案的净现值为：

$$NPV^{(j)} = \sum_{t=0}^{n} y_t^{(j)} \cdot (1+i_0)^{-t} \tag{5-28}$$

式中，$y_t^{(j)}$ 为在第 j 种状态下，第 t 周期的净现金流。方案净现值的期望值为：

$$E(NPV) = \sum_{j=1}^{l} NPV^{(j)} \cdot P_j \tag{5-29}$$

式（5-29）与式（5-23）等效。净现值方差的计算公式为：

$$D(NPV) = \sum_{j=1}^{l} [NPV^{(j)} - E(NPV)]^2 \cdot P_j \tag{5-30}$$

式（5-30）考虑了不同周期现金流之间的相关性。

净现值的方差与净现值具有不同的量纲，为了便于分析，通常使用与净现值具有相同量纲的参数标准差反映随机净现值取值的离散程度。方案净现值的标准差可由下式求得：

$$\sigma(NPV) = \sqrt{D(NPV)}$$

三、 投资方案风险估计

在方案经济效果指标（如净现值）服从某种典型概率分布的情况下，如果已知其期望值与标准差，就可以计算出方案净现值处于某个区域的概率，从而对方案的风险情况做出估计。

【例 5-5】 某项目的产品生产方案在计算期内可能会出现 5 种状态，每种状态的净现金流量及发生概率如表 5-3 所示，基准收益率为 10%。试计算：（1）方案净现值的期望值、方差及标准差；（2）净现值大于或等于零的概率（假设方案净现值服从正态分布）。

表 5-3　　不同状态的发生概率及净现金流量　　单位：万元

概率 / 净现金流量	$P_1=0.1$	$P_2=0.2$	$P_3=0.4$	$P_4=0.2$	$P_5=0.1$
	θ_1	θ_2	θ_3	θ_4	θ_5
第 0 年	-15 000	-15 000	-15 000	-15 000	-15 000
第 1 年	0	0	0	0	0
第 2~10 年	1 630	2 620	4 600	5 060	5 290
第 11 年	3 630	4 620	6 600	7 060	7 290

解：（1）设状态 θ_i 的净现值为 $NPV_i(i=1, 2, 3, 4, 5)$，则

$NPV_1 = -15\,000 + 1\,630(P/A, 10\%, 9)(P/F, 10\%, 1) + 3\,630(P/F, 10\%, 11)$
$= -5\,194$(万元)

$NPV_2 = -15\,000 + 2\,620(P/A, 10\%, 9)(P/F, 10\%, 1) + 4\,620(P/F, 10\%, 11)$
$=336$(万元)

$NPV_3 = -15\,000 + 4\,600(P/A, 10\%, 9)(P/F, 10\%, 1) + 6\,600(P/F, 10\%, 11)$
$=11\,397$(万元)

$NPV_4 = -15\,000 + 5\,060(P/A, 10\%, 9)(P/F, 10\%, 1) + 7\,060(P/F, 10\%, 11)$
$=13\,966$(万元)

$NPV_5 = -15\,000 + 5\,290(P/A, 10\%, 9)(P/F, 10\%, 1) + 7\,290(P/F, 10\%, 11)$
$=15\,251$(万元)

方案净现值的期望值：

$E(NPV) = P_1NPV_1 + P_2NPV_2 + P_3NPV_3 + P_4NPV_4 + P_5NPV_5$

$$= 0.1 \times (-5\ 194) + 0.2 \times 336 + 0.4 \times 11\ 397 + 0.2 \times 13\ 966 + 0.1 \times 15\ 251$$
$$= 8\ 425(\text{万元})$$

方案净现值的方差：

$$\begin{aligned}D(NPV) =& [NPV_1 - E(NPV)]^2P_1 + [NPV_2 - E(NPV)]^2P_2 + \\ & [NPV_3 - E(NPV)]^2P_3 + [NPV_4 - E(NPV)]^2P_4 + \\ & [NPV_5 - E(NPV)]^2P_5 \\ =& (-5\ 194 - 8\ 425)^2 \times 0.1 + (336 - 8\ 425)^2 \times 0.2 + (11\ 397 - 8\ 425)^2 \\ & \times 0.4 + (13\ 966 - 8\ 425)^2 \times 0.2 + (15\ 251 - 8\ 425)^2 \times 0.1 \\ =& 45\ 967\ 178\end{aligned}$$

方案净现值的标准差：

$$\sigma(NPV) = \sqrt{D(NPV)} = 6\ 780(\text{万元})$$

(2) 把方案净现值看成连续型随机变量，且服从参数为μ、σ的正态分布。由 (1) 中结果知：

$$\mu = E(NPV) = 8\ 425(\text{万元}),\ \sigma = \sigma(NPV) = 6\ 780(\text{万元})$$

令$Z = \dfrac{NPV - E(NPV)}{\sigma(NPV)} = \dfrac{NPV - 8\ 425}{6\ 780}$，服从标准正态分布$N(0,\ 1)$。

净现值大于或等于零的概率为：

$$\begin{aligned}P(NPV \geqslant 0) &= 1 - P(NPV < 0) \\ &= 1 - P\left(Z < \frac{0 - 8\ 425}{6\ 780}\right) \\ &= 1 - P(Z < -1.24) \\ &= P(Z < 1.24)\end{aligned}$$

由标准正态分布表可查得$P(Z < 1.24) = 0.8925$，故可知，$P(NPV \geqslant 0) = 0.8925$，即本方案净现值大于或等于零的概率为89.25%。

第四节 风险决策

概率分析可以给出方案经济效果指标的期望值和标准差以及经济效果指标的实际值发生在某一区间的概率，这为人们在风险条件下决定方案提供了依据。但是，概率分析并没有给出在风险条件下方案取舍的原则和多方案比选的方法。这正是下面所要讨论的内容。

一、 风险决策的条件

风险决策的条件包括：

（1）存在决策人希望达到的目标（如收益最大或损失最小）；

（2）存在两个或两个以上的方案可供选择；

（3）存在两个或两个以上不以决策者的主观意志为转移的自然状态（如不同的市场条件或其经营条件）；

（4）可以计算出不同方案在不同自然状态下的损益值（损益值指对损失或收益的度量结果，在经济决策中就是经济效果指标）；

（5）在可能出现的不同自然状态中，决策者不能肯定未来将出现哪种状态，但能确定每种状态出现的概率。

二、 风险决策的原则

要解决风险决策问题，首先要确定风险决策的原则，通常采用的风险决策原则有以下五种。

1. 优势原则

在 A 与 B 两个备选方案中，如果不论在什么状态下 A 总是优于 B，则可以认定 A 相对于 B 是优势方案，或者说 B 相对于 A 是劣势方案。劣势方案一旦被认定，就应从备选方案中剔除，这就是风险决策的优势原则。在有两个以上备选项方案的情况下，应用优势原则一般不能决定最佳方案，但能减少备选方案的数目，缩小决策范围。在采用其他决策原则进行方案比选之前，应首先运用优势原则剔除劣势方案。

2. 期望值原则

期望值原则是指根据各备选方案损益的期望值进行决策，如果损益值用费用表示，应选择期望值最小的方案，如果损益值用收益表示，则应选择期望值最大的方案。

3. 最小方差原则

由于方差越大，实际发生的方案损益值离其期望值的可能性越大，从而方案的风险越大，所以有时人们倾向于选择损益值方差小的方案，这就是最小方差原则。在备选方案期望值相同或收益期望值大（费用期望值小）的方案损益值方差小的情况下，期望值原则与最小方差原则没有矛盾，最小方差原则无疑是一种有效的决策原则。但是，在许多情况下，期望值原则与最小方差原则并不具有一致性。

对于在按照期望值原则与最小方差原则选择结论不一致的情况下如何权衡的问题，目前还没有找到被广泛接受的解决办法，这是因为不同的投资者对风险的判断是不一样的。投资者对风险的判断及态度一方面取决于决策者本人的胆略与冒险精神，另一方面取决于投资主体对风险的承受能力。一般来说，风险承受能力较强的投资者倾向于按期望值原则进行决策，而风险承受能力较弱的投资者则宁可按最小方差原则选择期望收益不太高但更安全的方案。

4. 最大可能原则

在风险决策中，如果一种状态发生的概率显著大于其他状态，那么就把这种状态视作肯定状态，根据这种状态下各方案的损益值进行决策，而置其余状态于不顾，这就是最大可能原则。按照最大可能原则进行风险决策实际上是把风险决策问题化为确定性决策问题求解。但要注意的是，只有当某一状态发生的概率大大高于其他状态发生的概率，并且各方案在不同状态下的损益值差别不悬殊时，最大可能原则才是适用的。

5. 满意原则

对于比较复杂的风险决策问题，人们往往难以发现最佳方案，因而采用一种比较现实的决策原则——满意原则，即定出足够满意的目标值，将各备选方案在不同状态下的损益值与此目标值相比较，损益值优于或等于此满意目标值的概率最大的方案为当选方案。

三、 风险决策的方法

常用的风险决策的方法有矩阵法和决策树法，这两种方法采用的决策原则都是期望值原则。

（一）矩阵法

表 5-4 实际上就是一个风险决策的矩阵模型，它给出了进行风险决策的所有要素，包括状态、状态发生的概率、备选方案以及各备选方案在不同状态下的损益值。风险决策矩阵模型的一般形式如表 5-4 所示。

表 5-4 风险决策矩阵模型

状态 / 概率 / 损益值 / 方案	θ_1	θ_2	…	θ_j	…	θ_n
	P_1	P_2	…	P_j	…	P_n
A_1	V_{11}	V_{12}	…	V_{1j}	…	V_{1n}
A_2	V_{21}	V_{22}	…	V_{2j}	…	V_{2n}
⋮	⋮	⋮		⋮		
A_i	V_{i1}	V_{i2}	…	V_{ij}	…	V_{in}
⋮	⋮	⋮		⋮		
A_m	V_{m1}	V_{m2}	…	V_{mj}	…	V_{mn}

令：

$$\boldsymbol{V} = \begin{bmatrix} V_{11} & V_{12} & \cdots & V_{1n} \\ V_{21} & V_{22} & \cdots & V_{2n} \\ \vdots & \vdots & & \vdots \\ V_{m1} & V_{m2} & \cdots & V_{mn} \end{bmatrix}$$

$$\boldsymbol{P} = \begin{bmatrix} P_1 \\ P_2 \\ \vdots \\ P_n \end{bmatrix} \qquad \boldsymbol{E} = \begin{bmatrix} E_1 \\ E_2 \\ \vdots \\ E_n \end{bmatrix}$$

$\boldsymbol{V}$ 为损益矩阵，$\boldsymbol{P}$ 为概率向量，$\boldsymbol{E}$ 为损益期望值向量，$\boldsymbol{E}$ 中的元素 $E_i(i=1, 2, \cdots, m)$ 为方案 A_i 的损益期望值。利用矩阵运算可以很方便地求出：

$$\boldsymbol{E} = \boldsymbol{VP} \tag{5-31}$$

当损益值为费用时，$\min\{E_i/i=1, 2, \cdots, m\}$ 对应的方案为最优方案；当损益值为收益时，$\max\{E_i/i=1, 2, \cdots, m\}$ 对应的方案为最优方案。

当备选方案数目和状态数目都很大时，采用矩阵法便于利用现代化的计算手段进行风险决策。

（二）决策树法（Decision Tree Analysis）

运用期望值法进行现金流量不确定情况下的投资评价决策，是在仅考虑不同方案同在一种假设条件下的单组现金流量的对比选优，但实际情况是投资者常常要面对不同条件下出现的多组现金流量之间的对比。因此，当投资者进行投资决策时，要把影响决策方案的有关因素如可能出现的各种状态、状态发生的概率值、状态发生的收益值或损益值等进行随机变量的概率分析，这种分析是借助系统论中决策树分析方法实现的。

决策树是一种树型决策网络，常被用于多阶段风险决策。

决策树由不同的节点与分支组成。符号“□”表示的节点为决策点，从决策点引出的每一个分支表示一个可供选择的方案；符号“○”表示的节点为状态点，从状态点引出的每一个分支表示一种可能发生的状态。$\theta_j(j=1, 2, 3, 4, \cdots)$ 表示第 j 种状态，θ 后括号内的数值表示该状态发生的概率。每一状态分支末端的数值为相应的损益值。决策树的发散方向是从左至右，方案决策的依据是状态枝上的概率值与决策树右端的收益值（或损失值）加权计算之后得到的期望收益值（或期望损失值），将该值标在相应的状态点上，经比较后就可以直观地判断出应该选择哪个方案作为其中的最优方案。否定的方案在决策树上进行截枝（修枝），即在方案枝上以//表示。

下面举例说明在进行项目决策时决策树法的运用。

【例 5-6】 某企业准备生产一种新产品，预计销路好的概率为 0.7，如果销路好，企业可大批生产。大批产品上市可能导致价格下降，使销路变差，估计这种可能性的概率为 0.2，且在这种情况下年利润为 70 万元，而在销路仍然保持良好的情况下年利润为 200 万元。如果企业不大批生产，则年利润为 100 万元。若开始就发现销路不好，企业可投入广告以扩大销路，通过广告宣传使销路变好的概率为 0.6，此时年利润为 200 万元（这里指考虑到广告费用后年利润可达 200 万元）。如果广告仍未扩大销路，则每年将亏损 20 万元。如果不做广告，则每年将亏损 35 万元。如果企业不生产此种新产品，仍维持原有老产品的产销，则在销路好时年利润为 50 万元，销路差时亏损 40 万元，而销路好的概率为 0.4。该企业正确的决策序列是什么？

解： 决策树如图 5-7 所示。

下面计算各结点的年利润数学期望：

结点 4：$E_4=0.8\times200+0.2\times70=174$(万元)

结点 6：$E_6=0.6\times200+0.4\times(-20)=112$(万元)

结点 9：$E_9=0.4\times50+0.6\times(-40)=-4$(万元)

以上利润期望值分别标在各自结点的上方。

比较结点 4 与结点 5，因 174>100，故结点 3 的决策是大批生产，将 174 标在结点 3 的上方；

比较结点 6 与结点 8，因 112>-35，故结点 7 的决策是做广告，并将 112 标在结点 7 的上方；

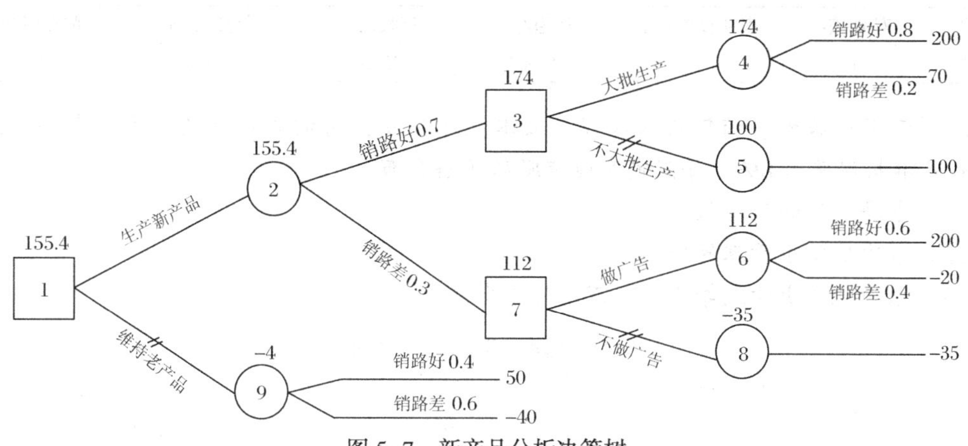

图 5-7 新产品分析决策树

现在可算出结点 2 的年利润期望值：

$E_2 = 0.7 \times 174 + 0.3 \times 112 = 155.4$(万元)，将其标在结点 2 的上方。

最后比较结点 2 与结点 9，因 155.4>-4，故结点 1 的决策是生产新产品，将 155.4 标在节点 1 的上方。

因此，正确的决策序列应为：

结点 1，生产新产品；结点 3，大批生产；结点 7，做广告。在这种决策序列条件下，年利润的期望值为 155.4 万元。

习　题

1. 什么是敏感性分析？其一般程序和内容是什么？

2. 何谓风险决策？进行风险决策应该遵循哪些原则？

3. 某公司投资一项目，生产某种产品。设计生产能力为年产 100 万件，单位产品售价预计为 20 元/件，每年的固定成本为 400 万元，单位产品变动成本为 12 元/件。试分别求出以年产量、生产能力利用率、单位产品售价表示的盈亏平衡点。

4. 加工某种产品有两种备选工艺，若选用工艺 A 需初始投资 40 万元，加工每件产品的费用为 16 元，若选用工艺 B 需初始投资 60 万元，加工每件产品的费用为 12 元。假定任何一年的残值均为零，试回答下列问题：

(1) 若生产年限为 8 年，基准折现率为 12%，年产量为多少时选用工艺 B 比较有利？

(2) 若生产年限为 8 年，年产量为 13 000 件，基准折现率在什么范围内选用工艺 A 比较有利？

(3) 若年产量 15 000 件，基准折现率为 12%，生产年限多长时选用工艺 B 比较有利？

5. 某设备投资方案的有关费用、收入预测如下表所列。试分别分析设备使用寿命、年收入和年支出三个因素变化时，方案净现值的敏感性。

项目	寿命/年	期初投资/元	残值/元	年收入/元	年支出/元	贴现率/%
数值	5	50 000	10 000	25 000	11 000	8

6. 某项目的投资、销售收入和经营成本互相独立，它们的数值及概率分布如下表所示。设基准折现率为 8%，并假定净现值服从正态分布。

(1) 求净现值的期望值；

(2) 求净现值小于零的概率；

(3) 求净现值小于或等于 300 万元的概率。

不确定因素状态及其发生概率

项　　目	投　资		年销售收入		年经营成本	
	0 年		1~10 年		1~10 年	
可能情况	Ⅰ	Ⅱ	Ⅰ	Ⅱ	Ⅰ	Ⅱ
数值/万元	1 000	1 200	300	350	100	150
概率	0.6	0.4	0.5	0.5	0.5	0.5

7. 已知某工业投资方案各年净现金流的期望值与标准差（见下表），假定各年的随机现金流之间互不相关，基准折现率为 12%，求下列概率，并对方案的风险做出自己的判断。假定净现值服从正态分布。

(1) 净现值大于或等于零的概率；

(2) 净现值小于−50 万元的概率；

(3) 净现值大于 500 万元的概率。

单元：万元

年　　末	0	1	2	3	4	5
净现金流期望值	−900	500	500	500	500	500
净现金流标准差	300	300	350	400	450	500

8. 为了适应市场的需要，某企业对今后发展提出了三种方案：(1) 现行生产不变；(2) 投资 90 万元引进设备，成功的可能性为 70%；(3) 拨款 30 万元购买专利，成功的可能性为 60%。引进设备和购买专利成功时，有两种产量可供选择，且增加产量时需追加投资 20 万元。引进和购买专利失败时，仍按现行生产方式生产。预计未来该产品市场销售状况见下表，试用决策树法进行决策。

不同情况下的收益值

单位：万元

收益值 方案 / 自然状态	现行生产	购买专利		引进设备	
		产量不变	增加产量	产量不变	增加产量
乐观（0.2）	110	100	200	120	260
一般（0.6）	40	80	120	100	180
悲观（0.2）	−20	−10	−40	−30	−80

第六章 项目可行性研究

第一节 项目可行性研究概述

一、可行性研究的含义及作用

可行性研究是专门为决定某一特定项目是否合理可行，而在实施前对该项目进行调查研究及全面的技术经济分析论证，为项目决策提供科学依据的一种科学分析方法。由此考察项目经济上的合理性、盈利性，技术上的先进性、适用性以及实施上的可能性、风险性。

可行性研究要回答的问题有：为什么要进行这个项目？项目的建设条件是否具备？项目的产品或劳务市场的前景如何？项目的规模多大？项目厂址选在何处？项目所需的各种原材料、燃料及动力供应条件怎样？项目采用的设备和工艺技术是否先进可靠？项目的筹资方式、融资渠道、盈利水平以及风险程度如何？等等。可行性研究是从项目选择立项、建设到生产经营的全过程来考察分析项目的可行性，为投资者的最终决策提供直接的依据。

可行性研究的作用主要表现在以下几个方面。

（一）为项目投资决策提供依据

一个项目的成功与否及效益大小，会受到社会的、自然的、经济的、技术的诸多不确定因素的影响，而项目的可行性研究，有助于分析和认识这些因素，并依据分析论证的结果提出可靠的或合理的建议，从而为项目的决策提供科学依据。

（二）为项目向银行等金融机构申请贷款、筹集资金提供依据

银行是否给一个项目贷款融资，其依据是这个项目能否按期足额归还贷款本息。银行只有在对贷款项目的可行性研究进行全面细致分析评价之后，才能确认是否给予贷款。例如，世界银行等国际金融组织都视项目的可行性研究报告为项目申请贷款的先决条件。

（三）作为向当地政府及环保部门申请建设和施工的依据

在可行性研究报告确认并经投资部门和计划部门审批以后，要进行项目的建设工作，在此之前还必须经地方规划部门及环保部门的审查，其审查的依据就是可行性报告中关于环境保护、三废治理以及选址对城市与区域规划布局的影响，判断分析报告中所拟定的涉及以上因素的方案是否符合市政或区域规划及当地环保要求。只有一切符合其要求，才可

获得建设许可证书。

（四）为项目设计、实施提供依据

在可行性研究报告中，对项目的建设方案、产品方案、建设规模、厂址、工艺流程、主要设备和总图布置等做了较为详细的说明，因此，在项目的可行性研究得到审批后，就可以作为项目编制设计的依据。

只有经过项目可行性研究论证，被确定为技术可行、经济合理、效益显著、建设与生产条件具备的投资项目，允许项目单位着手组织原材料、燃料、动力、运输等供应条件和落实各项投资项目的实施条件，才能为投资项目顺利实施做出保证。项目的可行性研究是项目实施的主要依据。

（五）为项目签订有关合同、协议提供依据

项目的可行性研究是项目投资者与其他单位进行谈判，签订承包合同、设备订货合同、原材料供应合同、销售合同及技术引进合同等的重要依据。

（六）为进行项目后评价提供依据

要对投资项目进行投资建设、生产活动全过程的事后评价，就必须以项目的可行性研究为参照物，并以其为项目后评价的对照标准。尤其是项目可行性研究中有关效益分析的指标，无疑是项目后评价的重要依据。

（七）为项目组织管理、机构设置、劳动定员提供依据

在项目的可行性研究报告中，一般需对项目组织机构的设置、项目的组织管理、劳动定员的配备方案及其培训、工程技术及管理人员的素质及数量要求等做出明确说明，故项目的可行性研究可作为项目组织管理、机构设置及劳动定员的依据。

二、 可行性研究的发展

可行性研究的方法起源于美国。早在 20 世纪 30 年代开发田纳西河流域时，就开始试行可行性研究，并把它作为田纳西河流域开发规划的重要阶段，取得了显著的技术经济效益。到 20 世纪 60 年代后，随着科学技术的迅猛发展，可行性研究得以不断充实、完善和迅速发展，逐步形成了一套较为完整的、系统的、科学的研究方法。目前可行性研究已经在世界各国的各个领域得到了广泛应用，并已发展成一门综合运用各学科研究成果的新型综合性科学。

可行性研究自诞生以来，大致经过了三个发展阶段。

第一阶段是 20 世纪 50 年代以前，对项目进行可行性研究主要是从企业的立场出发，侧重财务分析。通过对项目收入和支出的比较来判断项目的优劣。但一些专家如法国工程师 Dupuit J. 就早已注意到仅用财务分析方法不能正确评价公用事业项目对整个社会的经济效益，他在 1944 年发表的《公共工程效用的评价》一文中，提出了“消费者剩余”的思想，这种思想后来发展为社会净收益的概念，成为费用-效益分析的基础。

第二阶段是 20 世纪 50 年代初到 60 年代末，经济分析作为一种选择项目的方法被普遍接受，这使可行性研究从侧重微观财务分析发展到同时从微观和宏观的角度评价项目的

经济效果。在这个时期，美国哈佛大学水规划小组对经济分析理论的完善做出了重要贡献。1958 年诺贝尔经济学奖获得者、荷兰计量经济学家 Tinbergen J. 提出了在经济分析中使用影子价格的主张。此后，世界银行和联合国工业发展组织都在其贷款项目中同时使用财务分析和经济分析这两种方法。

第三阶段是 20 世纪 60 年代以后，这一时期推出了社会分析这一新的方法，把可行性研究及项目评价的水平提高到了一个新的高度。社会分析把增长目标和公平目标结合在一起作为选择项目的标准。增长目标就是增加国民收入，公平目标则要求对国民收入在时间和空间上实现合理分配。增长目标和公平目标合称为国民福利目标。一个项目的收益再大，如果将其过多地分配于当前消费，过多地将其分配于某一本来就很富有的阶层或地区，那么这个项目对国民福利目标的贡献也不大。因此，一个项目的价值不仅取决于其净收益，而且取决于其净收益的分配。社会分析以国民福利最大为目标，被认为是最理想的项目评价方法。

我国是从 1979 年开始学习和应用国外普遍采用的可行性研究。1981 年，国务院颁发的《关于加强基本建设计划管理、控制基本建设规模的若干规定》，把可行性研究作为建设前期工作中一个重要技术经济论证阶段，纳入基本建设程序。1982 年，国家计委颁发的《关于缩短建设工期、提高投资效益的若干规定》规定：基本建设项目决策必须建立在科学、可靠的基础上。1983 年国家计委颁发的《关于建设项目进行可行性研究的试行管理办法》，明确指出了可行性研究是建设前期工作的重要内容，并提出了可行性研究报告的内容与要求。国家计委于 1987 年 9 月颁发了《建设项目的经济评价方法和参数》（第一版）和《关于建设项目经济评价工作的暂行规定》。文中要求各个投资主体、各种投资来源、各种投资方式兴办的大中型基建项目，限额以下技术改造项目，均按规定和相应的评价参数进行经济评价，如果评价内容和质量达不到规定和要求，负责论证和各级审批、设计、施工、投资等部门均不得受理。1993 年 4 月，国家计委和建设部编制了《建设项目经济评价方法与参数》（第二版），进一步明确了投资项目的建设程序、内容，规范了建设项目经济评价中的具体方法和基本参数。2002 年 1 月，国家计划委员会委托中国国际工程咨询公司组织编写了《投资项目可行性研究指南》，它总结了我国可行性研究 20 多年的实践经验，同时借鉴吸收了国际上的有益经验，是指导全国投资项目可行性研究工作的规范性文本。2006 年 7 月，由国家发改委和建设部联合编制了《建设项目经济评价方法与参数》（第三版）。这些规范性文件为我国的项目可行性研究工作奠定了基础，并推动了其科学体系的发展。目前投资项目的可行性研究已在世界各国的各个领域得到广泛应用，并且已经发展成一门综合运用各学科研究成果的新型综合性科学。

三、 可行性研究的目的

建设项目的可行性研究是项目进行投资决策和建设的先决条件和主要依据。可行性研究的主要目的可概括为以下几点。

（一）避免错误的项目投资

由于科学技术、经济和管理科学发展很快，市场竞争激烈，这客观要求在进行项目投资决策之前做出准确无误的判断，避免错误的项目投资。

（二）减小项目的风险

现代化的建设项目规模大、投资额巨大，如轻易做出投资决策，一旦遭到风险，损失太大。

（三）避免项目方案多变

建设项目方案的可靠性、稳定性是非常重要的，因为项目方案的多变无疑会造成人力、物力、财力的巨大浪费和时间的延误，这将大大影响建设项目的经济效果。

（四）保证项目不超支、不延误

做到在估算的投资额范围以内和预定的建设期限以内使项目竣工并交付使用。

（五）对项目因素的变化心中有数

对项目在建设过程中或项目竣工后可能出现的有些相关因素的变化后果，做到心中有数。

（六）达到投资的最佳经济效果

投资者往往不满足于一定的资金利润率，要求在多个可能的投资方案中优选最佳方案，力争达到最好的经济效果。

如果不做可行性研究，或者虽然做而深度不够，则不能达到以上目的，并且将带来一系列不良后果。

第二节 可行性研究的阶段和内容

一、可行性研究的阶段

一个生产性投资建设项目，从筹备建设到建成投产，直到报废，其发展过程大体要经历投资前时期（建设准备期，或称规划时期）、投资时期（建设时期，或称实施阶段）和生产时期三个时期，其全过程大致可用图 6-1 表示。

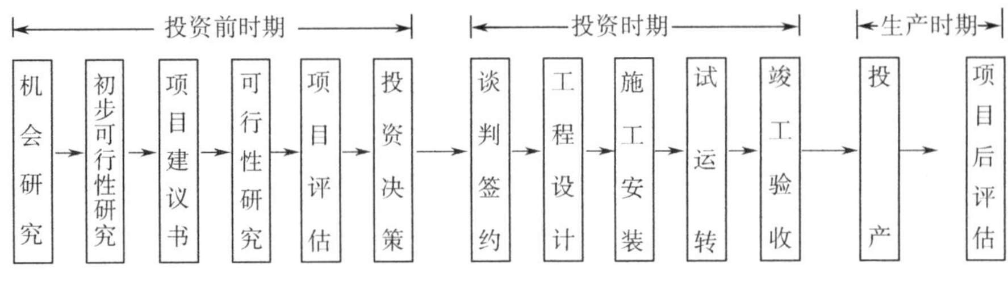

图 6-1　投资项目进展过程

投资前时期是决定项目效果的关键时期，是我们研究的重点。在机会研究阶段，投资主体根据市场需求和国家的产业政策，结合企业发展和经营规划，提出投资项目的设想，并对设想进行粗略分析。初步可行性研究和可行性研究（后者有时也叫详细可行性研究）基本内容相同，只是研究的详细程度、深度与精度不同，有时可合并或省略一个，尤其是中小型项目更是如此。我国建设项目管理程序要求在对拟投资项目进行初步论证后，向有关主管部门提交项目建议书；在可行性研究完成后，主管部门或银行要组织专家进行评估。不难看出，投资前时期的主要工作是可行性研究。

联合国工业发展组织编写的《工业可行性研究手册》规定：投资前期的可行性研究工作分为机会研究（投资机会鉴定）、初步可行性研究（预可行性研究）、详细可行性研究（最终研究，或称可行性研究）、项目评估与决策四个阶段。项目可行性研究的阶段划分及工作内容如表 6-1 所示。

表 6-1 项目可行性研究的阶段划分及内容深度比较

工作阶段 / 项目	机会研究	初步可行性研究	详细可行性研究	项目评估与决策
工作性质	项目设想	项目初选	项目拟定	项目评估
工作内容	鉴别投资方向，寻找投资机会（地区、行业、资源和项目的机会研究），提出项目投资建议	对项目做专题辅助研究，广泛分析、筛选方案，确定项目的初步可行性	对项目进行深入细致的技术经济论证，重点对项目进行财务效益和经济效益分析评价，做多方案比较，提出项目投资的可行性和选择依据标准	综合分析各种效益，对可行性研究报告进行评估和审校，分析判断项目可行性研究的可靠性和真实性，对项目做出最终决策
工作成果及作用	提出项目建议，作为制订经济计划和编制项目建议书的基础，为初步选择投资项目提供依据	编制初步可行性研究报告，判定是否有必要进行下一步详细可行性研究，进一步判明建设项目的生命力	编制可行性研究报告，作为项目投资决策的基础和重要依据	提出项目评估报告，为投资决策提供最后决策依据，决定项目取舍和选择最佳投资方案
估算精度/%	±30	±20	±10	±10
费用占总投资的百分比/%	0.2~1.0	0.25~1.25	大中型项目 0.8~1.0；小项目 1.0~3.0	–
需要时间/月	1~3	4~6	大中型项目 12~24；小项目 6~12	–

（一）机会研究

机会研究（Opportunity Study）又被称为投资机会鉴定，这一阶段的主要任务是提出建设项目投资方向，调查并鉴别投资的机会，确认项目研究的必要性。机会研究往往比较粗略，主要依靠情报资料来估计，不是进行详细分析计算。建设投资与成本数据是靠与现有工厂对比得到的，不是靠设备制造厂商或其他供应商的报价，投资与成本往往是用最简单的方法，估算的允许误差在±30%以内，一旦认为项目在经济上有利可图，就转入下一步研究。机会研究所用时间短，一般 1~3 个月，所需研究费用占总投资的 0.2%~1%。

（二）初步可行性研究

初步可行性研究又被称为预可行性研究，其主要任务是在机会研究的基础上，进一步确认项目建设的必要性，初步进行方案的比较与选择，确认是否进行详细的可行性研究。这一阶段要明确两方面的问题：一是工程项目的概貌，包括产品方案、市场需求、生产规模、投入物的来源、可供选择的技术、厂址方案、建设进度；二是初步估算项目主要经济效益指标。这一阶段投资与成本估算的偏差，一般要求在±20%以内，研究所需的时间为 4~6 个月，所需费用占总投资额的 0.25%~1.25%。初步可行性研究要对项目的许多备选方案进行粗略筛选，剩下较少的方案进入下阶段深入研究。这阶段的研究内容与详细可行性研究基本相同，只是粗略些，对于有些中小型项目来说可以省去这一阶段，直接进行详细可行性研究。

（三）详细可行性研究

详细可行性研究也被称为可行性研究，或被称为最终可行性研究，它是整个可行性研究的关键阶段，其主要任务是对工程项目进行深入细致的技术经济分析论证，包括市场和生产能力、原材料及投入物、建厂地点与厂址、项目（技术方案）设计、工厂机构及人力、项目实施进度、环境保护、投资估算与成本估算、经济评价等研究内容。这一阶段要在前面研究的基础上，进行多方案比较与选优，工作量大，需要的时间长，所花费用也较多。这一阶段对投资与成本估算的误差在±10%以内；对于小型项目研究时间一般为 0.5~1.0 年，研究费用占总投资的 1.0%~3.0%；对于大中型项目研究时间一般为 1.0~2.0 年，研究费用占总投资的 0.8%~1.0%。详细可行性研究的报告及其结论，是投资决策的基本依据。

（四）项目评估与决策

项目评估与决策阶段又被称为可行性研究报告阶段。它是在经济评价的基础上，对项目进行综合分析与评价，提出最终的研究结论，并编写出项目评估报告，进行投资决策。

按照国家发改委的规定，对于大中型和限额以上项目及重要的小型项目，必须经有权审批单位委托有资格的工程咨询单位进行评估论证。未经评估的建设项目，任何单位不准审批，更不准组织建设。

项目评估是由投资决策部门组织或授权建设银行、投资银行、工程咨询公司或有关专家、代表国家对上报的建设项目可行性研究报告进行全面的审核和再评价阶段，其主要任务是对拟建项目的可行性研究报告提出评价意见，其内容包括：

（1）全面审核可行性研究报告中反映的各项情况是否确实；

（2）分析可行性报告中各项指标的计算是否正确，包括各种参数、基础数据、定额费率的选择；

（3）从企业、国家和社会等方面综合分析和判断工程项目的经济效益和社会效果；

（4）分析和判断可行性研究的可靠性、真实性和客观性，对项目做出最终投资决策，最后写出项目评估报告。项目评估和决策工作程序如图 6-2 所示。项目评估的目的是使所选择的项目能合理地利用国家有限的资源和各种基础设施，兴建那些对国家和社会有益的项目，使有限的资源得到最有效的分配和利用。

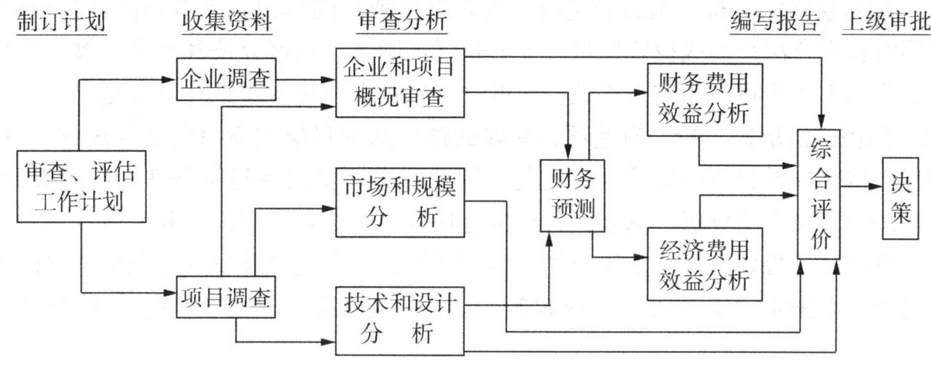

图 6-2 项目评估工作程序图

以上四个阶段是一环套一环的，前者是后者的基础，后者是前者的深入，一旦某一阶段得出“不可行”的结论，则停止下一步的研究工作。一般而言，前面两个阶段可以否定一项投资，但不能肯定一项投资。只有经过详细可行性研究后才能肯定一项投资。可行性研究的步骤并不是绝对不变的，其工作阶段和内容可以根据项目规模、性质、要求和复杂程度，进行适当的调整和简化，如对有关项目建设的关键性问题把握性较大，就可越过前面两个阶段直接进行详细可行性研究。

二、 可行性研究的内容

可行性研究是项目前期工作中最为关键的一个环节，其基本任务是对拟建项目进行方案规划、技术论证、经济评价，在多方案比较的基础上，为项目决策提供可靠的依据和建议。可行性研究一经批准，就是对项目进行了最终决策。因此，正确规定可行性研究内容是十分重要的。

根据建设项目的不同性质和条件，可行性研究的重点应有所区别，但基本内容大致相同。因此，就一般工业投资项目来说，作为项目投资前评估、论证的可行性研究，通常包括项目兴建理由与目标、市场预测、资源条件评价、建设规模与产品方案、场址选择、技术设备方案和工程方案、原材料燃料供应、总图运输与公用辅助工程、环境影响评价、劳动安全卫生与消防、组织机构与人力资源配置、项目实施进度、投资估算、融资方案、财务评价、国民经济评价、社会评价、风险分析、研究结论与建议等内容。

（一）项目兴建理由与目标

项目兴建理由与目标的研究，是根据已确定的初步可行性研究报告（或者项目建议书），从总体上进一步论证项目提出的依据、背景、理由和预期目标，即进行项目建设必要性分析；与此同时，分析论证项目建设和生产运营必备的基本条件及其获得的可能性，即进行项目建设可能性分析。对于确实必要又有可能建设的项目，继续进行可行性研究，开展技术、工程、经济、环境等方案的论证、比选和优化工作。

1. 项目兴建理由

项目兴建理由一般从项目本身和国民经济两个层次进行分析。

(1) 项目层次的分析。项目业主或投资人兴建项目的理由，或者是向社会提供产品、服务的同时获得合法利润或投资回报，或者是促进国家、地区经济和社会发展。项目层次的分析，应侧重从项目产品和投资效益角度论证项目兴建理由是否充分合理。

(2) 国民经济层次分析。有些项目兴建的理由从项目层次看可能是合理的、可行的，但从国民经济全局看就不一定合理、可行。因此对那些受宏观经济条件制约较大的项目，应进行国民经济层次的分析。例如，分析拟建项目是否符合合理配置和有效利用资源的要求；是否符合区域规划、行业发展规划、城市规划、水利流域开发规划及交通路网规划的要求；是否符合国家技术政策和产业政策的要求；是否符合保护环境、可持续发展的要求等。

通过这两个层次的分析，判别项目建设的理由是否充分、合理，以确定项目建设的必要性。

2. 项目预期目标

根据项目兴建的理由，对初步可行性研究报告（或项目建议书）提出的项目建设内容和建设规模、技术装备水平、产品性能和档次、成本收益目标等与预期达到的目标进行总体分析论证，判别项目预期目标与项目兴建理由是否吻合，预期目标是否具有合理性和现实性。

3. 项目建设基本条件

对于确需建设且目标合理的项目，应分析论证其是否具备建设的基本条件。一般应分析市场条件、资源条件、技术条件、资金条件、环境条件、社会条件、施工条件、法律条件，以及外部协作配套条件等对拟建项目支持和满足的程度，考察项目建设和运营的可能性。

（二）市场预测

在市场调查的基础上，对项目的产品和所需要的主要投入物的市场容量、价格、竞争力以及市场风险进行分析预测，为确定项目建设规模与产品方案提供依据。

1. 市场预测内容

市场预测的研究内容主要有：市场现状调查、产品供应与需求预测、产品价格预测、目标市场与市场竞争力分析以及市场风险分析。

2. 市场现状调查

市场现状调查是进行市场预测的基础。市场现状调查主要是调查拟建项目同类产品的市场容量、价格以及市场竞争力现状等。

3. 产品供需预测

产品供需预测是利用市场调查所获得的信息资料，对项目产品未来市场供应和需求的数量、品种、质量、服务进行定性与定量分析。

4. 价格预测

项目产品价格是测算项目投产后的销售收入、生产成本和经济效益的基础，也是考察项目产品竞争力的重要方面。在预测价格时，应对影响价格形成和导致价格变化的各种因素进行分析，初步设定项目产品的销售价格和投入品的采购价格。

5. 竞争力分析

竞争力分析是研究拟建项目在国内外市场竞争中获胜的可能性和获胜能力。进行竞争力分析，既要研究项目自身竞争力，也要研究竞争对手的竞争力，并进行对比。以此进一步优化项目的技术经济方案，扬长避短，发挥竞争优势。

6. 市场风险分析

在可行性研究中，市场风险分析是在产品供需、价格变动趋势和竞争能力等常规分析已达到一定深度要求的情况下，对未来国内外市场某些重大不确定因素发生的可能性及其可能对项目造成的损失程度进行分析。市场风险分析既可以定性描述，估计风险程度，也可定量计算风险发生概率，分析对项目的影响程度。

（三）资源条件评价

金属矿、煤矿、石油天然气矿、建材矿、化学矿以及水利水电和森林采伐等项目，都是以矿产资源、水利水能资源和森林资源等自然资源的采掘为主要内容的资源开发项目。

资源开发项目的建设应符合资源总体开发规划的要求，符合资源综合利用的要求，符合节约资源及可持续发展的要求，森林资源开发还应符合国家生态环境保护的有关规定。

资源条件评价主要是对拟开发项目资源开发的合理性、资源可利用量、资源自然品质、资源赋存条件和资源开发价值等进行评价。

（四）建设规模与产品方案

建设规模与产品方案研究是在市场预测和资源评价（资源开发项目）的基础上，论证比选拟建项目的建设规模和产品方案（包括主要产品和辅助产品及其组合），作为确定项目技术方案、设备方案、工程方案、原材料燃料供应方案及投资估算的依据。

（五）场址选择

可行性研究阶段的场址选择，是在初步可行性研究（或项目建议书）规划选址已确定的建设地区和地点范围内，进行具体坐落位置选择，习惯上称为工程选址。

1. 场址选择的内容

不同行业项目选择场址需要研究的具体内容、方法和遵循的规程规范不同，其称谓也不同。例如，工业项目称厂址选择，水利水电项目称坝（闸）址选择，交通项目称线路选择，输油气管道、输电和通信线路项目称路径选择。

场址选择应主要研究场址位置、占地面积、地形地貌、气象条件、地震情况、工程地质与水文地质条件、征地拆迁及移民安置条件、交通运输条件、水电供应条件、环境保护条件、法律支持条件、生活设施依托条件、施工条件等内容。

2. 场址方案比选

场址方案比选要进行工程条件和经济性条件两个方面的比较。

工程条件比较的主要内容为占用土地种类及面积、地形地貌气候条件、地质条件、地震情况、征地拆迁及移民安置条件、社会依托条件、环境条件、交通运输条件、施工条件等。

经济性条件比较的内容分为两类，一是建设投资比较，如土地购置费、场地平整费、基础工程费、场外运输投资等场址方案建设费用的比较；二是运营费用比较，如原材料与燃料运输费、产品运输费、动力费、排污费等场址方案运营费用的比较。

（六）技术方案、设备方案和工程方案

项目的建设规模与产品方案确定后，应进行技术方案、设备方案和工程方案的具体研究论证工作。技术、设备与工程方案构成项目的主体，体现项目的技术和工艺水平，也是决定项目经济合理性的重要基础。

1. 技术方案选择

技术方案主要指生产方法、工艺流程（工艺过程）等。

技术方案选择要体现先进性、适用性、可靠性、安全性和经济合理性的要求。技术方案选择的内容分为两个方面，一是生产方法选择，二是工艺流程方案选择。

2. 主要设备方案选择

设备方案选择是在研究和初步确定技术方案的基础上，对所需主要设备的规格、型号、数量、来源、价格等进行研究比选。

3. 工程方案选择

工程方案选择是在已选定项目建设规模、技术方案和设备方案的基础上，研究论证主要建筑物、构筑物的建造方案。

工程方案的选择，要满足生产使用功能要求，适应已选定的场址（线路走向），符合工程标准规范要求，并且经济合理。

不同行业项目的工程方案研究内容不同。一般工业项目的厂房、工业窑炉、生产装置等建筑物、构筑物的工程方案，主要研究其建筑特征、结构形式、特殊建筑要求（防火、防爆、防腐蚀、隔音、隔热等）、基础工程方案和抗震设防等。

（七）原材料燃料供应

在研究确定项目建设规模、产品方案、技术方案和设备方案的同时，还应对项目所需的原材料、辅助材料和燃料的品种、规格、成分、数量、价格、来源及供应方式进行研究论证。

原材料是项目建成后生产运营所需的投入物。在建设规模、产品方案和技术方案确定后，应对所需主要材料的品种、规格、质量、数量、价格、来源、供应方式和运输方式进行研究确定。

主要原材料燃料供应方案应进行多方案比选。比选的主要内容为：满足生产要求的程度，采购来源的可靠程度，以及价格和运输费用是否经济合理等。

（八）总图运输与公用辅助工程

总图运输与公用辅助工程是在已选定的场址范围内，研究生产系统、公用工程、辅助工程及运输设施的平面和竖向布置以及相应的工程方案。

1. 总图布置方案

项目总图布置应根据项目的生产工艺流程或者使用功能的需要及其相互关系，结合场地和外部环境条件，对项目各个组成部分的位置进行合成，使整个项目形成布置紧凑、流程顺畅、经济合理、使用方便的格局。

2. 场内外运输方案

根据建设规模、产品方案、技术方案确定主要投入品和产出品的品种、数量、特性、

流向，据此研究提出项目内外部运输方案。

3. 公用工程与辅助工程方案

公用工程与辅助工程是为项目主体工程正常运转服务的配套工程。公用工程主要有给水、排水、供电、通信、供热、通风等工程；辅助工程包括维修、化验、检测、仓储等工程。

（九）环境影响评价

建设项目一般会引起项目所在地自然环境、社会环境和生态环境的变化，对环境状况、环境质量产生不同程度的影响。环境影响评价是在研究确定场址方案和技术方案中，调查研究环境条件，识别和分析拟建项目影响环境的因素，研究提出治理和保护环境的措施，比选和优化环境保护方案。

（十）劳动安全卫生与消防

拟建项目劳动安全卫生与消防的研究是在已确定的技术方案和工程方案的基础上，分析论证在建设和生产过程中存在的对劳动者和财产可能产生的不安全因素（如工伤和职业病、火灾隐患），并提出相应的防范措施。

（十一）组织机构与人力资源配置

拟建项目的可行性研究，应对项目的组织机构设置、人力资源配置、员工培训等内容进行研究，比选和优化方案。

1. 组织机构设置及其适应性分析

根据拟建项目的特点和生产运营的需要，研究提出项目组织机构的设置方案，并对其适应性进行分析。

组织机构的设置，就是要根据拟建项目出资者特点，研究确定相应的组织机构模式；根据拟建项目的规模，研究确定项目的管理层次；根据建设和生产运营特点和需要，设置相应的管理职能部门。

适应性分析，主要是分析项目法人的组建方案是否符合《公司法》和国家有关规定的要求；项目执行机构是否具备指挥能力、管理能力和组织协调能力；项目组织机构的层次和运作方式能否满足建设和生产运营管理的要求；项目法人代表及主要经营管理人员的素质能否适应项目建设和生产运营管理的要求，能否承担项目筹资建设、生产运营、偿还债务等责任。

2. 人力资源配置

人力资源配置的内容主要是研究制定合理的工作制度与运转班次，提出工作时间、工作制度和工作班次方案；研究员工配置数量，提出配备各职能部门、各工作岗位所需人员数量；研究确定各类人员应具备的劳动技能和文化素质；研究测算职工工资和福利费用；研究测算劳动生产率；研究提出员工选聘方案等。

3. 员工培训

可行性研究阶段应研究提出员工培训计划，包括培训岗位、人数以及培训的内容、目标、方法、时间、地点和培训费用。

（十二）项目实施进度

工程建设方案确定后，应研究提出项目的建设工期和实施进度方案。

1. 建设工期

项目建设工期可以参考有关部门或专门机构制定的建设项目工期定额和单位工程工期定额，并结合项目建设内容、工程量、建设难易程度和施工条件等具体情况综合研究确定。

2. 实施进度安排

项目建设工期确定后，应根据工程实施各阶段工作量和安排所需时间，对时序做出大体安排，使各阶段工作相互衔接，并编制项目实施进度表。

（十三）投资估算

投资估算是在对项目的建设规模、技术方案、设备方案、工程方案及项目实施进度等进行研究并基本确定的基础上，估算项目投入总资金（包括建设投资和流动资金），并测算建设期内分年资金需要量，作为制订融资方案、进行经济评价以及编制初步设计概算的依据。

（十四）融资方案

融资方案是在投资估算的基础上，研究拟建项目的资金渠道、融资形式、融资结构、融资成本、融资风险，比选推荐项目的融资方案，并以此研究资金筹措方案和进行财务评价。

（十五）财务评价

财务评价是在国家现行财税制度和市场价格体系下，从项目微观角度，分析预测项目的财务效益与费用，计算财务评价指标，考察拟建项目的盈利能力和偿债能力，从而评价项目投资在财务上的可行性和合理性。

（十六）国民经济评价

国民经济评价是按合理配置资源的原则，采用影子价格、社会折现率等国民经济评价参数，从国民经济宏观角度，考察项目所耗费的社会资源和对社会的贡献，从而评价项目投资的经济合理性和宏观可行性。

（十七）社会评价

社会评价是分析拟建项目对当地社会的影响和当地社会对项目的适应性和可接受程度，从而评价项目的社会可行性。

（十八）风险分析

风险分析是在市场预测、技术方案、工程方案、融资方案、财务评价和社会评价等论证中已进行的初步风险分析的基础上，进一步综合分析识别拟建项目在建设和运营中潜在的主要风险因素，揭示风险来源，判别风险程度，提出规避风险对策，降低风险损失，为决策提供依据。

（十九）研究结论与建议

在上述各项研究论证的基础上，择优提出推荐方案，并对推荐方案的主要内容和论证结果进行总体描述。在肯定推荐方案优点的同时，还应指出可能存在的问题和可能遇到的主要风险，并做出项目及其推荐方案是否可行的明确结论。

财务评价和国民经济评价是项目可行性研究的核心内容和决策的重要依据，因此接下来详细介绍财务评价和国民经济评价。

第三节 投资项目的财务评价

一、 财务评价的概念及目的

财务评价，又称财务分析，指在国家现行财税制度和价格体系的条件下，从项目财务角度分析、计算项目的财务盈利能力和清偿能力，据以判别项目的财务可行性。

财务评价在衡量项目财务盈利能力及筹措资金方面有特殊意义。在社会主义市场经济条件下，企业是自主经营、自负盈亏的经济实体。因此企业经营者对准备投资的项目能否盈利、能否达到期望的最低收益率，投资能否在规定年限内回收，能否按时归还银行贷款等十分关注。同时，项目的财务分析报告也是投资信贷部门决定是否发放贷款的依据之一，因为财务分析报告提供了项目实施所需的固定资产投资额，以及流动资金投资额、资金的可能来源、用款计划及还贷能力等信贷部门所关注的问题。此外，财务分析使项目的投资者能根据项目的资金计划及时保证资金到位，使项目按时建设。

财务评价的目的如下：

（1）从企业或项目角度出发，分析投资效果，评价项目竣工投产后的获利能力；

（2）确定进行某项目所需资金来源，制订资金规划；

（3）估算项目的贷款偿还能力；

（4）为协调企业利益和国家利益提供依据。

二、 财务评价的主要内容

财务分析的主要内容有以下三点。

1. 财务预测

在对投资项目总体了解和对市场、环境、技术方案充分调查与掌握的基础上，收集预测财务分析的基础数据。这些数据主要包括：预计的产品销售量及各年度产量；预计的产品价格，包括近期价格和预计的价格变动幅度；固定资产、流动资金投资及其他投资估算；成本费用及其构成估算。这些数据大部分是预测数，因此这一步骤又被称为财务预测。财务预测的质量高低是决定财务分析成败和质量好坏的关键。财务预测的结果可用若干基础财务报表归纳整理，主要是投资估算表、折旧表、成本费用表、损益表等。

2. 编制资金规划与计划

对可能的资金来源与数量进行调查和估算，如：可筹集到的银行贷款种类、数量，可能发行的股票、债券，企业可能用于投资的自有资金数量，企业未来各年可用于偿还债务的资金量等；根据项目实施计划，估算逐年投资量；计算逐年债务偿还额。在此基础上编制项目寿命期内资金来源与运用计划。这个计划可用资金来源与运用表（也称资金平衡表）来表示。一个好的资金规划不仅要能满足资金平衡的要求，即保证各项收入足以支付各项费用，而且要在各种可行的资金筹集、运用方案中挑选最好的方案。也就是说，资金规划是保证项目可行和提高财务效果的重要手段。

3. 计算和分析财务效果

根据财务基础数据和资金规划，编制财务现金流量表，据此可计算出财务分析的经济效果指标。此项内容有时要和资金规划交叉进行，利用财务分析的结果可进一步分析和调整资金规划。

三、 财务评价的费用、 收益的识别

要识别费用和收益，首先必须明确计算费用、收益的范围。一个项目的投资可能不仅涉及所在的厂区，而且牵涉厂外运输、能源等公共设施；除了用于直接生产的厂房、设备，还可能用于辅助设施；除了有物料、燃料的直接消耗，还可能有其他间接消耗或损失；项目建成后，除了为本企业提供收益外，还可能对社会有利；等等。由于财务分析以企业盈利性为标准，所以在判断费用、收益的计算范围时只计入企业的支出和收入。对于那些虽由项目实施所引起但不为企业所支付或获取的费用及收益，则不予计算。

在进行财务分析时，必须逐一识别费用项和收益项，对每一个投资项目的费用、收益必须进行具体分析。这里只对工业投资项目常见的费用和收益项进行分析。

（一） 收益

企业收益主要由以下几部分组成。

1. 销售收入

这是企业获得收入的主要形式。销售收入（包括提供服务的收入）由销售量和价格两个要素决定。对于增加产量的项目，如果价格不变，会直接导致销售收入的增加，但如果销售量增加后价格下降，则须按降价后的价格计算。当投资的目的在于提高质量时，如果价格随之提高，则按提价后的价格计算收入，如果不提价，则没有收入的增加。

2. 资产回收

寿命期末可回收的固定资产残值和回收的流动资金应视为收入。

3. 补贴

国家为鼓励和扶持某项目的开发所给予的补贴应视为收入。在价格、汇率、税收上的优惠已体现在收入的增加和支出的减少上，不再另计。

（二） 费用

1. 投资

投资包括固定资产投资（含工程费用、预备费用及其他费用）、固定资产投资方向调节税、无形资产投资、建设期借款利息、流动资金投资及开办费（形成递延资产）等。

2. 销售税

销售税包括销售税金及附加。其计算口径应与销售收入口径相对应，即凡需从销售收入中支付的税金均须列入；凡不由销售收入支付的税金均不列入。

3. 经营成本

经营成本是生产、经营过程中的支出。它和总成本费用的关系如下：

经营成本=总成本费用-折旧和摊销费-利息支出

经营成本是为进行经济分析从总成本费用中分离出来的一种费用。按照国家财政部门的规定，利息支出可以列入成本费用，在经济效果分析中，则将其单列。折旧是固定资产价值转移到产品中的部分，是成本的组成部分，似应作为费用，但由于设备和原材料等不同，不是一次随产品出售而消失，而是随产品一次次销售而将其补偿基金储存起来，到折旧期满，原投资得到回收。可见，折旧并没有从项目系统中流出，而是保留在系统内。我们已将投资当作支出，如果再将折旧作为支出，就重复计算了费用。在项目寿命期内如果初期投入的固定资产需要更新，其费用应由折旧基金支出，但一般来说更新投资与折旧额并不相等，为准确起见，仍将投资和折旧分开处理。总之，折旧不作为费用。有人按照财务习惯，在现金流量表中将成本列入“流出”项，此时在“流入”项内应补回折旧。

（三）价格和汇率

财务分析中的收益和费用的计算都涉及价格，使用外汇或产品（服务）出口的项目还涉及汇率问题。财务分析的价格一律采用成交价格（市场价格或计划价格）。汇率采用实际结算的汇率，一般可按国家公布的汇率计算。

四、 资金规划

资金规划的主要内容是资金筹措与资金的使用安排。资金筹措包括资金来源的开拓和对来源、数量的选择；资金的使用包括资金的投入、贷款的偿还和资金平衡的测算。

（一）投资的资金来源

技术方案或项目的资金来源，从性质上可分为自有资金和借贷资金两个方面；从渠道上可分为国内资金和国外资金两大类。企业自有资金指企业用于项目投资的新增资本金、资本公积金、提取的折旧与摊销费以及未分配的税后利润等。借入资金指银行和非银行金融机构的贷款及发行债券的收入。

（二）资金结构与财务风险

项目的资金来源和结构对自有资金财务现金流量影响很大，直接关系到投资主体的获利能力和承担财务风险规模，因为在有借贷资金的情况下，全部投资的效果与自有资金投资的效果是不同的。以投资利润指标来说，由于全部投资的利润率一般不等于贷款利率，两种利率差额的后果将由投资主体承担，从而使自有资金利润率上升或下降。因此，必须认真研究分析各种资金来源对自有资金的盈利能力和财务风险的影响，合理编制投资项目资金筹措方案，以控制财务风险。

设全部投资为 K，自有资金为 K_0，贷款为 K_L，全部投资收益率(付息前)为 R，贷款

利率为 R_L，自有资金收益率为 R_0，由投资收益率公式，可有：

$$K = K_0 + K_L$$

$$R_0 = \frac{K \cdot R - K_L \cdot R_L}{K_0} = \frac{(K_0 + K_L) \cdot R - K_L \cdot R_L}{K_0} \tag{6-1}$$

$$= R + \frac{K_L}{K_0} \cdot (R - R_L)$$

由式（6-1）可知，当 $R > R_L$ 时，$R_0 > R$；当 $R < R_L$ 时，$R_0 < R$；而且自有资金收益率与全投资收益率的差别被资金构成比 K_L/K_0 所放大。这种放大效应被称为财务杠杆效应。贷款与全部投资之比 K_L/K 被称为债务比。

【例 6-1】 某项工程有三种方案，全投资收益率 R 分别为 6%、10%、15%，贷款利息率为 10%，试比较债务比为 0（不借债）、0.5 和 0.8 时的自有资金收益率。

解：全部投资由自有资金和贷款构成，因此，若债务比 $K_L/K=0.5$，则 $K_L/K_0=1$，其余类推。利用式（6-1）计算结果列于表 6-2。

表 6-2　　不同债务比下的自有资金收益率

自有资金收益率 R_0 ／债务比／方案	$K_L/K=0$ ($K_L/K_0=0$)	$K_L/K=0.5$ ($K_L/K_0=1$)	$K_L/K=0.8$ ($K_L/K_0=4$)
方案Ⅰ（R=6%）	6%	2%	-10%
方案Ⅱ（R=10%）	10%	10%	10%
方案Ⅲ（R=15%）	15%	20%	35%

方案Ⅰ，$R<R_L$，债务比越大，R_0 越低，甚至为负值；方案Ⅱ，$R=R_0$，R_0 不随债务比改变；方案Ⅲ，$R>R_L$，债务比越大，R_0 越高。

假设投资在 20 万元至 100 万元的范围内上述三个方案的投资收益率不变，贷款利息率为 10%，若有一家企业拥有自有资金 20 万元，现在来分析该企业在以上三种情况下如何选择资金构成。

对于方案Ⅰ，如果全部投资为自有资金（20 万元），则企业每年可得利润 1.2 万元；如果自有资金和贷款各 20 万元，则可得总利润 2.4 万元，在贷款偿还之前，每年要付利息 2 万元，企业获利 0.4 万元；如果除自有资金 20 万元以外又贷款 80 万元，则总利润为 6 万元，每年应付利息 8 万元，企业亏损 2 万元。显然，在这种情况下，企业是不宜贷款的，贷款越多，损失越大。

对于方案Ⅱ，贷款多少对企业的利益都没有影响。

对于方案Ⅲ，如果仅用自有资金投资，企业每年获利 3 万元；如果贷款 20 万元，则在偿付利息后，企业可获利 4 万元；如果贷款 80 万元，在付利息后企业获利可达 7 万元。在这种情况下，对企业来说，有贷款比无贷款有利，贷款越多越有利。

可见，选择不同的资金结构对企业的利益会产生很大影响。

以上是在项目投资效益具有确定性时的情形。当项目的效益不确定时，选择不同的资金结构，所产生的风险是不同的。在上述例子中，若项目的投资收益率估计在 6%与 15%

之间，企业如果选择自有资金和贷款各半的结构，企业利润将在 0.4 万元与 4 万元之间；如果自有资金占 20%，贷款占 80%，则企业利润将在-2 万元与 7 万元之间。此时，使用贷款，企业将承担风险，贷款比例越大，风险也越大；当然，相应的，获得更高利润的机会也越大。对于这种情况，企业要权衡风险与收益的关系进行决策。采用风险分析方法对项目本身和资金结构做进一步分析，对企业决策会有所帮助。关于风险分析可参看第五章。

（三）还款方式及还本付息额的计算

还款方式的选择是投资项目财务决策的重要组成部分，还款方式直接影响财务报表的编制和投资者的利益。下面将主要还款方式和还本付息额的计算方法做简单介绍。

1. 等额利息法

每期付利息额相同，不还本金，最后一期本利全部还清。每期偿还利息额计算公式为：

$$I_t = L_a \cdot i，(t=1，2，\cdots，n) \tag{6-2}$$

偿还本金额计算公式为：

$$CP_t = \begin{cases} 0，(t=1，2，\cdots，n-1) \\ L_a，(t=n) \end{cases} \tag{6-3}$$

式中：I_t 为第 t 期付息额；

CP_t 为第 t 期还本额；

n 为贷款期限；

i 为贷款利率；

L_a 为贷款总额。

2. 等额本金法

每期偿还相等的本金和相应的利息。每期偿还利息额计算公式为：

$$I_t = i\left[L_a - \frac{L_a}{n}(t-1)\right], \qquad (t=1，2，\cdots，n) \tag{6-4}$$

每期偿还本金额计算公式为：

$$CP_t = \frac{L_a}{n}, \qquad (t=1，2，\cdots，n) \tag{6-5}$$

公式符号意义同前。

3. 等额摊还法

每期偿还本利额相等，其计算公式为：

$$I_t + CP_t = A = L_a\frac{i(1+i)^n}{(1+i)^n-1}, \qquad (t=1，2，\cdots，n) \tag{6-6}$$

公式符号意义同前。

逐年偿还的利息和本金分别用下面两式计算：

$$每年支付利息=年初借款累计\times年利率 \tag{6-7}$$

$$每年偿还本金=A-每年支付利息 \tag{6-8}$$

4. 气球法

任意偿还本利，到期全部还清。

5. 一次性偿付法

最后一期偿还本利，是“气球法”的一种。一次性偿付法计算公式为：

$$I_t + CP_t = \begin{cases} 0, & (t = 1,\ 2,\ \cdots,\ n-1) \\ L_a(1+i)^n, & (t = n) \end{cases} \tag{6-9}$$

公式符号意义同前。

6. 偿债基金法

每期偿还贷款利息，同时向银行存入一笔等额现金，到期存款正好偿付贷款本金。每期偿还相等的利息额计算公式为：

$$I_t = L_a i,\quad (t = 1,\ 2,\ \cdots,\ n) \tag{6-10}$$

每期存入银行的等额现金为：

$$CP_t = L_a \frac{i_a}{(1+i_a)^n - 1},\quad (t = 1,\ 2,\ \cdots,\ n) \tag{6-11}$$

式中：i_a 为银行存款利率；

其余符号意义同前。

五、 基础财务报表编制

为了进行企业经济效果计算和进行资金规划与分析，需编制的主要财务报表（基本报表）有损益表（利润表）、资金来源与运用表、资产负债表和现金流量表，对于大量使用外汇和创汇的项目，还要编制外汇平衡表。

为编制这些主要报表，还需要编制一些基础性报表（辅助报表），主要有以下几种。

（1）投资估算表。包括固定资产投资估算、流动资金投资估算、无形资产投资估算及其他投资估算。

（2）投资计划与资金筹措表。显示各年度分类投资使用额及资金来源。

（3）折旧与摊销估算表。包括固定资产折旧估算、无形资产及递延资产摊销估算，其数值根据投资形成的资产估算值及财政部门规定的折旧及摊销办法计算。

（4）借款还本付息表。包括固定资产投资借款（或称长期投资借款）还本付息和流动资金借款还本付息的测算。

（5）成本费用估算表。按成本构成分项估算各年预测值，并计算各年成本费用总额。为便于计算经营成本，表中须列出各年折旧与摊销额和借款利息额。

（6）销售收入、税金估算表。销售收入由预测的销售量和价格计算；销售税金按税务部门规定计算。本表亦可并入损益表。

需要指出，在编制基础性报表过程中，往往还要编制更详尽的预测资料明细及汇总表，在此不一一列举。

主要财务报表和基础性财务报表如表 6-3 至表 6-10 所示。

（一）投资计划与资金筹措表

编制资金使用计划与资金筹措表的目的是确保资金使用计划符合实际需要，应根据项目实施进度与资金筹资渠道进行编制，如表6-3所示。

表6-3　　投资计划与资金筹措表　　单位：万元

序号	项目 \ 年份	建设期		投产期		达到设计能力生产期				合计
		1	2	3	4	5	6	…	n	
1	总投资									
1.1	建设投资									
1.2	建设期利息									
1.3	流动资金									
2	资金筹措									
2.1	自有资金									
2.2	借款									
2.2.1	长期借款									
2.2.2	流动资金借款									
2.2.3	其他短期借款									
2.3	其他									

（二）损益表（利润表）

损益表也称利润表，是反映项目计算期内各年收入与费用情况以及利润总额、所得税和净利润的分配情况的报表，用于计算项目的投资利润率、投资利税率、资本金利润率等评价指标，并与行业平均水平或投资主体所要达到的水平相比较，以判断项目单位投资的盈利能力。损益表格式如表6-4所示。

表6-4　　损益表　　单位：万元

序号	项目 \ 年份	投产期[(1)]		达到设计能力生产期				合计
		3	4	5	6	…	n	
	生产负荷/%							
1	产品销售（营业）收入							
2	销售税金及附加							
3	总成本费用							
4	利润总额[(2)]（1-2-3）							
5	所得税							
6	税后利润（4-5）							
7	可供分配利润							
7.1	盈余公积金							
7.2	应付利润							
7.3	未分配利润							
8	累计未分配利润							

注：（1）假设建设期为2年，从第3年起投产。

（2）利润总额应根据国家规定先调整为应纳税所得额（如减免所得税、弥补上年度亏损）再计算所得税。

（三）现金流量表

现金流量表反映项目计算期内各年的现金收支，是进行项目财务盈利能力分析的主要报表。

编制财务现金流量表用以计算财务内部收益率、财务净现值等反映项目财务盈利能力的指标。根据投资计算基础不同，财务现金流量表可分为全部投资财务现金流量表和自有资金现金流量表。

在进行盈利能力分析时，一般分两步进行。第一步通过全投资现金流量表，分析假如项目全部资金都为自有资金的情况下，项目本身的盈利能力。它排除了财务条件（筹资成本）对项目盈利能力的影响，客观地反映项目本身的盈利能力。如果由此得出的项目盈利能力大于或等于资本成本率，则有继续进行财务分析的必要，反之，即可考虑否定此项目。第二步通过自有资金现金流量表，考察企业自有资金的获利性，反映企业自身可得到的利益。

全投资现金流量表的构成如表 6-5 所示，全投资现金流量表不考虑资金借贷与偿还，投入项目的资金一律被视为自有资金。其净现金流量构成公式为：

年净现金流量=销售收入+资产回收-固定资产投资-流动资金投资-经营成本-销售税金及附加-所得税

表 6-5　　全投资现金流量表　　单位：万元

序号	年份 / 项目	建设期		投产期		达到设计能力生产期			
		1	2	3	4	5	…	$n-1$	n
1	现金流入								
1.1	产品销售收入								
1.2	回收固定资产余值								
1.3	回收流动资金								
2	现金流出								
2.1	固定资产投资								
2.2	流动资金投资								
2.3	经营成本								
2.4	销售税金及附加								
2.5	所得税								
3	净现金流量								

自有资金现金流量表的构成见表 6-6，该表与全投资现金流量表最大的区别在于对借款资金的处理。全投资现金流量表是假定全部资金为自有资金，因此，没有利息支出。自有资金现金流量表是站在企业财务的角度考察各项资金的收入和支出。对于企业来说，从银行取得贷款是现金流入，用于项目建设是现金流出，偿还贷款本利也是现金流出。因此企业对贷款的真正支出只是偿还贷款本利。

表 6-6　　自有资金现金流量表　　单位：万元

序号	年份 项目	建设期		投产期		达到设计能力生产期			
		1	2	3	4	5	…	$n-1$	n
1	现金流入								
1.1	产品销售收入								
1.2	回收固定资产余值								
1.3	回收流动资金								
2	现金流出								
2.1	自有资金投入								
2.2	长期借款{还本 付息								
2.3	流动资金借款{还本 付息								
2.4	其他短期借款{还本 付息								
2.5	经营成本								
2.6	销售税金及附加								
2.7	所得税								
3	净现金流量								

当全投资内部收益率大于贷款利率时，自有资金的内部收益率必定大于全投资内部收益率，且贷款比例越高，自有资金的内部收益率越高。当全投资内部收益率大于基准收益率，且基准收益率大于借款利率时，自有资金净现值大于全投资净现值。

（四）资金来源与运用表

资金来源与运用表又被称作资金平衡表，如表 6-7 所示。该表反映项目计算期各年的投资、融资及生产经营活动的资金流入和流出情况，考察资金平衡和余缺情况。通过“累计盈余资金”项反映项目计算期内各年的资金是否充裕（是盈余还是短缺），是否有足够的能力清偿债务等。若累计盈余大于零，表明当年有资金盈余；若累计盈余小于零，则表明当年会出现资金短缺，需要筹措资金或调整借款及偿还计划，并为编制资产负债表提供依据。

表 6-7　　资金来源与运用表　　单位：万元

序号	年份 项目	建设期		投产期		达到设计能力生产期			
		1	2	3	4	5	6	…	n
1	资金来源								
1.1	利润总额								
1.2	折旧与摊销费								
1.3	长期借款								
1.4	流动资金借款								
1.5	其他短期借款								
1.6	自有资金								
1.7	回收固定资产余值								

续表

序号	项 目 \ 年 份	建设期		投产期		达到设计能力生产期			
		1	2	3	4	5	6	…	n
1.8	回收流动资金								
1.9	其他								
2	资金运用								
2.1	固定投资								
2.2	建设期利息								
2.3	流动资金投资								
2.4	所得税								
2.5	应付利润								
2.6	长期借款本金偿还								
2.7	流动资金借款本金偿还								
3	盈余资金（1-2）								
4	累计盈余资金								

（五）资产负债表

资产负债表和前面介绍的现金流量表（包括利润表、损益表、资金来源与运用表）的根本区别在于前者记录的是现金存量而后者记录的是现金流量，如表6-8所示。存量是指某一时刻的累计值；流量是某一时段（通常为1年）发生的现金流量（现金存量的增量）。资产负债表综合反映项目计算期内各年年末资产、负债和所有者权益的变化及对应关系，以考察项目资产、负债、所有者权益的结构是否合理，用以计算资产负债率、流动比率及速动比率，进行清偿能力和资金流动性分析。

表6-8　资产负债表　单位：万元

序号	项 目 \ 年 份	建设期		投产期		达到设计能力生产期		
		1	2	3	4	5	…	n
1	资产							
1.1	流动资产总额							
1.1.1	应收账款							
1.1.2	存货							
1.1.3	现金							
1.1.4	累计盈余资金							
1.2	在建工程							
1.3	固定资产净值							
1.4	无形资产及递延资产净值							
2	负债及所有者权益							
2.1	流动负债总额							
2.1.1	应付账款							
2.1.2	流动资金借款							
2.1.3	其他短期借款							

续表

序号	年份 / 项目	建设期		投产期		达到设计能力生产期		
		1	2	3	4	5	…	n
2.2	长期负债							
	负债合计							
2.3	所有者权益							
2.3.1	资本金							
2.3.2	资本公积金							
2.3.3	累计盈余公积金							
2.3.4	累计未分配利润							

（六）财务外汇平衡表

外汇平衡表是指专门反映项目计算期内各年外汇收支及余缺程度的一种报表。该表可用于外汇平衡分析，适用于有外汇收支的项目财务效益分析。

外汇平衡表由外汇来源、外汇运用和外汇余缺额三部分构成。外汇来源包括产品外销外汇收入、外汇贷款和自筹外汇等，自筹外汇包括在其他外汇收入项目中。外汇运用主要是进行投资、进口原料及零部件、支付技术转让费和清偿外汇借款本息及其他外汇支出。外汇余缺额直接反映了项目计算期内外汇平衡程度。对于外汇不能平衡的项目，应根据外汇余缺程度提出具体解决方案。外汇平衡表格式如表 6-9 所示。

表 6-9　　外汇平衡表　　单位：万元

序号	年份 / 项目	建设期		投产期		达到设计能力生产期				合计
		1	2	3	4	5	6	…	n	
	生产负荷/%									
1	外汇来源									
1.1	产品销售外汇收入									
1.2	外汇借款									
1.3	其他外汇收入									
2	外汇运用									
2.1	建设投资中外汇支出									
2.2	进口原材料									
2.3	进口零部件									
2.4	技术转让费									
2.5	偿付外汇借款本息									
2.6	其他外汇支出									
3	外汇余缺（1-2）									

注：技术转让费是指生产期支付的技术转让费。

（七）借款还本付息计算表

借款还本付息计算表是反映项目借款偿还期内借款支用、还本付息和可用于偿还借款的资金来源情况，用以计算借款偿还期指标，进行清偿能力分析的一种报表。按现行财务制度规定，归还建设投资借款的资金来源主要是项目投产后的折旧、摊销费和未分配利润等。

借款还本付息计算表包括借款及还本付息、偿还借款本金的资金来源两大部分。在借款尚未还清的年份，当年偿还本金的资金来源等于本年还本的数额；在借款还清的年份，当年偿还本金的资金来源等于或大于本年还本的数额。借款还本付息计算表如表6-10所示。

表6-10　借款还本付息计算表　单位：万元

序号	项目＼年份	建设期		投产期		达到设计能力生产期			
		1	2	3	4	5	6	…	n
1	借款及还本付息								
1.1	年初欠款本息累计{长、流}								
1.2	本年借款{长、流}								
1.3	本年付利息{长、流}								
1.4	本年还本{长、流}								
2	偿还借款本金的资金来源								
2.1	利润								
2.2	折旧与摊销								
2.3	自有资金								
2.4	资产回收								
2.5	其他资金合计								

需要注意的是，贷款利息如果按实际提款、还款日期计算将十分繁杂，一般可做如下简化：长期借款当年贷款按半年计息，当年归还的贷款计全年利息。计息公式如下：

$$\begin{matrix}\text{建设期年利息额}\\(\text{纯借款期})\end{matrix}=\left(\text{年初借款累计}+\frac{\text{本年借款额}}{2}\right)\times\text{年利率}$$

$$\begin{matrix}\text{生产期年利息额}\\(\text{还款期})\end{matrix}=\text{年初借款累计}\times\text{年利率}$$

流动资金借款及其他短期借款当年均计全年利息。

六、财务分析

财务分析包括财务盈利性分析、清偿能力分析、创汇节汇能力分析和不确定性分析几部分内容。

（一）财务盈利性分析

1. 投资利润率

投资利润率是建设项目投产后，在营运正常年获得的年净收益与项目总投资之比。计算公式为：

$$E=\frac{R}{C_0} \tag{6-12}$$

式中：E 为投资利润率；

C_0 为建设项目的总投资；

R 为年净收益（等于运营正常年现金流入-现金流出）。

2. 投资利税率

投资利税率是指建设项目投产后，在运营正常年获得的年净收益及当年税金之和与项目总投资之比。计算公式为：

$$K = \frac{R + X}{C_0} \tag{6-13}$$

式中：X 为年税金。

3. 财务净现值（NPV）和净现值率（$NPVR$）

净现值是将项目寿命期内每年发生的净现金流量按一定的折现率折现到同一时点的现值累加值。表达式为：

$$NPV = \sum_{t=1}^{n} (CI - CO)_t (1 + i)^{-t} \tag{6-14}$$

评价标准：$NPV \geqslant 0$ 时，项目可以接受；

$NPV < 0$ 时，项目应予以拒绝。

式中：$(CI - CO)_t$ 为建设项目第 t 年的净现金流量；

n 为计算期；

i 为贴现率。

$$NPVR = \frac{NPV}{K_P} \tag{6-15}$$

式中：K_P 为投资（包括固定资产投资和流动资金投资）的现值。

4. 静、动态投资回收期（T_P、T_P^*）

静态投资回收期的计算公式为：

$$T_p = \text{累计净现金流量开始出现正值的年份数} - 1 + \frac{\text{上年累计净现金流量绝对值}}{\text{当年净现金流量}} \tag{6-16}$$

动态投资回收期的计算公式为：

$$T_p^* = \frac{\text{累计净现金流量折现值}}{\text{开始出现正值的年份数}} - 1 + \frac{\text{上年累计净现金流量折现值的绝对值}}{\text{当年净现金流量折现值}} \tag{6-17}$$

评价标准：当 $T_p \leqslant T_b$ 或 $T_P^* \leqslant T_b$ 时，应认为项目在财务上是可以考虑接受的。T_b 为基准回收期。

5. 财务内部收益率（IRR）

内部收益率是使方案寿命期内各年净现金流量现值之和为零时的折现率。计算公式为：

$$NPV(IRR) = \sum_{t=1}^{n} (CI - CO)_t (1 + IRR)^{-t} = 0 \tag{6-18}$$

判别标准：$IRR \geqslant i_0$ 时，项目在经济效果上可以接受；

$IRR < i_0$ 时，项目在经济效果上应予以拒绝。

（二）清偿能力分析

1. 资产负债率

资产负债率是反映建设项目债权人各年所面临的财务风险程度以及建设项目偿债能力的指标。计算公式为：

$$资产负债率=\frac{负债总额}{资产总额}\times100\% \tag{6-19}$$

资产负债率越小，说明该项目中负债数额越小，债权人的财务风险越小，建设项目的清偿债务能力越强。但如果过小，也说明该项目利用财务杠杆的能力较差。

2. 流动比率

流动比率是反映建设项目用每年的流动资产清偿流动负债的能力。计算公式为：

$$流动比率=\frac{流动资产}{流动负债}\times100\% \tag{6-20}$$

流动比率反映项目在短期内（通常指 1 年）偿还债务的能力。该比率越高，则偿还短期负债的能力越强。

3. 速动比率

$$速动比率=\frac{速动资产总额}{流动负债总额}\times100\% \tag{6-21}$$

速动比率反映企业在很短的时间内偿还短期负债的能力。速动资产指流动资产中变现最快的部分，通常以流动资产总额减去存货后的余额计算。速动比率越高，则在很短的时间内偿还短期负债的能力越强。

4. 贷款偿还期

贷款偿还期是指在国家财政规定和建设项目具体财务条件下，以项目投产后可用于还款的资金偿还固定资产贷款本金和建设期利息所用的时间。计算公式为：

$$贷款偿还期=偿清债务年份数-1+\frac{偿清债务当年应付本息}{当年可用于偿债的资金} \tag{6-22}$$

（三）创汇、节汇能力分析

创汇、节汇项目应进行外汇效果分析，计算财务外汇现值、换汇成本及节汇成本等。

1. 财务外汇净现值（*NPVF*）

NPVF 指标可以通过外汇平衡表求得，计算公式如下：

$$NPVF=\sum_{t=1}^{n}(FI-FO)_t(1+i)^{-t} \tag{6-23}$$

式中：FI 为外汇流入量；

FO 为外汇流出量；

$(FI-FO)_t$ 为第 t 年的净外汇流量；

i 为折现率，一般可取外汇贷款利率；

n 为计算期。

当项目有产品替代进口时，可按净外汇效果计算外汇净现值。

2. 财务换汇成本及财务节汇成本

财务换汇成本是指换取1美元外汇所需要的人民币金额，以项目计算期内生产出口产品所投入的国内资源的现值与出口产品的外汇净现值之比表示，其计算公式为：

$$财务换汇成本=\frac{\sum_{t=1}^{n}DR_t(1+i)^{-t}}{\sum_{t=1}^{n}(FI-FO)_t(1+i)^{-t}} \tag{6-24}$$

式中：DR_t 为第 t 年生产出口产品投入的国内资源（包括投资、原材料、工资及其他投入）。

当项目产品内销属于替代进口时，也应计算财务节汇成本，即节约1美元外汇所需要的人民币金额。它等于项目计算期内生产替代进口产品所投入的国内资源现值与生产替代进口产品的外汇净现值之比。

（四）不确定性分析

盈亏平衡分析一般只用于财务评价，敏感性分析和概率分析既可用于财务评价，又可用于国民经济评价。

1. 盈亏平衡分析

盈亏平衡点（BEP）通常根据正常生产年份的产品产量和销售量、变动成本、固定成本、产品价格或销售税金等数据的计算，用生产能力利用率或产量表示，其计算公式分别为：

$$BEP(生产能力利用率)=\frac{年固定成本}{年产品销售收入-年变动总成本-年销售税金}\times 100\% \tag{6-25}$$

$$BEP(产量)=\frac{年固定成本}{单位产品价格-单位产品变动成本-单位产品销售税金}\times 100\% \tag{6-26}$$

如果项目有技术转让费、营业外净支出及资源税等，均应从分母中扣除。BEP 值越小，表明项目适应市场变化的能力越大，抗风险能力越强。

2. 敏感性分析

敏感性分析的变化因素主要有产品产量、产品价格、主要原材料和动力价格、其他变动成本、投资、建设工期、汇率等，既可以做单因素敏感性分析，也可以做多因素敏感性分析。主要分析上述因素对内部收益率的影响，必要时可分析对静态投资回收期、借款偿还期和净现值等的影响。

敏感性分析包括变幅分析和极限分析两种。前者表示其因素按一定比例变化引起评价指标变化的幅度的分析；后者表示评价指标达到临界点时允许某因素变化的最大幅度，即变化极限。

第四节 改扩建与技术改造项目的财务评价

随着我国固定资产积累的不断增加和科学技术的进步，对已经形成的固定资产进行更新和技术改造逐步成为发展社会生产力的又一种主要方式。从体制上划分，基本建设项目与技术改造项目归不同部门管理，但项目评价方法是完全相同的。改扩建与技术改造项目都是在老企业现有基础上进行的，不可避免地要与老企业发生各种联系，从而在经济计算和评价上更加复杂和困难。

一、 改扩建与技术改造项目的特点

改扩建和技术改造项目具有一般的新建项目的共同特征，但也有一定的区别，主要表现为：①项目是既有企业的有机组成部分，同时项目的活动与企业的活动在一定程度上是有区别的；②项目的融资主体是既有企业，项目的还款主体还是既有企业；③项目一般要利用既有企业的部分或全部资产与资源，且不发生资产与资源的产权转移；④建设期内既有企业生产与项目建设一般同时进行。

改扩建与技术改造项目的工作对象是原有项目，而不是或不完全是从无到有。与新建项目比较，它有以下主要特点。

（1）与企业原有项目密切相关，改扩建与技术改造项目在设备、资产、人员、生产成本、经营管理等各方面与原有项目相关。项目不同，相关的密切程度也有所不同。例如，新增投资（包括固定资产投资和流动资金）、新增资产（包括固定资产、流动资产、递延资产）一般要与原有投资、原有资产相结合才会发挥作用，以增量带动存量，以较小投入取得较大的新增效益。

（2）改扩建项目与技术改造项目的主要着眼点应是增量投资的经济效果。改扩建项目与技术改造项目是在已有厂房、设备、人员、技术的基础上，进行追加投资（增量投资）、追加经营费用（增量经营费用），从而获得增量效益。

（3）改扩建项目产生的收益、费用难以从企业原有基础产生的费用和收益中分离，项目效果评价更加复杂和困难。

（4）改扩建项目与技术改造项目的清偿能力不仅与项目本身的清偿能力有关，而且与原企业的财务状况有关。

二、 改扩建与技术改造项目财务评价的方法

改建、扩建和技术改造项目是在企业原有基础上建设的，这和新建项目是不同的。对于新建项目来说，所发生的费用、收益都可归于项目；而改扩建和技术改造项目的费用和收益既涉及新投资部分，又涉及原有基础部分，从而给评价项目的效果带来新的问题。

改扩建和技术改造项目效果评价方法总的原则是：考察项目在建设与不建设两种情况下费用和收益的差别，这种差别就是项目引起的，也就是其效果所在。其评价方法有两种：总量分析法和增量分析法。

（一）总量分析法

不进行改扩建或技术改造与进行改扩建或技术改造实质上是两个互斥的方案。所谓总量分析法，就是首先要分别计算各方案的绝对效果，如 NPV 指标，得到 $NPV_{无}$ 和 $NPV_{有}$ 两

个总量指标，然后根据互斥方案比较的原则进行比较，从而得出结论。下面结合案例详细介绍总量分析法。

【例 6-2】 某项目现有固定资产 1 000 万元，流动资产 200 万元，若进行技术改造，需新增投 300 万元，原有固定资产不能被全部利用，未利用部分变卖后得到净收入 50 万元，当年改造当年可利用。假定改造与不改造项目每年的收支情况如表 6-11 所示，两个方案寿命期均为 10 年，基准折现率为 10%。该项目是否应进行技术改造？

表 6-11 改造与否的收支预期

项目	不进行技术改造			进行技术改造		
	0 年	1~10 年	10 年	0 年	1~10 年	10 年
销售收入		1 000			1 300	
经营成本		850			1 100	
资产残值回收			400	50		500
新增投资				300		

根据项目条件及表 6-11 中的数据，可以绘制两种现金流量图，如图 6-3（a）、图 6-3（b）和图 6-4（a）、图 6-4（b）所示，其中，(a) 图为不进行技术改造的现金流量图，(b) 图为进行技术改造的现金流量图。

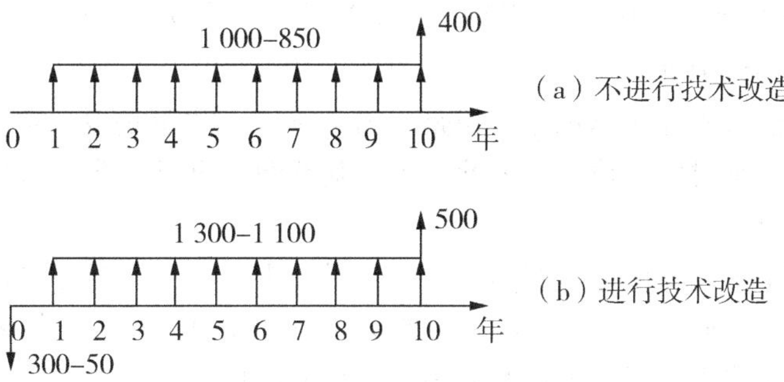

图 6-3 不计算原有资产的现金流量图

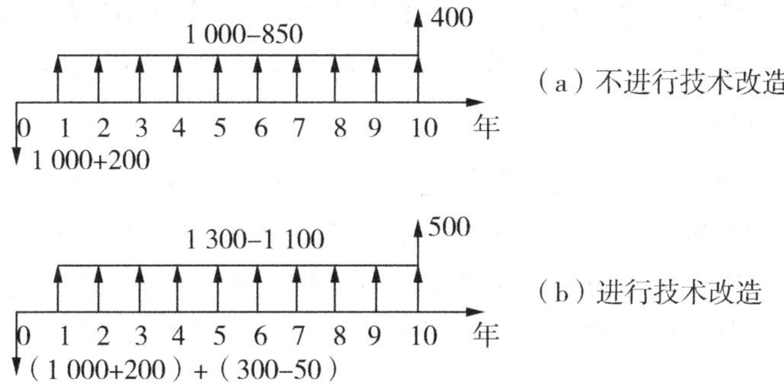

图 6-4 计算原有资产的现金流量图

解：根据图 6-3（a）和图 6-3（b）可以分别计算出无项目和有项目的 NPV：

$$NPV_{无} = (1\,000 - 850) \times (P/A,\ 10\%,\ 10) + 400 \times (P/F,\ 10\%,\ 10)$$
$$=1\,075.8(万元)$$
$$NPV_{有} = -250 + (1\,300 - 1\,100) \times (P/A,\ 10\%,\ 10) + 500 \times (P/F,\ 10\%,\ 10)$$
$$=1\,171.55(万元)$$

如果按此结果进行决策，由于 $NPV_{有} > NPV_{无} > 0$，因此应该进行改造。

从图 6-3（a）、图 6-3（b）和图 6-4（a）、图 6-4（b）中可以看出，两种现金流量图的不同之处在于原有资产是否被当作投入处理。从方案比较的角度来看，如果要在两个互斥方案中选出一个较好的项目，则省略方案间相同的现金流量并不影响方案的优劣。出现这种情况的原因是，分析者认为原有资产已经存在，不是新投资，因此不必当作现金流出；但是，项目改造是在原有基础上进行的，原有资产具有价值，若不使用这笔资产，资产拥有者可以将其出让而获得相当于资产价值的收入；图 6-3 中所示的项目没有使用该部分资产，同时该部分资产也没有被转让，这就意味着资产拥有者失去了获得这部分收入的机会，这是一种机会损失，在经济分析中应该将其视为一项支出，唯此才能完整反映项目的现金流量。因此，完整的总量分析应采用图 6-4 所示的现金流量图。

根据图 6-4 可以分别计算出无项目和有项目的 NPV：

$$NPV_{无} = 1\,200 + (1\,000 - 850) \times (P/A,\ 10\%,\ 10) + 400 \times (P/F,\ 10\%,\ 10)$$
$$= -124.2(万元)$$
$$NPV_{有} = -1\,450 + (1\,300 - 1\,100) \times (P/A,\ 10\%,\ 10) + 500 \times (P/F,\ 10\%,\ 10)$$
$$= -28.45(万元)$$

按此结论，虽然 $NPV_{有} > NPV_{无}$，但是 $NPV_{有} < 0$，也就是说，项目通过了相对效果检验，但是没有通过绝对效果检验。因此，不能就此做出应当改造的结论，有必要借助增量分析法来进行分析。

从上面的分析中可以得出这样的结论：在总量分析法下，不能将方案间相同的现金流出量省略，否则可能将原本不可行的项目判断为可行的项目；相反，如果将相同的现金流入量省略，有可能将原本可行的项目判断为不可行的项目。

总量分析法的优点在于：它不仅能够显示改扩建、技术改造项目改造与否的相对效果，而且能够显示其绝对效果。但是总量分析法只能使用价值型指标（如净现值等），而不能使用效率型指标（如内部收益率等），而且存在原有资产价值难以准确评估的缺陷。

（二）增量分析法

总量分析法虽然可以同时反映方案的绝对效果和相对效果，但是在总量分析法下，项目原有资产需要视为投资，从而需要对原有资产进行评估，而资产评估本身是一项非常复杂和困难的工作；同时，总量分析法不能直接反映增量投资所带来的增量效益，这样如果存在其他投资机会，就无法反映该部分增量投资是用于项目改造合理，还是用于其他投资机会合适。

因此，总量分析法并不是改扩建与技术改造项目财务分析的理想方法。增量分析法分析增量投资所带来的增量效益的经济合理性，这是一种更合理、更简便的方法。

1. 增量分析法的适用条件

仍然使用例 6-2 中的数据，用增量分析法可以计算出两个方案的增量净现值：

$$\Delta NPV = -(1\,450 - 1\,200) + (200 - 150) \times (P/A,\ 10\%,\ 10) + 100 \times (P/F,\ 10\%,\ 10)$$
$$= 95.75(\text{万元})$$

实际上，$\Delta NPV = NPV_{有} - NPV_{无} = -28.45 - (-124.2) = 95.75$ 万元。

如果按此结果进行决策，应该进行项目改造。但是从理论上讲，互斥方案的比较应该同时通过相对效果检验和绝对效果检验。因此，在改扩建和技术改造项目评价中，若满足下列条件之一就是完善的。

（1）不进行改扩建和技术改造方案通过总量效果评价，进行改扩建方案通过增量效果评价；

（2）进行改扩建和技术改造方案同时通过总量效果和增量效果评价。

在表 6-12 中，第 1、2、5、6 种情形的增量效果和总量效果方向一致，因此，直接根据增量效果进行决策是符合决策原则的，因此是不会发生错误的。在第 4 种情形下，尽管通过了总量效果评价，但由于不能通过增量效果评价，仍不应进行改扩建与技术改造，即根据增量效果决策不会发生错误。现在只剩下第 3 种情形，如果按增量指标进行决策应该进行改扩建与技术改造，而根据总量指标进行决策则不该进行改扩建与技术改造，这样两种方法得出的结论就是不一致的，需要进一步分析。

第 3 种情形说明了无论进行改扩建与技术改造还是不进行改扩建与技术改造，项目的经济效益都不好，均通不过绝对效果检验，但是进行改扩建与技术改造，项目的经济效益会有所提高。对于这种情况，可选择的方案有以下三种：

方案 A：不进行改扩建与技术改造，维持原项目；

方案 B：进行改扩建与技术改造；

方案 C：原有项目关闭停业。

这三个方案是互斥方案，从上面的结果来看，方案 B 优于方案 A，这样就只需要对方案 B 和方案 C 进行比较。当需要判断是否应关闭、拍卖工厂时，需要做总量评价。在实际经济生活中，项目是否关闭停业，绝大多数情况下是可以比较容易判断出来的。

表 6-12　　增量指标与总量指标的可能效果排列

序号	增量指标	总量指标		根据增量指标做出的决策
		不改扩建与技术改造	改扩建与技术改造	
1	$\Delta NPV>0$	$NPV_{无}>0$	$NPV_{有}>0$	进行改扩建与技术改造项目
2	$\Delta NPV>0$	$NPV_{无}<0$	$NPV_{有}>0$	进行改扩建与技术改造项目
3	$\Delta NPV>0$	$NPV_{无}<0$	$NPV_{有}<0$	进行改扩建与技术改造项目
4	$\Delta NPV<0$	$NPV_{无}>0$	$NPV_{有}>0$	不进行改扩建与技术改造项目
5	$\Delta NPV<0$	$NPV_{无}>0$	$NPV_{有}<0$	不进行改扩建与技术改造项目
6	$\Delta NPV<0$	$NPV_{无}<0$	$NPV_{有}<0$	不进行改扩建与技术改造项目

从上面的分析中可以得出如下结论：在对改扩建与技术改造项目进行财务分析时，如

果项目不存在关闭停业的可能，就可以直接通过增量效果分析来进行决策和评价。只有当项目存在关闭停业的可能时，才需要同时做增量效果分析和总量效果分析。

2. 增量现金流的计算

增量现金流的计算是增量分析法的关键步骤，常见的计算项目增量现金流的方法是“前后对比法”和“有无对比法”。“前后对比法”是指实施改扩建与技术改造项目后和实施前的对比，并计算增量效益和增量费用的方法；“有无对比法”是指实施改扩建与技术改造项目和不实施改扩建与技术改造项目的对比，即通过“有项目”和“无项目”的对比计算增量效益与增量费用的方法。

我们知道，方案比较中的现金流比较必须保持时间上的一致性，即必须用同一时间段的现金流相减。前后对比法的应用隐含着若不实施项目，现金流将保持项目前后水平不变的假设，当实际情况不符合这一假设时，将产生误差。对于新建项目，无项目与有项目前没有什么区别，但对于老企业改扩建或技术改造项目，有无对比法和前后对比法可能会有很大区别。因此，对改扩建与技术改造项目增量现金流进行计算时，应采用有无对比法。前后对比法可以看成有无对比法的一种特定情况。根据无项目和有项目时企业净效益的各种具体情况，可将改扩建与技术改造项目归纳为以下六种类型，如图 6-5 所示。

图 6-5 有 6 个子图，每个子图中，A 点表示改扩建与技术改造之前（项目前）原有资产的净收益，AB 线表示进行改扩建与技术改造之后（项目后）未来的净收益，AC 线表示不进行改扩建与技术改造（无项目）时未来的净收益，H 点与 A 点等高。下面就六种类型分别分析。

（1）有项目和无项目的净效益都增长，其增量收益为有、无项目的净收益之差，如图 6-5（a）所示。例如，某农田水利工程项目的目的是改善农业灌溉条件，项目建成后预期农产量将比项目实施前增加，净收益为 AB，如无此项目，由于耕作技术的提高和种子改良等因素，每年的产量也可以增加，净收益为 AC。由于实施该项目增加的净收益为 $\triangle ABC$，如用前后对比法计算增量净收益为 $\triangle ABH$，从而多计算了增量净收益 $\triangle ACH$。

（2）有项目可以防止无项目时的收益递减，维持有项目前的净收益，如果不上项目，项目的净收益就会递减，如图 6-5（b）所示，则有项目的增量收益为 $\triangle ABC$，如果按前后对比法计算项目的增量收益为零，就会低估项目的增量收益。

（3）有项目的净收益是递增的，但如果不实施该项目，项目的收益将会递减，如图 6-5（c）所示。例如，老企业由于机械化设备老化，产量逐年下降，净收益递减，采取技术改造后，既增加了产量，又降低了成本，从而使净收益逐年增加。在这种情况下，有项目的增量收益为 $\triangle ABC$，但如果按前后对比法计算项目的增量收益为 $\triangle ABH$，则低估了增量收益 $\triangle AHC$。

（4）有项目和无项目的净收益都逐年递减，但有项目时净收益递减的速度比较慢，如图 6-5（d）所示。例如，矿山企业进入深部开采时，净收益逐年降低，增加投资进行技术改造后，就可以延缓净收益下降的速度。在这种情况下，由于实施项目而实现的增量收益为 $\triangle ABC$，但如果用前后对比法计算增量收益，就可以发现进行技术改造还不如不进行技术改造，即增量损失为 $\triangle AHB$，这样就低估了项目的增量收益。

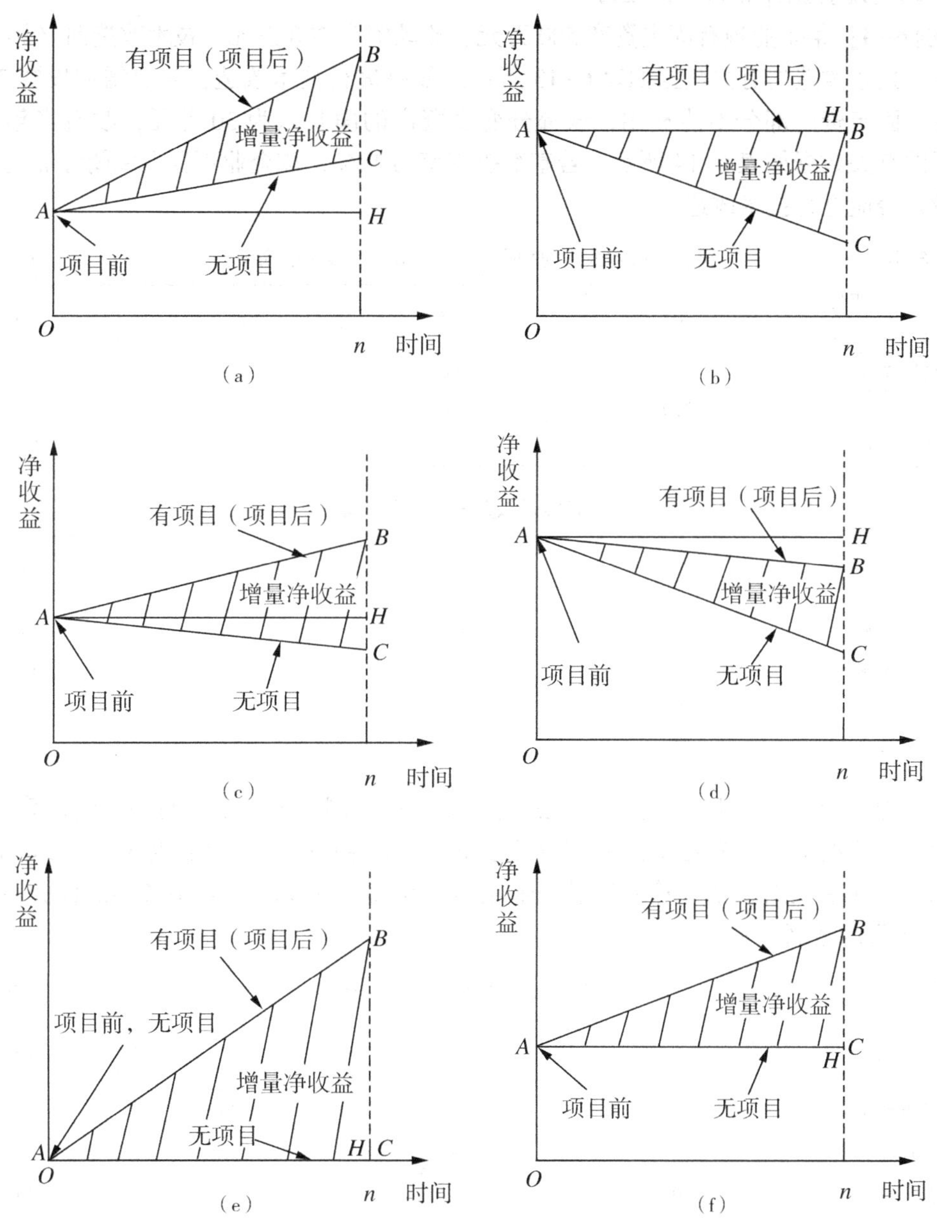

图 6-5　有无对比法和前后对比法的比较

（5）无项目的净收益为零，有项目的增量净收益就是项目本身的净收益，如图 6-5（e）所示。新建项目都属于这一类项目。此时用有无对比法和前后对比法计算的增量收益是一致的。

（6）无项目的净收益保持不变，有项目的净收益是递增的，如图 6-5（f）所示。在这种情况下，用有无对比法和前后对比法计算的增量收益是一致的，增量收益为△*ABC*。

3. 增量现金流计算的实例应用

【例 6-3】某企业现有固定资产 500 万元、流动资产 200 万元，技术改造前（第 0 年）和不进行技术改造的有关数据如表 6-13 所示。如果进行技术改造，需要增加投资 250 万元，原有固定资产部分不能利用，该部分变卖资产的净收入为 30 万元，改造当年生效，改造后的有关数据如表 6-14 所示。若基准折现率为 12%，该企业不存在关闭停业的可能，该企业是否应进行技术改造？

表 6-13　某企业技术改造前和不进行技术改造的现金流量表　单位：万元

项目＼年份	0	1~5	6~9	10
销售收入	450	440	430	430
经营成本	310	330	340	340
资产残值				150

表 6-14　某企业技术改造后的现金流量表　单位：万元

项目＼年份	0	1~5	6~9	10
销售收入		500	490	490
经营成本		340	345	345
资产残值	30			190
新增投资	250			

解：为比较有无对比法和前后对比法计算结果的不同，本例采用两种方法计算。用前后对比法计算的增量现金流如表 6-15（用表 6-14 中各年的数据减去表 6-13 第 0 年的数据）所示，用有无对比法计算的增量现金流如表 6-16（用表 6-14 中各年的数据减表 6-13 对应年份的数据）所示。

表 6-15　用前后对比法计算的增量现金流　单位：万元

项目＼年份	0	1~5	6~9	10
销售收入		50	40	40
经营成本		30	35	35
资产残值	0			40
新增投资	220			

表 6-16　用有无对比法计算的增量现金流　单位：万元

项目＼年份	0	1~5	6~9	10
销售收入		60	60	60
经营成本		10	5	5
资产残值				40
新增投资	220			

根据表6-15中的数据，$\Delta NPV=-124.8$，由此得出的结论是不进行技术改造。根据表6-16中的数据，$\Delta NPV=85.6$，应该进行技术改造。由此可见，对于本例用前后对比法计算增量收益，会低估技术改造项目的增量收益，这是因为如果不进行技术改造，企业的生产能力会下降：一方面，销售收入会降低，不可能维持上项目前（第0年）的收益能力；另一方面，生产成本会增加。进行技术改造后项目的收益能力将会增加，同时又减缓了生产成本的增加，项目的增量收益是非常好的。

由本例可以看出，增量分析法中计算项目增量现金流时若采用前后对比法有时会造成增量净收差计算结果出现严重偏差，导致错误的决策后果。因此对于改扩建与技术改造项目应该采取有无对比法计算项目的增量现金流和增量净收益，唯此才能做出正确的分析与决策。

另外，与总量分析法相比，增量分析法不仅能够直接反映增量投资所带来的增量效益，使评价结果更加科学合理，而且可以回避总量分析法中涉及的原有资产估价困难的缺陷。

三、 改扩建与技术改造项目财务评价的步骤与内容

1. 确定财务评价范围

一般来说，拟建项目是在企业现有基础上进行的，涉及范围既可能是企业整体改造，也可能是部分改建，或扩建、新建项目。因此，应科学划分和界定效益与费用的计算范围。如果拟建项目建成后能够独立经营，形成相对独立的核算单位，项目所涉及的范围就是财务评价的对象；如果项目投产后的生产经营与现有企业无法分开，也不能单独计算项目发生的效益与费用，应将整个企业作为项目的财务评价的对象。

2. 选取财务评价数据

采用有无对比法进行增量分析，主要涉及下列三种数据：①“有项目”数据。是预测项目实施后各年的效益与费用状况的数据；②“无项目”数据。是预测在不实施该项目的情况下，原企业各年的效益与费用状况的数据；③“增量”数据。是指“有项目”数据减“无项目”数据的差额，用于增量分析。

进行“有项目”与“无项目”对比时，效益与费用的计算范围、计算期应保持一致，以具有可比性。为使计算期保持一致，应以“有项目”的计算期为基准，对“无项目”的计算期进行调整。

3. 编制财务评价报表

改扩建和技术改造项目的财务评价应按增量效益与增量费用的数据编制项目的增量财务现金流量表、资本金增量财务现金流量表；以“有项目”的效益与费用数据，编制项目利润和利润分配表、财务计划现金流量表、借款还本付息计划表等。各种报表的编制原理和科目设置与新建项目的财务报表基本相同，不同之处是表中的有关数据的计算口径有所区别。

4. 盈利能力分析

在进行既有企业改扩建和技改项目的盈利能力分析时，要将“有项目”的现金流量减去“无项目”的现金流量，依“增量”现金流量判别项目的盈利能力。

5. 偿债能力分析

从法律上讲，改扩建和技改项目是由既有企业出面向银行借款，还款的主体也是既有企业，因此也就只应考虑既有企业的偿债能力。然而，既有企业借款是为了项目，不管项目将来是否独立核算，都应当考察项目本身的还款能力。因此，改扩建和技改项目的偿债能力分析应进行两个层次的分析：①项目层次的偿债能力分析，编制借款还本付息计划表并分析拟建项目“有项目”时的收益偿还新增债务的能力，计算利息备付率和偿债备付率。考察还款资金来源（折旧、摊销、利润）是否能按期足额偿还借款利息和本金。②企业层次的借款还款能力分析，项目决策人（既有企业）要根据企业的经营与债务情况，在计入项目借贷及还款计划后，分析既有企业总体的偿债能力。

当项目范围与企业范围一致时（整体改扩建），“有项目”数据与报表都与企业一致，可直接利用企业财务报表进行借款偿还计算、资金平衡分析和资金负债分析。

在项目范围与企业范围不一致时（局部改扩建），偿债能力分析就有可能出现项目和企业两个层次。

6. 生存能力分析

改扩建和技改项目只进行“有项目”状态的生存能力分析，分析的内容同一般项目。

第五节 项目的国民经济评价

财务评价是从投资项目或企业角度对项目进行的经济分析。与财务分析对应的是从国家和社会的角度进行经济分析。为了在全国范围内合理分配资源，项目的取舍还应当考虑国民经济分析的结果。

国家发改委、住建部发布规定，对于费用和效益计算比较简单，建设期、生产期比较短，不涉及进出口平衡等一般项目，如果财务评价的结果能满足最终决策的需要，可以只进行财务评价，不进行国民经济评价。对于关系公共利益、国家安全和市场不能有效配置资源的经济和社会发展项目，除应进行财务评价外，还应进行国民经济评价。对于特别重大的建设项目尚应辅以区域经济与宏观经济影响分析方法进行国民经济评价。

建设项目的经济评价，对于财务评价结论和国民经济评价结论都可行的建设项目，可予以通过；反之应予以否定。对于国民经济评价结论不可行的项目，一般应予以否定；对于关系公共利益、国家安全和市场不能有效配置资源的经济和社会发展的项目，如果国民经济评价结论可行，但财务评价结论不可行，应重新考虑方案，必要时可提出经济优惠措施的建议，使项目具有财务生存能力。

一、 国民经济评价的概念

国民经济评价是指在合理配置社会资源的前提下，从国家整体利益的角度出发，计算项目对国民经济的贡献，分析项目的经济效率、效果和对社会的影响，评价项目在宏观上的合理性。

国民经济评价实质上是一个以整个国家为系统，以国民经济净收益为目标函数，以国家有用资源的合理利用为约束条件的最优化问题。在国民经济评价中，不仅要计算项目的直接效益和费用，而且要计算项目的间接效益和费用。项目的转移支付必须从项目的效益和费用中扣除。

二、 国民经济评价的作用

（一）国民经济评价是宏观上合理配置国家有限资源的需要

国家的资源（包括资金、外汇、土地、劳动力以及其他自然资源）总是有限的，必须在资源的各种相互竞争的用途中做出选择。而这种选择必须借助国民经济评价，从国家整体的角度来考虑。

国民经济评价就是评价项目从国民经济中所吸取的投入与向国民经济提供的产出对国民经济这个大系统的经济目标的影响，从而选择对大系统目标优化最有利的项目或方案。

财务评价是一种微观评价，重点考察项目本身的财务盈利性和资金运行状况；国民经济评价是一种宏观评价，将项目置于国民经济整体中来考察其对经济整体的贡献，只有多数项目的建设符合整个国民经济发展的需要，才能在充分合理利用有限资源的前提下，使国家获得最大的净效益。

（二）国民经济评价是真实反映项目对国民经济净贡献的需要

在许多国家，特别是发展中国家，不少商品的价格不能反映价值，也不能反映供求关系。在这种商品价格严重“失真”的条件下，按现行价格计算项目的投入和产出，不能确切地反映项目建设给国民经济带来的效益与费用支出。因此，必须运用能反映资源真实价值的影子价格，借以计算建设项目的费用、效益，以得出该项目的建设是否对国民经济总目标有利的结论。

财务评价只考虑了直接效益和直接费用，而没有考虑项目的外部性，即该项目产生的间接效益和间接费用。所以，财务分析不能保证全面反映项目的经济效果。国民经济评价不但考察了项目的直接效益和直接费用，而且考察了项目的外部经济或外部不经济所带来的间接效益或间接费用。可见只有进行国民经济评价，才能保证比较全面地反映项目的经济效果。

（三）国民经济评价是投资决策科学化的需要

国民经济评价的作用，主要体现在以下三个方面：①有利于引导投资方向。运用影子价格、影子汇率等参数，可以起到鼓励或抑制某些行业或项目发展的作用，促进国家资源的合理分配；②有利于控制投资规模。当投资规模膨胀时，可以适当提高社会折现率，控制一些项目的通过；③有利于提高计划质量。项目是计划的基础。有了足够数量的、经过充分论证和科学评价的备选项目，才便于各级计划部门从宏观经济角度对项目进行排队和取舍。

三、 国民经济评价与财务评价的区别

建设项目一般应同时进行财务评价和国民经济评价。两者之间是有区别的，主要表现在如下几个方面。

（一）评价的角度不同

财务评价从企业财务角度考察货币收支和盈利状况及借、还款能力，以确定投资行为的财务可行性。国民经济评价是从国家整体的角度考察项目需要国家付出的代价和对国家的贡献，即项目的国民经济净贡献，确定投资行为的宏观可行性。

（二）效益与费用的含义及划分范围不同

财务评价根据项目的实际收支确定项目的效益和费用，凡是项目的货币收入都被视为效益，凡是项目的货币支出都被视为费用，如税金、利息均被计为费用。国民经济评价着眼于项目对社会提供的有用产品和服务，来考察项目的效益，着眼于项目所消耗的全社会有用资源来考察项目的费用，如税金、国内贷款利息和财政补贴等作为国民经济内部的转移支付。财务评价只计算项目直接发生的效益和费用，而国民经济评价对项目引起的外部效果，即间接效益和间接费用也要进行分析和计算。

（三）评价采用的价格不同

财务评价要确定投资在财务上的现实可行性，因而对投入物和产出物均采用现行市场价格。国民经济评价采用影子价格计量项目的各项费用和效益，影子价格是根据机会成本和供求关系确定的。

（四）主要参数不同

财务评价中采用的汇率是官方汇率，折现率是因行业而异的基准收益率。国民经济评价则分别采用影子汇率和社会折现率。国民经济评价中采用的社会折现率、影子汇率换算系数和政府投资项目财务评价中使用的财务基准收益率，由国家发展和改革委员会与住建部组织测定、发布并定期调整。

四、 国民经济评价的步骤

国民经济评价可以在财务评价基础上进行，也可以直接进行。

在财务评价基础上进行国民经济评价的步骤是：

（1）对基础数据项进行调整，包括基础数据项的剔除与补充，如剔除财务评价中已计算为收益或费用的转移支付，以及增加财务评价中未反映的间接收益和间接费用等；

（2）调整价格体系，用影子价格、影子工资、影子汇率和土地影子费用等代替财务价格及费用，对销售收入、固定资产投资、流动资金、经营成本等进行调整；

（3）编制有关报表，计算项目的国民经济评价指标。

直接进行国民经济评价的步骤是：

（1）识别和计算项目的直接收益与费用、间接收益与费用；

（2）价格体系调整，以货物影子价格、影子工资、影子汇率和土地影子费用等计算项目固定资产投资、流动资金、经营费用、销售收入；

（3）编制有关报表，计算项目国民经济评价指标。

五、 国民经济评价的效益与费用构成

分析建设项目经济合理性的基本途径是将建设项目的效益与费用进行比较，进而计算其对国民经济的净贡献。因此，正确识别效益与费用，是保证国民经济评价正确性的重要条件。

识别效益与费用的基本原则是：凡项目对国民经济所做的贡献，均计为项目的效益；凡国民经济为项目付出的代价，均计为项目的费用。在考察项目的效益与费用时，应遵循效益和费用计算范围相对应的原则。效益和费用可分为直接效益与直接费用、间接效益与间接费用。

（一）直接效益与直接费用

1. 直接效益

项目的直接效益是指由项目本身产生的、由其产出物提供的、用影子价格计算的产出物的经济价值。项目直接效益的确定，分为以下两种情况。

（1）如果项目的产出物用以增加国内市场的供应量，其效益就是所满足的国内需求，也就等于消费者支付意愿。

（2）如果国内市场的供应量不变：①若项目产出物增加了出口量，其效益为所获得的外汇；②若项目产出物减少了总进口量，即替代了进口货物，其效益为节约的外汇；③若项目产出物替代了原有项目的生产，致使后者减产或停产，其效益为原有项目减产或停产向社会释放的资源，其价值也就等于这些资源的支付意愿。

2. 直接费用

项目的直接费用主要指国民经济为满足项目投入的需要而付出的代价。包括为满足固定资产投资、流动资金及经济性投入等的需要而付出的代价。这些投入物用影子价格计算的经济价值就是项目的直接费用。项目直接费用的确定，也分为两种情况。

（1）如果拟建项目的投入物来自国内供应量的增加，即增加国内生产来满足拟建项目的需求，其费用就是增加国内生产量所消耗的资源价值。

（2）如果国内总供应量不变：①若项目投入物来自国外，即以增加进口来满足项目需求，其费用就是所花费的外汇；②若项目的投入物本来可以出口，为满足项目需求减少了出口量，其费用就是减少的外汇收入；③若项目的投入物本来用于其他项目，由于改用于拟建项目将减少对其他项目的供应，其费用为减少的其他项目的效益。

（二）间接效益与间接费用

项目的效益和费用不仅体现在它的直接投入和产出中，而且会在国民经济相邻部门及社会中反映出来，这就是项目的间接效益和间接费用，也可统称之为外部效果。

间接效益又称外部效益，是指项目对社会做出了贡献，而项目本身并未获得收益的那部分效益。如在建设一个钢铁厂的同时，又修建了一套厂外运输系统，它除为钢铁厂服务

外，还使当地的工农业生产和人民生活得益，这部分效益就是钢铁厂的间接效益。

间接费用又称外部费用，是指国民经济为项目付出了代价，而项目本身并不实际支付的费用。例如工业项目产生的废水、废气和废渣引起的环境污染及对生态平衡造成的破坏，项目并不支出任何费用，而国民经济付出了代价。

间接效益和间接费用通常较难计量，为了减少计量上的困难，应力求明确项目的范围。一般情况下可扩大项目的范围，特别是一些相互关联的项目可合并在一起进行评价，这样可使间接费用和效益转化为直接费用和效益；另外，在确定投入物和产出物的影子价格时，这一价格已在一定范围内考虑了外部效果，用影子价格计算的费用和效益在很大程度上使外部效果在项目内部得到了体现。扩大项目范围和调整价格两步工作，实际上已将很多外部效果内部化了。因此，在国民经济评价中，既要考虑项目的外部效果，又要防止外部效果扩大化。对一些不能量化的外部费用和效益，可以在结论中给予定性说明。

（三）转移支付

在识别效益与费用范围的过程中，将会遇到税金、国内借款利息和补贴等因素的处理问题。在财务评价中，这些都是实际的收入或支出，但是从国民经济的角度看，企业向国家缴纳税金、向国内银行支付利息，或企业从国家得到某种形式的补贴等，都未造成资源的实际耗费或增加。因此，在国民经济评价中，这些因素不能作为项目的效益或费用，只是国民经济内部各部门之间的转移支付。

1. 税金

税收包括营业税、增值税、资源税、关税等。税金对拟建项目来说是一项支出，从国家财政来说是一项收入。这是企业与国家之间的一项资金转移。税金不是项目使用资源的代价，所以财政性的税金都不能算作社会成本。

2. 补贴

补贴包括出口补贴、价格补贴等。补贴是国家从国民收入中将一部分资金转给了企业，虽然增加了拟建项目的财务收益，但是并没有为社会提供等值的资源。因此，国家以各种形式给予的补贴，都不能算是社会收益。

3. 折旧

会计上的折旧基金是从收入里提出的一部分，只是换个名称留在账上，和实际资源的消耗无关。因此，固定资产在会计上提取的折旧，不能作为社会成本。

4. 国内外贷款及其还本付息

国内贷款及其还本付息是企业与银行之间的一种资金转移，并不涉及资源的数量变化，因此不能作为社会成本。至于国外贷款及其还本付息的处理，与国外贷款的条件及国民经济分析的目的有关。当考察国内投资的国民经济效益时，国外贷款意味着国外资源流入国内，因而应将国外贷款视作收益项，但还本付息意味着国内资金流入国外，因而应视作费用项。当评价包括国外贷款在内的全部投资的国民经济效益时，国外贷款及其还本付息既不作为收益，也不作为费用，而是作为直接转移支付项目。

六、 国民经济评价的参数

（一）影子价格

影子价格的概念是20世纪30年代末、40年代初由荷兰数理经济学、计量经济学创造人之一詹思·丁伯根和苏联数学家、经济学家、诺贝尔经济学奖获得者康托罗维奇分别提出来的。

影子价格是指在社会经济处于某种最优状态时，能够反映社会劳动的消耗、资源稀缺程度和对最终产品需求情况的价格。也就是说，影子价格是人为确定的、比市场交换价格更为合理的价格。这种合理性体现在影子价格能更好地反映产品的价值、反映市场供求状况、反映资源稀缺程度，能使资源配置向优化的方向发展。

影子价格反映在项目的产出上是一种消费者“支付意愿”，消费者愿意支付的价格，只有在供求完全均等时，市场价格才代表愿付价格。影子价格反映在项目的投入上是资源不投入该项目，而投在其他经济活动中所能带来的效益，也就是项目的投入，是以放弃了本来可以得到的效益为代价的，西方经济学家称为“机会成本”。

影子价格完全是一种理想状态下的价格，在实际经济生活中，不存在一个完全自由的市场，所以确定产品的影子价格也相当困难。理论上影子价格可以通过线性规划的对偶问题求解，但因为受各种条件限制很难计算。在实际应用中，只能根据一定的假设条件，取一个尽量接近影子价格的价格来代替影子价格。

（二）社会折现率

社会折现率是社会对资金时间价值的估量，是投资项目的资金应达到的按复利计算的最低收益水平，即从国家角度要求投资项目所应达到的收益率标准。它是国民经济评价中的通用参数，在国民经济评价中可以用作计算净现值的折现率，并作为经济内部收益率的基准值。经济净现值和经济内部收益率是衡量国民经济盈利能力的主要指标。经济净现值是按照指定的社会折现率，将投资项目寿命期内各年的净效益流量折算到基准年的现值之和，一般情况下，投资项目的经济净现值大于或等于零时，是可以接受的。经济内部收益率是指在投资项目的寿命期内，当逐年累计的净效益流量的现值等于零时的折现率，是反映投资项目的国民经济净效益（净贡献）的重要评价指标。所以，社会折现率是国民经济评价中一个不可缺少的重要参数。

（三）影子汇率

影子汇率是指单位外汇折合成国内价格的实际经济价值，也可称之为外汇的影子价格。影子汇率是一个重要经济参数，应由国家适时公布。

（四）影子工资

影子工资是指某一建设项目使用劳动力，国家和社会为此而付出的代价。它实际上是劳动力作为特殊投入物的影子价格。影子工资一般由两部分组成：一是劳动力的机会成本，即项目因为使用劳动力而放弃的该劳动力在原有岗位上可以取得的净效益；二是劳动力因转移而增加的社会资源消耗，如交通运输费用、城市管理费用等。

七、 国民经济评价报表体系

国民经济评价报表体系包括国民经济效益分析基本报表和辅助报表。国民经济效益分析基本报表包括国民经济效益费用流量表（全部投资见表6-17、国内投资见表6-18）和经济外汇流量表（见表6-19）。除基本报表外，还有一些辅助报表，包括出口产品国内资源流量表、投资调整计算表、销售收入调整计算表、经营费用调整计算表。

表6-17　　国民经济效益费用流量表（全部投资）　　单位：

序号	年份 项目	建设期		投产期		达到设计能力生产期				合计
		1	2	3	4	5	6	…	n	
	生产负荷/%									
1	效益流量									
1.1	产品销售（营业）收入									
1.2	回收固定资产余值									
1.3	回收流动资金									
1.4	项目间接效益									
2	费用流量									
2.1	建设投资									
2.2	流动资金									
2.3	经营费用									
2.4	项目间接费用									
3	净效益流量（1-2）									

计算指标：1. 经济内部收益率；2. 经济净现值

表6-18　　国民经济效益费用流量表（国内投资）　　单位：

序号	年份 项目	建设期		投产期		达到设计能力生产期				合计
		1	2	3	4	5	6	…	n	
	生产负荷/%									
1	效益流量									
1.1	产品销售（营业）收入									
1.2	回收固定资产余值									
1.3	回收流动资金									
1.4	项目间接效益									
2	费用流量									
2.1	建设投资中国内资金									
2.2	流动资金中国内资金									
2.3	经营费用									

续表

序号	年份 项目	建设期		投产期		达到设计能力生产期				合计
		1	2	3	4	5	6	…	n	
2.4	流至国外的资金									
2.4.1	国外借款本金偿还									
2.4.2	国外借款利息支付									
2.4.3	其他									
2.5	项目间接费用									
3	净效益流量（1-2）									

计算指标：1. 经济内部收益率；2. 经济净现值。

表 6-19　　经济外汇流量表　　单位：

序号	年份 项目	建设期		投产期		达到设计能力生产期				合计
		1	2	3	4	5	6	…	n	
	生产负荷/%									
1	外汇流入									
1.1	产品销售外汇收入									
1.2	外汇借款									
1.3	其他外汇收入									
2	外汇流出									
2.1	建设投资中外汇支出									
2.2	进口原材料									
2.3	进口零部件									
2.4	技术转让费									
2.5	偿付外汇借款本息									
2.6	其他外汇支出									
3	净外汇流量（1-2）									
4	产品替代进口收入									
5	净外汇效果（3+4）									

计算指标：1. 经济外汇净现值；2. 经济换汇成本或经济节汇成本。

八、　国民经济评价指标

国民经济评价包括国民经济盈利能力分析和外汇效果分析，以经济内部收益率为主要评价指标，根据项目特点和实际需要，也可计算经济净现值等指标。产品出口外汇及替代进口节汇的项目，要计算经济外汇净现值、经济换汇成本和经济节汇成本等指标。此外，还可对难以量化的外部效果进行定性分析。

（一）国民经济盈利能力分析指标

1. 经济内部收益率（$EIRR$）

经济内部收益率是反映项目对国民经济净贡献的相对指标。它是项目在计算期内各年经济净效益流量的现值累计等于零时的折现率。其表达式为：

$$\sum_{t=1}^{n}(CI-CO)_t(1+EIRR)^{-t}=0 \tag{6-27}$$

式中：CI 为效益流量；

CO 为费用流量；

$(CI-CO)_t$ 为第 t 年的净效益流量；

n 为计算期。

经济内部收益率等于或大于社会折现率，表明项目对国民经济的净贡献达到或超过了要求的水平，这时应认为项目是可以考虑接受的。

2. 经济净现值（$ENPV$）

经济净现值是反映项目对国民经济的净贡献的绝对指标。它是指用社会折现率将项目计算期内各年的净效益流量折算到建设期初的现值之和。其表达式为：

$$ENPV=\sum_{t=1}^{n}(CI-CO)_t(1+i_s)^{-t} \tag{6-28}$$

式中：i_s 为社会折现率。

经济净现值等于或大于零，表示国家为拟建项目付出代价后，可以得到符合社会折现率的社会盈余，或除得到符合社会折现率的社会盈余外，还可以得到以现值计算的超额社会盈余。这时就可认为项目是可以考虑接受的。

（二）外汇效果分析指标

1. 经济外汇净现值（$ENPVF$）

经济外汇净现值是反映项目实施后对国家外汇收支直接或间接影响的重要指标，用以衡量项目对国家外汇真正的净贡献（创汇）或净消耗（用汇）。经济外汇净现值可通过经济外汇流量表计算求得，其表达式为：

$$ENPVF=\sum_{t=1}^{n}(FI-FO)_t(1+i_s)^{-t} \tag{6-29}$$

式中：FI 为外汇流入量；

FO 为外汇流出量；

$(FI-FO)_t$ 为第 t 年的净外汇流量；

n 为计算期。

当有产品替代进口时，可按净外汇效果计算经济外汇净现值。

2. 经济换汇成本和经济节汇成本

当有产品直接出口时，应计算经济换汇成本。它是用货物影子价格、影子工资和社会折现率计算的为生产出口产品而投入的国内资源现值（以人民币表示）与生产出口产品的经济外汇净现值（通常以美元表示）之比，即换取 1 美元外汇所需要的人民币金额，是分析评价项目实施后在国际上的竞争力，进而判断其产品应否出口的指标。其表达式为：

$$经济换汇成本 = \frac{\sum_{t=1}^{n} DR_t (1 + i_s)^{-t}}{\sum_{t=1}^{n} (FI' - FO')_t (1 + i_s)^{-t}} \tag{6-30}$$

式中：DR_t 为项目在第 t 年为出口产品投入的国内资源（包括投资、原材料、工资、其他投入和贸易费用）（元）；

FI' 为生产出口产品的外汇流入（美元）；

FO' 为生产出口产品的外汇流出（包括应由出口产品分摊的固定资产投资及经营费用中的外汇流出）（美元）；

n 为计算期（年）。

当有产品替代进口时，应计算经济节汇成本，它等于项目计算期内生产替代进口产品所投入的国内资源的现值与生产替代进口产品的经济外汇净现值之比，即节约 1 美元外汇所需的人民币金额。其表达式为：

$$经济节汇成本 = \frac{\sum_{t=1}^{n} DR_t''(1 + i_s)^{-t}}{\sum_{t=1}^{n} (FI'' - FO'')_t (1 + i_s)^{-t}} \tag{6-31}$$

式中：DR_t'' 为项目在第 t 年为生产替代进口产品投入的国内资源（包括投资、原材料、工资、其他投入和贸易费用）（元）；

FI'' 为生产替代进口产品所节约的外汇（美元）；

FO'' 为生产替代进口产品的外汇流出（包括应由替代进口产品分摊的固定资产及经营费用中的外汇流出）（美元）。

经济换汇成本或经济节汇成本（元/美元）小于或等于影子汇率，表明该项目产品出口或替代进口是有利的。

第六节 项目可行性研究报告

可行性研究报告是从事一种经济活动（投资）之前，对经济、技术、生产、供销直到社会各种环境、法律等各种因素进行具体调查、研究、分析，确定有利和不利的因素、项目是否可行，估计成功率大小、经济效益和社会效果大小，为决策者和主管机关审批的上报文件。可行性研究报告是项目建设论证、审查、决策的重要依据，也是以后筹集资金或者申请资金的一个重要依据。

编制可行性研究报告的过程就是可行性研究的过程，这是确定建设项目前具有决定性意义的工作，是在投资决策之前，对拟建项目进行全面技术经济分析的科学论证，其作用已在本章第一节做了阐述。在投资管理中，可行性研究是指对拟建项目有关的自然、社会、经济、技术等进行调研、分析比较以及预测建成后的社会经济效益。在此基础上，综合论证项目建设的必要性，财务的盈利性，经济上的合理性，技术上的先进性和适应性，以及建设条件的可能性和可行性，从而为投资决策提供科学依据。

可行性研究报告分为政府审批核准用可行性研究报告和融资用可行性研究报告。审批核准用可行性研究报告侧重关注项目的社会经济效益和影响；融资用可行性研究报告侧重关注项目在经济上的可行性。可行性研究报告具体可分为政府立项审批、产业扶持、银行贷款、融资投资、投资建设、境外投资、上市融资、中外合作、股份合作、组建公司、征用土地、申请高新技术企业等各类可行性报告。

一、 可行性研究报告的编制要求与编制深度

（一） 编制要求

可行性研究工作对于整个项目建设过程乃至整个国民经济都有非常重要的意义，为了保证可行性研究工作的科学性、客观性和公正性，有效地防止错误和遗漏，在可行性研究中必须站在客观公正的立场进行调查研究，做好基础资料的收集工作。对于收集的基础资料，要按照客观实际情况进行论证评价，如实反映客观经济规律，从客观数据出发，通过科学分析，得出项目是否可行的结论。

可行性研究报告在编写过程中要做到先论证、后决策，处理好项目建议书、可行性研究、评估这三个阶段的关系，哪一个阶段发现不可行都应当停止研究。要将调查研究贯彻始终，一定要掌握切实可靠的资料，以保证资料选取的全面性、重要性、客观性和连续性。要多方案比较，择优选取。

可行性研究报告是投资项目可行性研究工作成果的体现，是投资者进行项目最终决策的重要依据。为保证可行性研究报告的质量，应切实做好编制前的准备工作，占有充分信息资料，进行科学分析比选论证，做到编制依据可靠、结构内容完整、报告文本格式规范、附图附表附件齐全。可行性研究报告中的表述形式尽可能数字化、图表化，编制深度能满足投资决策和项目初步设计的需要。对于涉外项目可行性研究的内容及深度，还应尽可能与国际接轨。

（二） 编制深度

可行性研究报告应能在以下几个方面达到委托方的要求。

（1）报告应能充分反映项目可行性研究工作的成果，内容齐全，结论明确，数据准确，论据充分，满足决策者定方案、定项目要求。

（2）报告选用主要设备的规格、参数应能满足预订货的要求。引进技术设备的资料应能满足合同谈判的要求。

（3）报告中的重大技术、经济方案，应有两个以上方案的比选。

（4）报告中确定的主要工程技术数据，应能满足项目初步设计的要求。

（5）报告构造的融资方案，应能满足银行等金融部门信贷决策的需要。

(6) 报告中应反映在可行性研究过程中出现的某些方案的重大分歧及未被采纳的理由，以供委托单位与投资者权衡利弊，进行决策。

(7) 报告应附有评估与决策（审批）所必需的合同、协议、意向书、政府批件等。

二、 可行性研究报告的编制工作程序与工作内容

（一）可行性研究报告的编制工作流程

项目评价工作一般应由符合资质的咨询机构承担。评估过程中应建立健全经济评价、评估工作制度，充分利用信息技术，开发和完善评价软件和项目信息数据库，以加强项目评价工作的科学管理，提高工作效率和经济评价的质量。

可行性研究是一项专业性和技术性非常强的工作。为了按时高质量地完成项目可行性分析工作，编制好可行性研究报告，必须按科学的程序进行。我国可行性研究工作的程序包括八个步骤，即签订委托协议、组建工作小组、制订工作计划、资料调查与分析、方案制订与优化、项目评价、编写可行性研究报告、与委托单位交换意见，如图 6-6 所示。

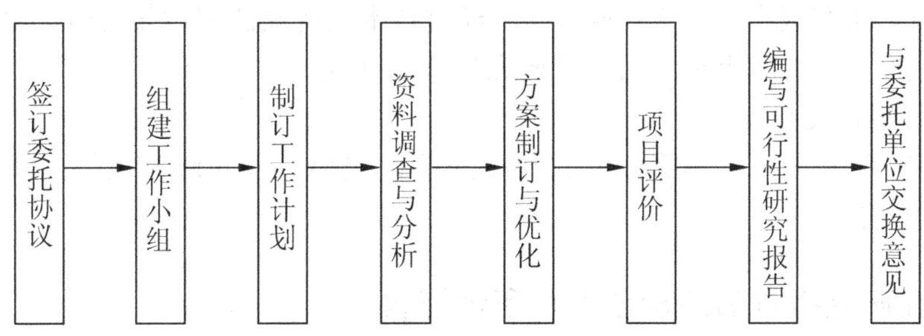

图 6-6　可行性研究工作程序图

（二）可行性研究报告的编制工作内容

1. 签订委托协议

项目可行性研究报告的编制单位与委托单位，根据《项目建议书》的总体规化与要求，就可行性研究报告编制工作的范围、重点、深度要求、完成时间、费用预算和质量要求交换意见，并签订委托协议，据以开展可行性研究各阶段的工作。

2. 组建工作小组

编制单位根据委托项目可行性研究报告的工作量、内容、范围、技术难度、时间要求等组建项目可行性研究报告编制工作组。为使各专业组协调工作，保证研究报告总体质量，由总设计师和总经济师负责统筹协调。项目组可细分为行业与市场小组、文本编制小组、技术方案小组、融资与财务小组、政策与法律小组等。

3. 制订工作计划

内容包括工作的范围、重点、深度、进度安排、人员配置、费用预算及《可行性研究报告编制大纲》，并与委托单位交换意见。

4. 资料调查与分析

各专业组根据《项目建议书》及《可行性研究报告编制大纲》进行实地调查，收集

整理有关资料，包括向市场和社会调查，向行业主管部门调查，向项目所在地区调查，向项目涉及的有关企业、单位调查。收集项目建设、生产运营等各方面所必需的相关背景资料和项目最新进展信息资料、数据，对这些资料进行分析研究。

5. 方案制订与优化

在调查研究收集资料的基础上，对项目的建设规模与产品方案、场址方案、技术方案、设备方案、工程方案、原材料供应方案、公用工程与辅助工程方案、环境保护方案、组织机构设置方案、实施进度方案以及项目投资与资金筹措方案等进行研究，制订备选方案。各方案经论证比选后，提出推荐方案。

6. 项目评价

对方案进行环境评价、财务评价、国民经济评价、社会评价及风险分析，以判别项目的环境可行性、经济可行性、社会可行性和抗风险能力。当有关评价指标结论不足以支持项目方案成立时，应对原设计方案进行调整或重新设计，也有可能完全否定该项目。

7. 编写可行性研究报告

项目可行性研究报告的各个专业方案，经过技术经济论证和优化之后，由各专业组分工编写。经过综合汇总，提出《可行性研究报告》初稿。

8. 与委托单位交换意见

《可行性研究报告》初稿形成后，与委托单位交换意见，修改完善，最终形成正式《可行性研究报告》。

三、 可行性研究报告的编制依据与所需资料

（一） 编制依据

1. 项目建议书（初步可行性研究报告）及其批复文件

项目建议书是工程建设项目在投资决策前的总体设想，主要论证项目建设的必要性，并对项目的可行性进行初步分析与论证，提出项目建设的建议。因此，项目建议书是项目可行性研究报告编制的主要依据，项目建议书要经过国家有关部门批准后才能生效。一般基础性和公益性项目的建议书需要经过国家主管部门核准，并列入建设前期的工作计划后，方可开展项目的可行性研究工作。可行性研究确定的规模和标准原则上不能突破被批复的项目建议书提出的指标。

2. 国家和地方的国民经济和社会发展规划

国家和地方的经济和社会发展规划是一个时期国民经济发展的纲领性文件，对项目建设具有重大指导作用。行业或部门发展规划同样可作为项目建设的依据。例如，国家在一定时期内优先发展某些产业的相关政策、国家为缩小地区差别确立的地区发展战略、项目建设行业部门发展规划、江河流域开发治理规划、铁路公路路网规划、电力电网规划、城市开发规划等。

3. 委托方的意图与委托合同要求

可行性研究工作是由符合资质要求的咨询机构承担的。受托方应充分了解委托方项目

建设的目的、意图、设想，认真听取委托方对市场行情、资金来源、协作单位、建设工期及工作范围等情况的说明，严格按照委托合同的要求执行。

4. 国家有关法律、法规和政策

国家有关法律、法规和政策是工程建设必须严格遵守的，可行性报告的编写必须遵照执行，使项目的建设符合国家制度的有关规定，如税收制度、环境保护的法律政策、国家指导产业发展的政策性文件等。

5. 工程建设的标准、规范、定额和经济评价指标与方法

技术规范、标准是建设项目在技术方案制订时应参照或遵守的规则，有些规范是强制的，必须严格遵守。有关定额是投资估算和技术经济比较的依据，基准收益率、社会折现率、基准投资回收期、汇率等参数是对项目进行经济评价所需要的重要标准，国家发改委和建设部颁布的《建设项目经济评价方法与参数》（第三版）是项目经济评价的基本依据。

6. 其他有关依据资料

视具体情况而定。

（二）所需资料

编制可行性研究报告需要有大量的、准确的、可用的信息资料作为支持。项目组应逐步收集整理分析，并用科学的方法分析加工。对占有的资料信息要满足充足性、可靠性和时效性的要求。研究报告编制前需要准备的资料除项目所在区域的自然、地理、水文、气象、地质、社会等基础资料外，还需要准备以下几个方面的资料。

（1）企业概况。包括企业名称、公司性质、法人、联系方式、注册资金、经营范围、企业简介及近三年财务经济状况。

（2）项目概况。包括项目名称、项目性质、项目建设地点、项目起止年限、建设规模及内容；项目建设背景、项目战略规划、市场定位、资源优势及有利条件。

（3）项目资金情况。包括项目总投资、建设投资、流动资金（总投资、固定资产投资、流动资金等是否有限制）等，资金来源及筹措方案（自筹、申请国家补贴、贷款）等。

（4）项目产品方案。包括产品方案、产量、用途、产品特点，质量指标及预计售价。

（5）工艺方案。生产工艺综述、工艺流程图、工艺方案、项目产品专利情况。

（6）原辅料及其燃料动力消耗。包括项目产品原辅料消耗量、质量要求、运输方式、储存方式、周转周期、最大储量、原辅材料价格及物料平衡、水平衡。

（7）设备选型。包括设备来源、规格、型号、价格、功率、设备优势及特点等。

（8）土建部分。包括项目占地面积，建、构筑总建筑面积，道路及停车场地面积，绿化面积，容积率，以及绿化率等技术指标；土地来源方式及价格、土地权属性质及使用年限，是否存在拆迁问题；总体规划、建筑方案及结构形式、项目所在地的区域位置图、建筑总平面布置图。

（9）公用工程方面。包括供电电源基本情况（变电站名称、电压等级、线径规格、输电距离等），水源基本情况（取水点地名、枯水期最小流量、水质、取水方式、输水距离等），外部交通及通信状况，水、电、燃气价格及供应情况，公用工程说明（消防系统、供暖系统、配电室、空调系统）及主要设备明细表。

（10）项目安排。包括项目组织机构设置、劳动定员情况及数量、人员工资、工作天数及班制，以及项目建设期和项目计算期。

（11）财务方面。包括项目预计收支、税费等基本情况。

（12）相关图件。包括项目地理位置图，项目总体规划平面布置图，项目主要土建工程平面设计图，以及其他相关图件。

（13）委托方的特殊要求。

四、可行性研究报告的结构与内容

由于工程建设项目的类型繁多，且每一类各有其特点，每一类项目可行性研究报告的结构和内容有所不同。在具体编制各类项目的可行性研究报告时，应该按照国家及行业规定的项目可行性研究报告的编制要求来编写。

（一）可行性研究报告的结构

根据国家计划委员会审定发行的《投资项目可行性研究指南》（2002年版）中的规定，工业项目的可行性研究报告按以下结构编写。

1. 总论

   1.1 项目提出的背景

   1.2 项目概况

   1.3 问题与建议

2. 市场预测与分析

   2.1 市场现状调查

   2.2 产品供需预测

   2.3 价格预测

   2.4 竞争力分析

   2.5 市场风险分析

3. 资源条件评价

   3.1 资源可利用量

   3.2 资源品质情况

   3.3 资源赋存条件

   3.4 资源开发价值

4. 建设规模与产品方案

   4.1 建设规模与产品方案构成

   4.2 建设规模与产品方案的比选

   4.3 推荐的建设规模与产品方案

   4.4 技术改造项目与原有设施利用情况

5. 场址选择

   5.1 场址现状

   5.2 场址方案比选

5.3　推荐的场址方案
5.4　技术改造项目现有场址的利用情况
6. 技术方案、设备方案和工程方案
6.1　技术方案选择
6.2　主要设备方案选择
6.3　工程方案选择
6.4　技术改造项目改造前后的比较
7. 原材料燃料供应
7.1　主要原材料供应方案
7.2　燃料供应方案
8. 总图运输与公用辅助工程
8.1　总图布置方案
8.2　场内外运输方案
8.3　公用工程与辅助工程方案
8.4　技术改造项目现有公用辅助设施利用情况
9. 节能措施
9.1　节能措施
9.2　能耗指标分析
10. 节水措施
10.1　节水措施
10.2　水耗指标分析
11. 环境影响评价
11.1　环境条件调查
11.2　影响环境因素分析
11.3　环境保护措施
12. 劳动安全卫生与消防
12.1　危险因素和危害程度分析
12.2　安全防范措施
12.3　卫生保健措施
12.4　消防设施
13. 组织机构与人力资源配置
13.1　组织机构设置及其适应性分析
13.2　人力资源配置
13.3　员工培训
14. 项目实施进度
14.1　建设工期
14.2　实施进度安排
14.3　技术改造项目建设与生产的衔接

15. 投资估算
    15.1 建设投资估算
    15.2 流动资金估算
    15.3 投资估算表
16. 融资方案
    16.1 融资组织形式
    16.2 资本金筹措
    16.3 债务资金筹措
    16.4 融资方案分析
17. 财务评价
    17.1 财务评价基础数据与参数选取
    17.2 销售收入与成本费用估算
    17.3 财务评价报表
    17.4 盈利能力分析
    17.5 偿债能力分析
    17.6 不确定性分析
    17.7 财务评价结论
18. 国民经济评价
    18.1 影子价格及评价参数选取
    18.2 效益费用范围与数值调整
    18.3 国民经济评价报表
    18.4 国民经济评价指标
    18.5 国民经济评价结论
19. 社会评价
    19.1 项目对社会影响分析
    19.2 项目与所在地互适性分析
    19.3 社会风险分析
    19.4 社会评价结论
20. 风险分析
    20.1 项目主要风险识别
    20.2 风险程度分析
    20.3 防范风险对策
21. 研究结论与建议
    21.1 推荐方案总体描述
    21.2 推荐方案优缺点描述
    21.3 主要对比方案
    21.4 结论与建议

（二）可行性研究报告的内容

可行性研究报告的撰写要求以全面、系统的分析为主要方法，以经济效益为核心，围绕影响项目的各种因素，运用大量的数据资料论证拟建项目的可行性。当项目的可行性研究完成了所有系统的分析之后，应对整个可行性研究提出综合分析评价，指出优缺点和提出结论与建议。

可行性研究报告一般由总论和几个专题及最后的结论与建议构成。

总论即项目的基本情况。在商业计划书和可行性研究报告的编制中，这一部分特别重要，项目的报批、贷款的申请、合作对象的吸引主要靠这一部分。总论的内容一般包括项目背景、项目历史、项目概要以及项目承办人四个方面。总论的实质是对项目简明扼要地进行概述，对项目承办人的形象和思想做相应的描述。在许多情况下，项目的评估、审批、贷款以及对合作者的吸引，其成败在一定程度上取决于总论写作质量的好坏。因此，写作时一定要尽心尽力，既要保证总论的内容完整、重点突出，又要注意与后面内容相照应。

可行性研究报告的基本问题研究，是对各个专题研究报告进行汇总统一、平衡后所做的较原则、较系统的概述。项目不同，基本问题研究的内容也就不同。如工业新建项目的基本问题研究一般包括三个方面：第一方面是市场研究，着重解决项目新建的必要性问题；第二方面是工艺研究，着重解决技术上的可能性问题；第三方面是经济效益研究，着重解决项目的合理性问题。在具体写作过程中，人们常把这三个问题分成十个专题来写。这十个专题为：市场情况与企业规模；资源与原料及协作条件；厂址选择方案；项目技术方案；环保方案；工厂管理机构和员工方案；项目实施计划和进度方案；投资估算与资金筹措；经济评价；结论。

结论与建议是根据前面各部分的研究分析结果，对项目给予的全面评价和建议。结论对项目决策有着决定意义。

（三）可行性研究报告的内容说明

可行性研究报告的内容包括项目总论、基本问题研究和结论与建议三大部分，可以附上必要的文件、图、表等作为说明和证明材料，列入附录。现根据工业项目的可行性研究报告的结构分别说明如下。

1. 项目总论

总论作为可行性研究报告的首要部分，综合叙述研究报告中各部分的主要问题和研究结论，并对项目的可行与否提出最终建议，为可行性研究的审批提供方便。

（1）项目概况

项目概况包括项目名称，项目承办单位，项目可行性研究工作承担单位，项目主管部门，项目建设内容、规模、目标，以及项目建设地点等。

（2）项目可行性研究主要结论

在可行性研究中，对项目的产品销售、原料供应、政策保障、技术方案、资金总额及筹措、项目的财务效益和国民经济、社会效益等重大问题，都应得出明确的结论，主要包括：项目产品市场前景问题、项目原料供应问题、项目政策保障问题、项目资金保障问题、项目组织保障问题、项目技术保障问题、项目人力保障问题、项目风险控制问题、项目财务效益结论、项目社会效益结论、项目可行性综合评价。

(3) 主要技术经济指标表

在总论部分中，可将研究报告中各部分的主要技术经济指标汇总，列出主要技术经济指标表，使审批和决策者对项目有全貌了解。

(4) 存在问题及建议

对可行性研究中提出的项目的主要问题进行说明，并提出解决的建议。

2. 项目背景

这一部分主要应说明项目发起的背景、投资的必要性、投资理由及项目开展的支撑性条件等。

这一部分还应说明项目的发起过程、提出的理由、前期工作的发展过程、投资者的意向、投资的必要性等可行性研究的工作基础。为此，需将项目的提出背景与发展概况给予系统叙述。说明项目提出的背景、投资理由、在可行性研究前已经进行的工作情况及其成果、重要问题的决策和决策过程等情况。在叙述项目发展概况的同时，应能清楚地提示本项目可行性研究的重点和问题。

(1) 国家或行业发展规划

说明国家有关的产业政策、技术政策，分析项目是否符合这些宏观经济要求。

(2) 项目发起人和发起缘由

写明项目发起单位或发起人的全称。如为中外合资项目，则要分别列出各方法人代表、注册国家、地址等详细情况。提出项目的理由及投资意向，如资源丰富、产品市场前景好、出口换汇、该类产品可取得的优惠政策、利用现有的基础设施等。

(3) 项目发展概况

项目发展概况指项目在可行性研究前所进行的工作情况，包括调查研究、试制试验、项目建议书的编制与审批过程、厂址初选工作以及筹办工作中的其他重要事项。

(4) 已进行的调查研究项目及其成果

资源调查，包括原料、水资源、能源和二次能源的调查。

市场调查，包括全国性和地区性市场情况调查，以及出口产品国际市场供需趋势调查。

社会公用设施调查，包括运输条件、公用动力供应、生活福利设施等的调查。

拟建地区环境现状资料的调查，包括拟建地区各种主要污染源以及其排放状况，大气、水体、土壤等环境质量状况等。说明环境现状资料的取得途径、提供单位以及当地环保管理部门的意见和要求，取得的环境现状资料及文件名称。

(5) 厂址初勘和初步测量工作情况

该部分包括各个可供选择的建设地区及厂址位置的初勘、测量、比选等工作情况；初步选择意见和资料；遗留问题。

(6) 项目建议书的编制、提出及审批过程

项目建议书的编制、提出及审批过程；项目建议书所附资料名称；审批文件文号及其要点。

(7) 投资的必要性

一般从企业本身所获得的经济效益及项目对宏观经济、对社会发展所产生的影响两方面来说明投资的必要性。

(8) 企业获得的利润情况

企业可以提高产品质量，加强市场竞争力。扩大生产能力，改变产品结构。对当地经济、社会发展的积极影响。包括增加税收、提高就业率、提高科技水平等。

3. 市场调查与分析

市场调查与分析在可行性研究中的重要地位在于，任何一个项目，其生产规模的确定、技术的选择、投资估算甚至厂址的选择，都必须在对市场需求情况有了充分了解以后才能决定。而市场分析的结果，还可以决定产品的价格、销售收入，最终影响到项目的盈利性和可行性。在可行性研究报告中，要详细研究、分析和预测当前和未来市场状态，以此为后期决策的依据。

(1) 项目产品市场调查

包括产品国际市场调查、产品国内市场调查、产品价格调查、产品上游原料市场调查、产品下游消费市场调查、产品市场竞争调查等。

(2) 产品市场预测

市场预测是市场调查在时间上和空间上的延续，是利用市场调查所得到的信息资料，根据市场信息资料分析报告的结论，对未来市场需求量及相关因素所进行的定量与定性的判断与分析。在可行性研究工作中，市场预测的结论是制订产品方案，确定项目建设规模所必需的依据。

产品市场预测包括产品国际市场预测、产品国内市场预测、产品价格预测、产品上游原料市场预测、产品下游消费市场预测、加工项目发展前景综述等。

4. 加工项目方案

包括加工项目产品产能规划方案；加工项目产品工艺规划方案，如工艺设备选型、工艺说明、工艺流程等；加工项目产品营销规划方案，包括营销战略规划、营销模式和促销策略等。

5. 土建总规

这部分内容包括项目建设地和项目土建总规。

项目建设地包括项目建设地地理位置、项目建设地自然情况、项目建设地资源情况、项目建设地经济情况、项目建设地人口情况。

项目土建总规包括项目厂址及厂房建设，如厂址、厂房建设内容、厂房建设造价；土建规划总平面布置图；场内外运输，如场外运输量及运输方式、场内运输量及运输方式、场内运输设施及设备；项目土建及配套工程；项目土建及配套工程造价；项目其他辅助工程，如供水工程、供电工程、供暖工程、通信工程等。

6. 环保、节能与安全

在项目建设中，必须贯彻执行国家有关环境保护、能源节约和职业安全卫生方面的法规、法律，对影响劳动者健康和安全的因素，都要在可行性研究阶段进行分析，提出防治措施，并对其进行评价，推荐技术可行、经济，且布局合理，对环境的有害影响较小的最佳方案。按照国家现行规定，凡从事对环境有影响的建设项目都必须执行环境影响报告书的审批制度，同时，在可行性研究报告中，对环境保护和劳动安全要有专门论述。

项目环境保护方案包括项目环境保护设计依据、项目环境保护措施、项目环境保护评价。

项目资源利用及能耗分析包括项目资源利用及能耗标准、项目资源利用及能耗分析、项目节能方案、项目消防方案、项目劳动安全卫生方案。

7. 项目人员安排

在可行性研究报告中，根据项目规模、项目组成和工艺流程，研究提出相应的企业组织机构，劳动定员总数及劳动力来源及相应的人员培训计划。

这部分内容包括项目组织计划，如组织形式和工作制度；项目劳动定员和人员培训，如劳动定员、年总工资和职工年平均工资估算；人员培训及费用估算。

8. 项目进度安排

项目实施时期的进度安排也是可行性研究报告中的一个重要组成部分。所谓项目实施时期，亦可称之为投资时间，是指从正式确定建设项目到项目达到正常生产这段时间。这一时期包括项目实施准备，资金筹集安排，勘察设计和设备订货，施工准备，施工和生产准备，试运转直到竣工验收和交付使用等各工作阶段。也有些是同时开展、相互交叉进行的。在可行性研究阶段，需将项目实施时期各个阶段的各个工作环节进行统一规划，综合平衡，做出既合理又切实可行的安排。

（1）项目实施的各阶段

项目的实施包括建立项目实施管理机构、资金筹集安排、技术获得与转让、勘察设计和设备订货、施工准备、施工和生产准备、竣工验收。

（2）项目实施进度表

项目实施进度表主要包括项目实施各阶段的进度情况。

（3）项目实施费用

项目实施费用包括建设单位管理费、生产筹备费、生产职工培训费、办公和生活家具购置费、其他应支出的费用。

9. 投资估算与资金筹措

投资估算包括项目总投资（固定资产投资总额和流动资金）估算。资金筹措包括资金来源、筹资方案的比选和确认。要考虑到各筹资方式的筹资成本、资金使用条件、利率和汇率的风险、寻找财务费用最经济的筹资方案。

项目投资和筹资方案确定以后，要编制投资使用计划和借款偿还计划，确定投资进度与还款顺序。

10. 经济评价与不确定性分析

在建设项目的技术路线确定以后，必须对不同的方案进行财务、经济效益评价，判断项目在经济上的可行性，并比选出优秀方案。本部分的评价结论是建议方案取舍的主要依据之一，也是对建设项目进行投资决策的重要依据。

在进行经济评价时，首先要估算项目总成本和单位成本，估算销售收入、销售税金及附加和增值税，估算损益、利润分配和现金流。根据项目评价的角度和要求的不同，还要综合考虑直接与间接要素、内部与外部要素、有形和无形要素，分析项目的盈利能力和偿债能力，分析项目的经济效率、效果和对社会的影响，评价项目在财务上的可行性和宏观经济上的合理性。

（1）财务评价

财务评价是考察项目建成后的获利能力、债务偿还能力及外汇平衡能力的财务状况，以判断建设项目在财务上的可行性。财务评价多用静态分析与动态分析相结合，以动态为主的办法进行。并用财务评价指标分别和相应的基准参数——财务基准收益率、行业平均投资回收期、平均投资利润率、投资利税率相比较，以判断项目在财务上是否可行。

财务评价指标主要有财务净现值、财务内部收益率、静态投资回收期和动态投资回收期、项目投资收益率、项目投资利税率、项目资本金净利润率、项目测算核心指标汇总表。

（2）国民经济评价

国民经济评价是项目经济评价的核心部分，是决策部门考虑项目取舍的重要依据。建设项目国民经济评价采用费用与效益分析的方法，运用影子价格、影子汇率、影子工资和社会折现率等参数，计算项目对国民经济的净贡献，评价项目在经济上的合理性。国民经济评价采用国民经济盈利能力分析和外汇效果分析，以经济内部收益率（*EIRR*）为主要的评价指标。根据项目的具体特点和实际需要，也可计算经济净现值（*ENPV*），涉及产品出口创汇或替代进口节汇的项目，要计算经济外汇净现值（*ENPV*），经济换汇成本或经济节汇成本。

（3）社会效益和社会影响分析

在可行性研究中，除对以上各项指标进行计算和分析以外，还应对项目的社会效益和社会影响进行分析，也就是对不能货币化的效果指标进行分析。

（4）不确定性分析

在对建设项目进行评价时，所采用的数据多数来自预测和估算。由于资料和信息的有限性，将来的实际情况可能与此有出入，这对项目投资决策会带来风险。为避免或尽可能减少风险，就要分析不确定因素对项目经济评价指标的影响，以确定项目的可靠性，这就是不确定性分析。

根据分析内容和侧重面不同，不确定性分析可分为盈亏平衡分析、敏感性分析和概率分析。在可行性研究中可视项目情况而定。

11. 风险分析及风险防控

包括建设风险分析及防控措施、法律政策风险及防控措施、市场风险及防控措施、筹资风险及防控措施、其他相关风险及防控措施。

12. 可行性研究结论与建议

根据前面各部分的研究分析结果，对项目在技术上、经济上进行全面评价，对建设方案进行总结，提出结论性意见和建议。主要内容有以下几点。

（1）对推荐的拟建方案建设条件、产品方案、工艺技术、经济效益、社会效益、环境影响的结论性意见；

（2）对主要的对比方案进行说明；

（3）对可行性研究中尚未解决的主要问题提出解决办法和建议；

（4）对应修改的主要问题进行说明，提出修改意见；

（5）对不可行的项目，提出不可行的主要问题及处理意见；

（6）可行性研究中主要争议问题的结论。

13. 附录

（1）附件

凡属于项目可行性研究范围，但在研究报告以外单独成册的文件，均需列为可行性研究报告的附件，所列附件应注明名称、日期、编号。附件包括项目建议书（初步可行性报告）、项目立项批文、厂址选择报告书、资源勘探报告、贷款意向书、环境影响报告、需单独进行可行性研究的单项或配套工程的可行性研究报告、需要的市场预测报告、引进技术项目的考察报告、引进外资的名类协议文件、其他主要对比方案说明等。

（2）附表

财务分析报表，是可行性研究报告的重要内容，也是一篇优秀的可行性研究报告的标志。项目可行性研究报告必须具有的财务报表有基本报表、辅助报表及其他报表。

基本报表包括主要经济技术指标表，各年损益分配表，自有资金财务现金流量表，投资者（整体）财务现金流量表，全投资财务现金流量表，资金平衡节余（银行存款）表，资产负债表（缴税偿债分利后），资产负债表（税后偿债分利前），以及外汇平衡节余累积表，还有投资构成、资金投入与来源计划表，注册出资方式比例与年度出资计划表，借款还本付息计划表等。

辅助报表包括生产销售既定目标表，进口设备原值估算表，购买国产设备原值估算表，作价出资设备原值估算表，房屋及建筑物原值估算表，无形资产与递延资产用汇原值估算表，生产办公设备日生产耗能（外购）指标表，单位产品原辅材料消耗定额与产品产量计划目标表，各产品原辅材料年消耗计划目标表，原辅材料年支出与进项税额既定目标表，各产品的原辅材料年进项税额表，内销产品年应纳增值税与出口产品抵退税、关税表，各产品的原辅材料（含运费）年支出表，机构设置、人员编制、工资总额估算表，部分管理费用、销售费用估算表，年经营成本估算表，流动资金估算表，固定资产折旧、无形资产递延资产摊销估算表，总成本费用与销售税金及附加计算表，以及各产品成本费用价格构成与调整统计分析表。

其他报表主要有财务敏感分析成果表等，是根据固定资产投资、销售收入、经营成本，分析全部投资财务内部收益率、较基本方案增减率等的报表。

（3）附图

附图包括厂址地形或位置图（设有等高线）、总平面布置方案图（设有标高）、工艺流程图、主要车间布置方案简图等。

总之，可行性研究报告的基本内容可以概括为三大部分：市场研究、技术研究、经济评价。这三部分构成了可行性研究的三大支柱。市场研究包括产品市场的调查与预测研究，这是建设项目成立的重要前提，其主要任务是解决工程项目建设的“必要性”问题。技术研究即技术方案和建设条件研究，从资源投入、厂址、技术、设备、工艺和生产组织等问题入手，对工程项目的技术方案和建设条件进行研究，这是可行性研究的技术基础，它要解决建设项目在技术上的“可行性”问题。效益研究即经济评价，这是决定工程项目投资命运的关键，是项目可行性研究的核心，它要解决工程项目在经济上的“合理性”问题。

习 题

1. 什么是可行性研究？其作用意义如何？

2. 可行性研究包括哪些内容？

3. 财务评价的目的是什么？财务评价有哪些基本报表？

4. 贷款还款方式有哪些？还本付息额怎样计算？

5. 全部投资现金流量表与自有资金现金流量表的主要差别有哪些？

6. 对改扩建与技术改造项目进行经济评价时往往采用有无对比法而不采用前后对比法，为什么？

7. 为什么在国民经济评价中要进行价格调整？

8. 在国民经济评价的效益与费用中，哪些项目属于转移支付？如何认识转移支付？

9. 国民经济评价的主要参数有哪些？这些参数在确定时考虑了哪些因素的影响？

10. 国民经济评价与财务评价的主要区别有哪些？

11. 进行国民经济评价有何意义？

12. 如何识别国民经济评价的效益与费用？

13. 假定企业投入资金总额600万元，全投资利润100万元，试求下列三种情况下，自有资金的利润、利润率。

(1) 全部投资均为自有资金；

(2) 借入资金与自有资金比例为1∶3，借款的资金成本率为10%；

(3) 借入资金与自有资金比例为1∶1，借款的资金成本率为17%。

14. 可行性研究报告的编制依据有哪些？

15. 工业项目的可行性研究报告的结构是怎样的？

第七章 公共项目的经济评价

第一节 公共项目评价概述

一、 公共项目的定义

公共项目又被称为公共工程或公用事业项目，主要是指由政府为国家、社会和公众利益而投资兴办的非营利性项目，包括交通运输、邮电、水利等生产性基础设施建设项目；教育、科学、卫生、体育、气象等社会性基础设施建设项目；城市交通、能源动力、城市绿化等公用事业项目。

随着我国经济的不断发展和社会主义市场经济的逐步建立，人们对公共物品的需求呈现快速增长的趋势，因而社会对公共项目的投资力度也日益增长。由于经济体制的改革，公共项目逐步由过去的政府统一投资和管理改变为政府、社会团体、企业乃至私人等多元投资和管理。不过，在对公共项目投资和管理中，政府仍然发挥着主导作用。

二、 公共项目的基本特点

公共项目的目的是提供公共物品，满足公共需求。它不以商业利润为基本出发点，而以社会公众利益为主要目标。这决定了公共项目具有以下基本特点。

(1) 政府主导性

虽然公共项目的投资与管理呈现多元化的趋势，但政府的主导作用是不容置疑的。一方面，由于公共项目的目标不是商业利润，且投资周期较长，私人或企业往往不愿涉足，主要还是依靠政府投资；另一方面，为体现公众利益，即使是由企业或私人投资和管理的公共项目，也要受到政府的严格监管。

(2) 公共品性

公共项目提供的是公共物品。与私有物品不同，公共物品不具有享用权上的排他性，而具有明显的公共性。如某人享受公园里优美的环境并不排斥他人同时享用。每个人在公共物品的使用或消费上都是“免费的搭车人”（Free-rider）。

(3) 非竞争性

商品的竞争性与消费商品所增加的成本有关。通常，当人们增加消费一个单位商品时，生产者就必须花费一定的成本多生产一个单位的该商品，但某些物品的消费不具有这种特性。例如，电台和电视台提供的天气预报的成本与某个受众是否接收关系不大。如果每增加一个消费者的消费，社会所需要增加的成本等于零，则称该商品为非竞争性商品。许多公共物品具有这种特性。此外，公用事业的“天然”垄断性和政府的严格监管也使得公共项目不具有一般意义上的竞争性。

（4）外部性

所谓项目的外部性，是指项目的外部收益和外部成本。外部收益是指项目投资经营主体之外的收益，由其他方免费获得。如水电站项目可以使投资经营主体获得发电收益，也可使水电站下游减少洪涝灾害，后者就是该项目的外部收益。外部成本是指在项目投资经营主体之外的社会成本。该成本不由投资经营主体给予等价补偿，却由项目以外的个人、团体或社会来承担，如项目导致的环境和生态破坏等都属于外部成本。强烈的外部性是公共项目所具有的显著特点之一。

（5）多目标性

公共项目通常都具有多用途和多目标性，如水利水电枢纽项目的开发目标一般有防洪、发电、供水、灌溉、航运、水土保持、养殖、旅游等多个目标。

三、 公共项目评价的原则

公共项目追求的是社会效率和公平的统一，即社会效益的最大化。公共项目应有利于实现社会资源的有效配置，促进经济增长，也应有利于实现社会公平，不断改善人民生活水平。这既是公共项目建设的目的，也是公共项目评价的基本目标。这一目标具有广泛性和复杂性的特征，即公共项目不仅要使全社会受益，而且要注重公共项目对社会未来发展的影响。

公共项目的基本特点及评价的基本目标决定了公共项目评价应遵循以下原则。

（1）更加注重社会和国家的宏观效果

由于公共项目是以提供公共物品为特征的项目，对其评价不应局限于项目本身的营业收入和利润，而应以增进社会经济效益和改善社会福利为基本评价依据。因此，公共项目评价不能仅着眼于项目本身的微观效果，更要注重社会和国家的宏观效果。

（2）更加关注间接效果

公共项目除产生直接效果外，还会产生许多涉及社会各方面的间接效果，而且公共项目的间接作用传导机理十分复杂，往往难以精确估计。此外，公共项目的影响具有长期性，其效果往往要经过很长时间才能显现。这更加剧了公共项目评价的不确定性。对公共项目间接效果评价的准确性是公共项目评价的重要课题。

（3）更加强调定量分析和定性分析相结合

公共项目不仅会产生有形效果，而且会产生无形效果，即难以用货币或实物单位来衡量的效果，这是由公共项目的多目标性和外部性决定的。因此，必须采用定量分析和定性分析相结合的评价方法。无形效果的度量和分析也是公共项目评价的重要课题。

四、 公共项目评价的特点

作为非营利性项目，公共项目相对于一般营利性项目的评价具有以下特点。

(1) 效益与费用对象不一致

对于一般营利性项目的财务评价，效益与费用都是针对投资的主体而言的；而公共项目评价效益与费用所指向的对象是不同的，效益主要是指社会公众获得的好处，费用主要是投资主体对项目的投入。

(2) 效益与费用无形化

对于一般营利性项目的财务评价，均采用可货币化的有形效果；而公共项目更主要的是无形效果，由于无形效果不存在相应的市场和价格，一般很难赋予货币价值，必须寻找其他方法对项目的无形效果进行评价。

(3) 财务评价指标非营利性

盈利能力评价是一般营利性项目财务评价的主要内容；而公共项目的效益具有外部性，它自身的财务收益很少，不足以补偿投资，甚至不足以补偿运行管理费用。因此，公共项目的财务评价不采用盈利能力指标，而是采用单位功能（或单位使用效益）的投资及运营成本、运营和服务收费价格等指标。

(4) 评价指标之间协调难度大

一般营利性项目财务评价的各个盈利能力指标之间的关系是协调的，尽管各个利益主体之间可能会出现不一致，但协调起来比较容易；而公共项目目标多、评价指标多，公众对各个评价指标关注的侧重点往往不同，这可能导致指标之间产生冲突，且协调的难度较大。

第二节 公共项目的效益和费用

项目评价就是对项目效益和项目费用的比较评价。公共项目的基本目标是追求社会利益，其效益和费用是指广泛的社会效益和费用。要正确地评价公共项目，就要准确识别与计量其效益和费用。

一、 公共项目效益和费用的分类

按影响范围、投资主体和效果特征的不同，公共项目的效益和费用可分为：①直接效益和费用与间接效益和费用；②内部效益和费用与外部效益和费用；③有形效益和费用与无形效益和费用。

(一) 直接效益和费用与间接效益和费用

直接效益和费用是指项目在整个生命周期内直接产生的全部效益和费用。例如，公共道路建设项目所获得的公路通行费收入、节省机动车的运行费、增加行车安全、减少车祸损失等都是直接效益；而勘察、设计、筑路、搬迁、维护养路和日常管理费用等都是直接费用。

间接效益和费用是指项目直接效益和费用以外的效益和费用。间接效益和费用从属于直接效益和费用，是由直接效益和费用引发的。例如，上述公路建设项目还会导致公路沿线土地价值提高、商业活动频繁，节省职工上下班时间，以及改善居民文化生活等间接效益，同时也会产生由农田减少引起的农产品产出减少、农业设施被分割破坏、环境污染等间接费用。

（二）内部效益和费用与外部效益和费用

内部效益和费用是指由项目投资经营主体所获得的效益及承担的费用。例如，城市煤气工程增加煤气供应量和所获得的销售收入是内部效益，所消耗的建设和运营费用是内部费用；建造水厂项目增加水供应量和水费收入是内部效益，而项目研究、勘察、设计、建设和运行费用则是内部费用。

外部效益和费用是指项目以外的效益和费用。外部效果的特点是受益者通常不需要付出任何代价，而受损者也得不到任何补偿，具有偶然的附带性，因而也被称为“伴随效果”。如免费通行的公路、桥梁项目，通行者所获得的效益就是外部效益；而城市道路施工给行人带来不便所造成的损失就是外部费用。

（三）有形效益和费用与无形效益和费用

有形效益和费用是指具有物质形态的效益和费用，一般可以用货币单位或实物单位计量。为便于比较，项目的效益和费用应尽可能用货币单位计量，无法用货币单位计量的可用实物单位计量。实践中，公共项目的投入品（投资和经营费用等）的识别与计量较为方便，而由于公共项目产出物是公共物品，其识别与计量要比一般投资项目更为困难。

无形效益和费用是指缺乏物质形态的效益和费用。通常无形效益和费用的计量难以货币化或实物化。例如，运输项目中乘客的舒适和安全感；保护古代文化遗产的文化历史价值、美学价值等。通常项目的无形效果是不能按市场价格或付费来买进卖出的。尽管如此，仍应该尽可能对无形效果进行计量，实在无法计量时，可采用定性分析方法，用文字、图片、音像等方式予以阐述和评价。

我们以一个政府出资修建的高速公路为例，说明其可能产生的效益与费用类别，具体如下。

（1）内部费用

勘察、设计成本；

筑路投资支出（包括居民搬迁费、土地征用费等）；

道路维修养护费用；

管理费用等。

（2）内部效益

车辆通行缴费收入。

（3）社会公众承担的外部费用

增加空气污染和邻近居民的噪声污染；

给公路两侧居民相互通行增加不便（时间与费用增加）。

(4) 社会公众所获得的外部效益

车辆和人员通行时间的额外节省；

车辆耗油和其他耗费的额外节省；

增加行车安全性，减少车祸损失；

增加公路沿线的房地产价值；

促进邻近地区经济往来和经济发展。

将项目效益和费用按直接与间接、内部与外部、有形与无形进行分类是项目效果分析的不同分类方法。各类效益和费用的概念不同，但又相互关联，计量时应准确进行分类，避免重复或遗漏。

目前，我国进行建设项目可行性研究和经济评价的基本依据是国家计划委员会和建设部于2002年发布的《投资项目可行性研究指南》和建设部与国家发展和改革委员会于2006年颁布的《建设项目经济评价方法与参数》(第三版)。其中，将直接效果和内部效果等同、间接效果和外部效果等同。

二、 公共项目效益和费用识别与计量的原则

1. 以目标为依据

项目的目标是效益和费用识别与计量的基本依据。效益是对目标实现的贡献，费用是实现目标所付出的代价。

公共项目常常具有多目标性。例如，一个大型水利工程项目的目标不仅是提供电力供应，还有灌溉、防洪、航运、旅游等其他目标。效益和费用的识别和计量需要围绕这些目标展开分析。公共项目的多目标性使其效益和费用的识别与计量更加复杂。

2. 统一计量范围

项目效益和费用的发生具有时间性和空间性，因此费用与效益的识别和计量范围要统一，在计量时应遵循时间和空间上的一致性。

遵循时间上的一致性，一是要明确计量的时间范围，一般以项目的整个生命周期为效益和费用计量的时间范围；二是要使效益和费用的计量在同一时间范围内，由于公共项目生命周期一般较长，资金的时间价值是不可忽视的。

遵循空间上的一致性，一是要确定考察项目效益和费用的合理空间；二是要使效益和费用的计量在相同的空间范围内进行，扩大或缩小考察的空间范围，或对效益和费用的考察空间不一致，都会造成项目评价的偏差。

费用与效益的空间分布包括两类分布——地域分布和人群分布，空间分布一致性指在相同地域和相同人群中同时考察效益与费用。合理确定空间范围，是正确识别、计量项目成本与效益的基本要求。因为在实践中，有时会有意地扩大或缩小识别范围，或者对费用与效益的考察空间不一致。例如，从国家角度去分析一个由当地政府出资的家用煤气项目的效益，就不恰当地扩大了效益考察空间；而一个主要由中央财政拨款修建的水利工程，如果仅出于地区利益考虑，在投资成本上仅计入地区出资而将中央财政支出视作“免费”，就会造成低估成本的后果；一条专供车辆通行的全封闭高速公路，如果只考察它为车辆通行者带来的效

益，而不考察它给沿线步行者和骑自行车人带来的不便，便会导致少估成本的后果。

表 7-1 为某大型水利水电工程项目的费用与效益的识别和计量范围应用举例。

表 7-1　　大型水利水电工程项目的费用与效益

目标	内部效益	外部效益	内部费用	外部费用
水力发电	电力销售收入	消费者剩余	投资与运行	土地淹没损失
防洪		减少洪涝灾害	投资与维护	同上
灌溉	水费收入	农作物增产净收入	同上	水库周围土盐碱化
航运	航船收费	提高运量及成本节省净收入	同上	减少公路运输需求
游览	开办游览服务净收益	由游览业带动的商业发展	同上	原有自然景观与人文景观的破坏

3. 遵循增量原则

在识别和计量项目的效益和费用时，最终是分析和预测项目本身所带来的效益和费用变化，即增量费用和增量效益。可采用有无对比法和前后对比法，而以前者为好。

4. 支付意愿原则

公共项目产出物的正面效果的计算遵循支付意愿（WTP）原则，即项目效益可由社会成员意愿为项目产出的效益所支付的价值来计量。

5. 受偿意愿原则

公共项目产出物的负面效果的计算遵循受偿意愿（WTA）原则，即项目成本可由社会成员接受项目所带来的不利影响所得到的补偿的价值来计量。

6. 机会成本原则

公共项目投入的经济费用的计算遵循机会成本原则，即项目投资的计量可由该项目所占用的资源的机会成本来确定。机会成本应按资源的其他最有效利用所产生的效益进行计算。

以上六条原则，前三条主要针对项目效益与成本的识别，后三条则用于项目效益和费用的计量。

第三节　公共项目的经济评价方法

公共项目的特点，即投资由政府负担、效益面向社会大众，决定了其评价方法应以国民经济评价为主，并以效益和费用比较为基础。如果项目的效益和费用均能采用货币单位计量，相应的评价方法被称为费用效益分析法；如果效益不能采用货币单位计量，则相应的评价方法被称为费用效果分析法。

一、 费用效益分析法

费用效益分析法，又称费用收益分析法或成本效益法，它建立在费用与效益的货币计量基础上。运用该方法应满足以下三个基本条件：①共同的目标。比较方案具有共同的目标或目的是可比的。②一个或一系列相互排斥的可行方案。每个可行方案的信息是可知的，包括项目投资、寿命、内外效果等。③费用和效益可以用货币单位来计量，对于非货币性费用和效益，可以较合理地转化成货币性费用和效益。

《建设项目经济评价方法与参数》（第三版）有如下规定。

（1）经济费用效益分析应从资源合理配置的角度，分析项目投资的经济效率和对社会福利所做出的贡献，评价项目的经济合理性。对于财务现金流量不能全面、真实地反映其经济价值，需要进行经济费用效益分析的项目，应将经济费用效益分析的结论作为项目决策的主要依据之一。

（2）对于财务价格扭曲，不能真实反映项目产出的经济价值，财务成本不能包含项目对资源的全部消耗，财务效益不能包含项目产出的全部经济效果的项目，需要进行经济费用效益分析。下列类型项目应做经济费用效益分析：①具有垄断特征的项目；②产出具有公共产品特征的项目；③外部效果显著的项目；④资源开发项目；⑤涉及国家经济安全的项目；⑥受过度行政干预的项目。

（3）项目经济效益和费用的识别应符合下列要求：①遵循有无对比的原则；②对项目所涉及的所有成员及群体的费用和效益做全面分析；③正确识别正面和负面外部效果，防止误算、漏算或重复计算；④合理确定效益和费用的空间范围和时间跨度；⑤正确识别和调整转移支付，根据不同情况区别对待。

（一）评价指标与评价准则

费用效益评价法是货币化的效益与费用的比较评价，因而这种评价可以像营利性项目的经济评价那样，使用净现值、净年值、内部收益率等评价指标及评价准则。

费用效益分析法最重要的评价指标是“效益费用比”。效益费用比是项目的效益现值与费用现值之比，其数学表达式为：

$$(B/C)=\frac{\sum_{t=0}^{n}B_t(1+i)^{-t}}{\sum_{t=0}^{n}C_t(1+i)^{-t}} \tag{7-1}$$

也可以用“效益费用差”（经济净现值）评价，其数学表达式为：

$$(B-C)=\sum_{t=0}^{n}(B_t-C_t)(1+i)^{-t} \tag{7-2}$$

上两式中，B 为项目的效益现值；C 为项目的费用现值；(B/C) 为项目的效益费用比；$(B-C)$ 为项目的效益费用差，即经济净现值；B_t 为项目第 t 年的效益；C_t 为项目第 t 年的费用；i 为基准折现率；n 为项目的寿命年限或计算年限。

评价准则为：

若 $(B/C) \geq 1$，项目可以接受；

若 $(B/C) < 1$，项目应予以拒绝。

若 $(B-C) \geq 0$，项目可以接受；

若 $(B-C) < 0$，项目应予以拒绝。

对单一项目方案而言，由（7-1）式所定义的费用比是净现值、净年值和内部收益率的等效评价指标。

如果采用效益费用比指标进行互斥方案间的相对比优，不能按效益费用比最大准则进行比较，即不能认为效益费用比最大的方案就是最好方案，这种情况类似于不能按内部效益率最大准则进行方案比较一样。正确方法是采用增量收益费用比：

$$(\Delta B - \Delta C) = \frac{\sum_{t=0}^{n}(B_{2t} - B_{1t})(1+i)^{-t}}{\sum_{t=0}^{n}(B_{2t} - C_{1t})(1+i)^{-t}} \tag{7-3}$$

也可以用增量收益费用差比较方案，公式如式（7-4）所示。

$$(\Delta B - \Delta C) = \sum_{t=0}^{n}[(B_{2t} - B_{1t}) - (C_{2t} - C_{1t})](1+i)^{-t} \tag{7-4}$$

上两式中，ΔB 为增量效益现值；ΔC 为增量费用现值；$(\Delta B/\Delta C)$ 为增量效益费用比；$(\Delta B-\Delta C)$ 为增量效益费用差；B_{1t}、C_{1t} 为第一方案第 t 年的效益和费用；B_{2t}、C_{2t} 为第二方案第 t 年的效益和费用；其他符号意义同上两式。

评价准则如下：

$(\Delta B/\Delta C) \geq 1$，选择效益现值大的方案；

$(\Delta B/\Delta C) < 1$，选择效益现值小的方案。

$(\Delta B-\Delta C) \geq 0$，选择效益现值大的方案；

$(\Delta B-\Delta C) < 0$，选择效益现值小的方案。

由于公共项目的费用和效益具有较大的不确定性，在完成上述分析之后，还应在费用效益分析的基础上进行盈亏平衡分析、敏感性分析和风险分析等，这样有助于减小不确定性，提高分析的可靠性，确保决策的有效性。

在上述准则中，(B/C) 表示每单位费用带来的效益；$(B-C)$ 表示各方案利润的大小。这两个准则适合公共项目的单方案比较（绝对效果评价），判别标准如表 7-2 所示。

表 7-2　　B/C、$B-C$ 准则判别标准

B/C	$B-C$	结论
=1	=0	方案取舍临界点
>1	>0	方案可行
<1	<0	方案不可行

而实际上在多方案经济评价时，人们更倾向于用最后的两种评价准则，即增量法，保证每增加一单位的投资都带来最大的效益，判别标准见表 7-3。

表 7-3　$\Delta B/\Delta C$、$\Delta B-\Delta C$ 准则判别标准

$\Delta B/\Delta C$	$\Delta B-\Delta C$	结论
=1	=0	增量费用与非增量费用等价
>1	>0	增量费用较优
<1	<0	非增量费用较优

下面举例两个互斥方案比选的例子。

【例 7-1】　设 A、B、C 为互斥项目方案，各方案每年的效益与费用如表 7-4 所示，采用效益费用比法进行评价选择（$i=10\%$）。

解：由表 7-4 计算可知，三个方案的效益费用比均大于 1，都是可以考虑接受的方案，其中 C 方案的效益成本比最大。但要判定哪一方案最优，应采用增量效益费用比指标进行判断。表 7-5 给出了比较过程的结果。

表 7-4　三个方案的效益费用比计算表　单位：万元

方案	效益和费用	0	1-20	现值（$i=10\%$）	(B/C)	$(B-C)$
A	效益		150	1277	1.22	227
	费用	625	50	1051		
B	效益		105	894	1.10	79
	费用	500	37	815		
C	效益		63	536	1.30	123
	费用	200	25	413		

表 7-5　增量收益费用比计算表　单位：万元

方案比较	增量效益现值 ΔB	增量费用现值 ΔC	$(\Delta B/\Delta C)$	$(\Delta B-\Delta C)$	评价结论
A 与 B	383	236	1.62	147	A 优于 B，淘汰 B
A 与 C	741	638	1.16	103	A 优于 C，淘汰 C

根据表 7-4、表 7-5 计算与有关结论可知，A 方案是最优可行方案，故应接受 A 方案。

【例 7-2】　某地区经常发生洪涝灾害，平均每年给当地造成的经济损失高达 20 亿元。为减少灾害损失，保护人民生活，当地政府决定采取措施进行治理。治理方案有三个：建造防洪堤；修建小型水库；修建大型水库。

为便于计算，本例中把采取措施后每年减少的洪涝损失作为各方案的年效益，用 B 表示；把投资、维修费、占地支出等费用换算成年费用，用 C 表示。各方案的年效益、年费用如表 7-6 所示。试对各方案进行评价。

表 7-6　各方案效益费用表　单位：亿元

方　　案	等值年费用	年洪灾损失	年效益
A　不治理	0	20	0

续表

方　案	等值年费用	年洪灾损失	年效益
B　建防洪堤	4	13	7
C　建小型水库	12	4	16
D　建大型水库	6	1	19

解：将表 7-6 中的数据进行处理，计算各方案的年效益费用总量与增量，重新排列，如表 7-7 所示。

表 7-7　　各方案年效益费用计算表　　单位：亿元

方案	年效益 B	年费用 C	总　量		增　量				
			B/C	$B-C$	ΔB	ΔC	$\Delta B/\Delta C$	$\Delta B-\Delta C$	方案比较
A	0	0	0	0					
B	7	4	1.75	3	7	4	1.75	3	B 比 A　B 优于 A
C	16	12	1.33	4	9	8	1.25	1	C 比 B　C 优于 B
D	19	16	1.19	3	3	4	0.75	−1	D 比 C　C 优于 D

评选时采用不同准则表明了不同的评选目标，必然会产生的不同最优方案：

（1）若以费用 C 最小化为选择标准，则选择方案 A。如果政府资金紧缺，财政预算少，只能采取该种方案。

（2）若以效益 B 最大化为选择标准则选择方案 D。当发生洪涝灾害时，修建大型水库可以使经济损失最小，这需要政府不惜任何费用代价。

（3）若以效益费用比（B/C）最大化为选择标准，则选择方案 B，表明单位成本费用的效益最大。

（4）若以效益费用差（$B-C$）最大化为选择标准，则选择方案 C 表示项目利润最大。

（5）若以增量比（$\Delta B/\Delta C$）为选择标准，则选择方案 C，表示每多增加一个单位费用带来的收益最大。

（6）若以增量差（$\Delta B-\Delta C$）为选择标准，则选择方案 C，表示增量费用带来的增量净收益最大。

在本例中，如果没有特别的要求，诸如资金限制等，则可直接运用增量效益费用比准则和增量效益费用差准则进行分析评价。按此方法，本例中 C 方案最优。

（二）评选的步骤

由上述例子可见，费用效益分析法的原理并不复杂，但是其准确性直接依赖于对备选方案的系统性分析，其评选步骤如下。

（1）定义项目主要目标。

（2）建立所有可行的、互斥的、待比较的公共事业可行性方案，对于那些明显不符合规定、达不到预期目标的，应该首先予以排除，从而简化整个比选过程，节约人力物力。

（3）在费用效益分析中，首先需要规定各方案进行比选的比较期，将方案比选的口径统一。

（4）确定受益范围和受益内容。分辨内部效益和外部效益。对效益进行分类，判断各种效益能否用货币进行直接测算，不能直接测算的能否通过其他方法间接测算。

（5）确定费用影响的范围及其内容，确定外部费用和内部费用，判断各种费用能否用货币进行直接测算，不能直接测算的能否通过其他方法间接测算。

（6）正确选用折现率。

（7）采用费用效益法比较待选方案。

（8）进行补充分析，最终确定最优方案。

（三）费用效益分析法应用举例

【例 7-3】 某农业地区灌溉工程项目的经济分析。

1. 项目背景

某地区干旱少雨，当地打了不少机井，但多年抽取地下水灌溉农田，导致地下水位逐年降低，许多老机井已经干涸。为解决农田用水问题，当地政府拟出资修建引水灌溉工程。为此，工程计划：（1）在临河处修建扬水站；（2）修建引水的主干水渠和若干分水渠；（3）修建一座集中式的蓄水库和大量分散的农户蓄水池；（4）建设抽水、分水和灌溉系统。

2. 费用与效益的识别、计算与经济评价

该项目经济分析人员在工程设计人员和农业专家的帮助下，仔细地分析了工程的受益区域和受益类别，对各类收益进行了预测和估算：

（1）直接灌溉效益。直接受益于该工程而得以灌溉的农田 150 万亩，预计每亩每年可增产农作物价值 120 元，由此每年直接受益 18000 万元（120×150）。

（2）节省抽水费用。50 万亩农田（直接受益的）原有机井可以不再使用，由此，每亩地每年可以节省抽水费用 10 元，每年节省抽水费用 500 万元（10×50）。

（3）农业间接效益。在直接受益地区，农作物产出增加又会导致农产品加工与销售的增加，由此获得的间接净收益估计每年可达 800 万元。

（4）周边地区间接效益。直接受益区外的周边地区，其农田抽水机会由于这项工程的供水而使地下水位上升，进而增加灌溉用水少的农作物产出，促进其相关经济发展，此项间接收益估计每年可达 500 万元。

（5）养鱼效益。集中式蓄水库养鱼净收益估计每年可达 50 万元。

本工程的成本费用主要是投资支出，占地损失（不在投资支出之内），以及工程的管理、维护和设备更新费用。工程投资预计 3 年完成，总投资额预计 18 亿元。占地损失每年为 60 万元，管理维护等运营费用每年 250 万元。

本工程的效益、费用列于表 7-8 中。

表 7-8　　某水利灌溉项目的效益、费用及指标计算（i=8%）　　单位：万元

年份 项	1	2	3	4-33
1. 效益				

续表

项 \ 年份	1	2	3	4-33
1.1 直接灌溉效益				18000
1.2 节省抽水成本				500
1.3 农业间接效益				800
1.4 周边地区间接效益				500
1.5 养鱼效益				50
效益合计（1.1+1.2+1.3+1.4+1.5）				19850
2. 费用				
2.1 投资支出	40000	90000	50000	
2.2 占地损失				60
2.3 管理、维护等运营支出				250
费用合计（2.1+2.2+2.3）	40000	90000	50000	310
3. 净效益（效益合计 - 费用合计）	-40000	-90000	-50000	19540

3. 指标计算及评价结论

（1）效益现值与费用现值

$$\sum_{t=0}^{32} B_t(1+8\%)^{-t} = 19850(P/A,\ 8\%,\ 30)(P/F,\ 8\%,\ 3) = 195528(\text{万元})$$

$$\sum_{t=0}^{32} C_t(1+8\%)^{-t} = 40000(P/F,\ 8\%,\ 1) + 90000(P/F,\ 8\%,\ 2) + 50000(P/F,\ 8\%,\ 3) + 310(P/A,\ 8\%,\ 30)(P/F,\ 8\%,\ 3) = 156936(\text{万元})$$

（2）效益费用比

$$(B/C) = \frac{195528}{156936} = 1.25$$

由计算可知，本项目效益费用比大于1，所以，项目是可以接受的。

【例7-4】 某城市高速公路修建项目的经济分析

某城市计划修建一条高速公路以取代原来破旧而危险的普通公路。原公路的长度为26公里。方案一是花费300万元重修路面，随后每10年需要花费250万元翻新路面。此外，每年路面的维护费是每公里1万元。方案二是建造一条22公里的新公路，最初投资1 000万元，每10年的翻新费为225万元，每年维护费为每公里1万元。方案三是建设一条20.5公里的直线公路，其最初投资为1 800万元，每10年的翻新费为225万元，每年维护费为每公里1.8万元。考虑计划期为30年，忽略残值，基准折现率为8%。试选择最佳方案。

解：根据上述条件，可以计算出各方案的投资年值：

(1) 投资年值

方案一：$AC_1 = [300 + 250(P/F, 8\%, 10) + 250(P/F, 8\%, 20)](A/P, 8\%, 30)$
$= [300 + 250 \times 0.4632 + 250 \times 0.2145] \times 0.0888$
$= 41.68$(万元/年)

方案二：$AC_2 = [1000 + 225(P/F, 8\%, 10) + 225(P/F, 8\%, 20)](A/P, 8\%, 30)$
$= [1000 + 225 \times 0.4632 + 225 \times 0.2145] \times 0.0888$
$= 102.34$(万元/年)

方案三：$AC_3 = [1800 + 225(P/F, 8\%, 10) + 225(P/F, 8\%, 20)](A/P, 8\%, 30)$
$= [300 + 225 \times 0.4632 + 225 \times 0.2145] \times 0.0888$
$= 173.38$(万元/年)

(2) 年维护费用

方案一：1×26=26（万元）

方案二：1×22=22（万元）

方案三：1.8×20.5=36.9（万元）

显然，从项目内部看，方案一的内部费用现值最低。

但是，从社会和国家角度看，是否能认为方案一是最优方案？显然暂时不能确定。因为公共项目投资的决策依据是公共利益的最大化，而上述分析仅仅代表项目投资的一个方面——内部支出。我们还需要对项目的外部公共效益方面进行分析，才能得出正确的结论。

公路建设项目的外部效益包括：节省机动车的运行费、时间节约和增加行车安全、减少车祸损失等。表7-9显示了该公路日均机动车流量及运行成本情况；表7-10显示了三个方案的行车速度和年均事故数量等数据。

表7-9　公路日均机动车流量及运行费用表

项目＼车型	轻型卡车	重型卡车	摩托车	轿车
日均流量/辆	350	250	80	3320
运行费用/(元/公里)	0.50	0.85	0.15	0.30

表7-10　行车速度、时间费用和事故费用

项目＼方案		方案一	方案二	方案三
公路长度/公里		26	22	20
车速/(公里/小时)	重型卡车	35	40	40
	其他	45	50	50
年均事故数量/辆		105	75	70

假设商务用车（所有卡车和25%的轿车）的时间费用为22元/小时，非商务用车的时间费用为8元/小时；每辆汽车事故费用（包括物质财产损失、医药费、误工费和其他相关费用）为平均9 000元，则可以计算出项目各方案的年公共运行费用、时间费用和事故

费用。

（3）运行费用

方案一：[350×0.50+250×0.85+80×0.15+3 320×0.30] ×26×365=13 243 295（元）

方案二：[350×0.50+250×0.85+80×0.15+3 320×0.30] ×22×365=11 205 865（元）

方案三：[350×0.50+250×0.85+80×0.15+3 320×0.30] ×20.5×365=10 441 829（元）

（4）时间费用

方案一：[（350/45+250/35）×22+80/45×8+3 320/45×（0.25×22+0.75×8] ×26×365 =11 301 837（元）

方案二：[（350/50+250/40）×22+80/50×8+3 320/50×（0.25×22+0.75×8] ×22×365 =8 575 237（元）

方案三：[（350/50+250/40）×22+80/50×8+3 320/50×（0.25×22+0.75×8] ×20.5×365=7 990 562（元）

（5）事故费用

方案一：105×9 000=945 000（元）

方案二：75×9 000=675 000（元）

方案三：70×9 000=630 000（元）

将上述计算结果汇总到表7-11中，投资和维护费用为政府成本，即项目的费用方面，而项目的效益方面可以定义为项目方案所带来的运行费用、时间费用和事故费用的节约。但在本例题中没有给出效益的绝对数值，需要将某方案相对于另一方案所带来的外部成本节约作为项目效益，从而进行费用效益分析。

表7-11 项目年费用汇总表

项目 \ 方案		方案一	方案二	方案三
内部费用	投资	41.68	102.34	173.38
	维护费用	26.00	22.00	36.90
	内部总费用	67.68	124.34	210.28
外部费用	运行费用	1 324.33	1 120.59	1 044.18
	时间费用	1 130.18	857.52	799.06
	事故费用	94.50	67.50	63.00
	外部总费用	2 549.01	2 045.61	1 906.24
总费用		2 616.69	2 169.95	2 116.52

ΔB_{2-1}=方案一外部总费用-方案二外部总费用=2 549.01-2 045.61=503.40（万元）

ΔC_{2-1}=方案二内部总费用-方案一内部总费用=124.34-67.68=56.66（万元）

$(\Delta B/\Delta C)_{2-1}=\Delta B_{2-1}/\Delta C_{2-1}=503.40/56.66=8.88$

由于效益费用比大于1，因此，方案二优于方案一。

$$\Delta B_{3-2}=2\ 045.61-1\ 906.24=139.37\ (万元)$$

$$\Delta C_{3-2}=210.28-124.34=85.94\ (万元)$$

$$(\Delta B/\Delta C)_{3-2}=\Delta B_{3-2}/\Delta C_{3-2}=139.37/85.94=1.62$$

可见，方案三优于方案二。因此，应选择方案三。

本题也可以用增量费用收益法来进行选择，可以得出相同的结论。

$$\Delta\ (B-C)_{2-1}=\Delta B_{2-1}-\Delta C_{2-1}=503.40-56.66=446.74\ (万元)>0$$

$$\Delta\ (B-C)_{3-2}=\Delta B_{3-2}-\Delta C_{3-2}=139.37-85.94=53.43\ (万元)>0$$

因此，方案三为最优方案。

表7-11的最后一行列出了各方案的年总费用。它等于各方案的内部费用和外部费用之和。以总费用最小为判别依据也可得出相同的结论。

二、 费用效果分析法

费用效果分析法又称费用-效能分析法或成本-效能分析法，是在公共项目评价时，其效果（产出或收益）难以用货币单位计量时采用的方法。此方法在原理上与费用效益分析法有相通之处，但又有其自身的不同特点。此方法被广泛用于国防、航天、教育、医疗、环保等公共项目的评价。

（一）基本原理与要求

在费用效果分析中，费用是用货币单位计量的，而效果（或效能、效用）是用非货币单位计量的，它是对项目目标的直接或间接度量。

计量单位不同，不具有统一的量纲，致使费用效果分析法无法像费用效益分析法那样用于项目方案的绝对经济效果评价，即无法判断项目方案自身的经济性。《建设项目经济评价方法与参数》（第三版）规定：费用效果分析系通过比较项目预期的效果与所支付的费用，判断项目的费用有效性或经济合理性。效果难以或不能货币化，或货币化的效果不是项目目标的主体时，在经济评价中应采用费用效果分析法，其结论作为项目投资决策的依据之一。

费用效果分析中的费用指为实现项目预定目标所付出的财务代价或经济代价，采用货币计量；效果指项目的结果所起到的作用、效应或效能，是项目目标的实现程度。按照项目要实现的目标，一个项目可选用一个或几个效果指标。

费用效果分析遵循多方案比选的原则，所分析的项目应满足下列条件：

（1）备选方案不少于两个，且为互斥方案或可转化为互斥型的方案；

（2）备选方案应具有共同的目标，目标不同的方案、不满足最低效果要求的方案不可进行比较；

（3）备选方案的费用应能货币化，且资金用量不应突破资金限制；

（4）效果应采用同一非货币计量单位衡量，如果有多个效果，其指标加权处理形成单一综合指标；

（5）备选方案应具有可比的生命周期。生命周期不一致时，应采用费用年值公式。

（二）评选步骤与方法

1. 评选步骤

费用效果分析应按下列步骤进行：

（1）确立项目目标；

（2）构想和建立备选方案；

（3）将项目目标转化为具体的可量化的效果指标；

（4）识别费用与效果要素，并估算各个备选方案的费用与效果；

（5）利用相关指标，综合比较分析各个方案的优缺点；

（6）推荐最佳方案或提出优先采用的次序。

2. 评选方法

费用效果分析可采用下列基本方法：

（1）最小费用法。也称固定效果法，在效果相同的条件下，应选取费用最小的备选方案。

（2）最大效果法。也称固定费用法，在费用相同的条件下，应选取效果最大的备选方案。

（3）增量分析法。当效果与费用均不固定，且分别有较大幅度的差别时，应比较两个备选方案之间的费用差额和效果差额，分析获得增量效果时所付出的增量费用是否值得，不可盲目选择效果费用比大的方案或费用效果比小的方案。

效果费用比法是有些学者提出的最大效果费用比较法。这是直接按效果费用比最大的准则比选方案，即单位费用效果最大的方案为最优方案。此法实际上是最小费用法和最大效果法的组合，适用于项目目标要求和费用要求没有严格限制，允许在一定范围内变动的情况。

（三）费用效果分析法应用举例

【例 7-5】 城市大气污染防治绩效评价

近年来，我国城市进行大气污染防治工程，取得了一定成效。研究表明，城市大气污染防治重在控制大气中的 SO_2 和 TSP（总悬浮颗粒）的含量。SO_2 和 TSP 每增加 0.1mg/m^3，这些城市的平均总死亡率增加 4%。进一步研究发现，这些城市中大气污染浓度与人口死亡率变化的关系符合以下函数：

$$\Delta DN = (K_{SO_2} \times \Delta C_{SO_2} + K_{TSP} \times \Delta C_{TSP}) \times 10 \times D_{R_0} \times P$$

式中：ΔDN 为每年因污染物浓度改变引起的死亡人口数改变；

K_{SO_2} 和 K_{TSP} 分别为 SO_2 和 TSP 的浓度每变化 0.1mg/m^3 的反应系数；

ΔC_{SO_2} 和 ΔC_{TSP} 分别为 SO_2 和 TSP 的浓度变化（无项目的浓度-有项目的浓度）；

DR_0 为基准死亡率（根据 2003 年中国统计年鉴，DR_0 = 654/10 万）；

P 为受影响区域的人口数。

经调查发现，其中 5 个城市的环境污染治理工程的成效如表 7-12 所示。请评价各城市的大气污染治理绩效。

表 7-12　　各市大气污染治理投入与效果统计表

城市	受影响区域人口数/万人	大气污染治理投入/亿元	项目投入对环境的改变		
			污染物	无项目时	有项目时
A	485	15.00	SO_2	0.12	0.08
			TSP	0.46	0.32
B	149	13.94	SO_2	0.27	0.20
			TSP	0.57	0.40
C	135	8.64	SO_2	0.25	0.20
			TSP	0.30	0.25
D	35	1.36	SO_2	0.07	0.06
			TSP	0.19	0.12
E	11	0.97	SO_2	0.08	0.06
			TSP	0.51	0.30

解：根据题意可知 $K_{SO_2}=K_{TSP}=4\%$，$DR_0=654/10$ 万，则运用题中函数和表 7-12 中数据可以计算出 5 个城市大气污染治理所挽救的超死亡人数 ΔDN。以每挽救一人投入资金（万元）或者每亿元投入挽救生命人数为费用效能比，则这 5 个城市大气污染治理成效评价如表 7-13 所示。

表 7-13　　五城市大气污染治理绩效

城市	减少死亡人数	每挽救一人投入资金/万元	每亿元投入挽救生命人数/人
A	2283.77	65.68	152.25
B	935.48	149.01	67.11
C	353.16	244.65	40.88
D	73.25	185.67	53.86
E	66.18	146.56	68.23

可见，以上 5 个城市中，A 城市的大气污染治理最为有效，随后依次是 E、B、D 市，而 C 市效果最差。

【例 7-6】　某暖气公司扩建与改造的成本效能分析

1. 项目背景

某北方城市由于外来人口的增多，经济迅速发展，原城市供暖设备明显不足。有的地区无法得到充足暖气供应的保证，而另一些地区暖气质量明显下降。市政府提出两个方案：方案一，新建一个供暖公司；方案二，扩建原供暖公司，更新设备。两个方案预测均可达到同等效果，基本满足该市暖气需求量。

2. 效用分析

由于无论是原有公司的改造还是新公司的建设，都能保证暖气供应量和供应质量，而在其他方面无明显差异。因此就这单一目标而言，两方案完全相同，所以可视两个方案效用完全一致，设定为一固定值，只需将分析重点放在成本的比较上即可。

3. 成本分析

建设期和计算期：扩建方案建设期 1 年，运营期 20 年；新建方案建设期 1 年，运营期 20 年。

基准折现率为 8%，项目投资及运营费用如表 7-14 所示。

表 7-14　两方案的投资估算与运营费用表　单位：万元

项目 \ 年	扩建		新建	
	0	1~20	0	1~20
1. 土建工程	7 300		7 900	
2. 设备采购及安装	3 100		3 900	
3. 人员工资	1 800		2 000	
4. 增加流动资金	800		750	
5. 运营费用		560		430
总　计	13 000	560	14 550	430

4. 两方案比较评选

由于两方案效用相同、成本不同，因此固定效用，比较成本。本例采用费用现值法。

扩建方案费用现值为：

$$PC_{扩} = 13\,000 + 560(P/A,\ 8\%,\ 20) = 18\,498.08(万元)$$

新建方案费用现值为：

$$PC_{新} = 14\,550 + 430(P/A,\ 8\%,\ 20) = 18\,771.74(万元)$$

扩建方案费用现值小于新建方案费用现值，所以前者优于后者，应该选用扩建方案。

5. 敏感性分析

因为本案例中一些关键因素的变化，将直接影响方案比选的准确性，因此需要研究诸如折现率、使用年限、初始投资及运营费用的变动给方案最终效果的影响程度，确定它们不影响最终结果的可变范围，并比较它们的敏感程度，从而确定项目的风险性。

（1）基准折现率的敏感性分析

令两方案费用现值相等：

$$13\,000 + 560(P/A,\ i,\ 20) = 14\,550 + 430(P/A,\ i,\ 20)$$

解得：$i=5.5\%$

因此，只要基准折现率不低于 5.5%，则扩建方案始终优于新建方案。

（2）运营期限的敏感性分析

令 $13\,000 + 560(P/A,\ 8\%,\ n) = 14\,550 + 430(P/A,\ 8\%,\ n)$

解得：$n=40$（年）

因此只要使用年限不超过 40 年，扩建的方案优于新建的方案。

（3）投资额的敏感性分析

比如由于物价水平上涨等都会导致投资额的增大。假设两方案同幅度增大，增大比例

为 a，则令 $13\,000(1+a)+560(P/A,\ 8\%,\ 20)=14\,550(1+a)+430(P/A,\ 8\%,\ 20)$

解得：$a=-17.66\%$

分析可知，如果物价水平下跌17.66%以上，则新建方案更优。

（4）运营成本的敏感性分析

若两方案运营成本增加比例为 b，两方案费用现值仍相等，则有：

$$13\,000+560(1+b)(P/A,\ 8\%,\ 20)=14\,550+430(1+b)(P/A,\ 8\%,\ 20)$$

解得：$b=21.44\%$

所以如果两方案运营成本上涨超过21.44%，则新建方案更优。

综上所述，两方案经济指标影响程度都不太大，运营期限影响程度最小，其次是折现率和年运营成本，投资额影响略大一点。因此可知这个项目方案选用的风险性比较小。

6. 其他分析

由于原供暖设备使用时间不长，磨损、老化都不大，因此不存在任何安全问题；再加上新建供暖公司手续复杂，所以该市最终决定改造扩建原供暖公司，以保证全市暖气供应。

习　题

1. 简述公共产品的特征及其与一般商品的区别。
2. 简述公共投资项目的基本目标及其与一般竞争性投资项目的区别。
3. 简述公共投资项目评估的基本目标、原则和方法。
4. 简述公共投资项目费用与效益的类别与识别方法。
5. 简述费用效益分析的原则、分析指标和分析过程。
6. 简述公共投资项目与政府投资项目的关系。
7. 请分别分析水利水电项目、文化教育项目、城市基础设施项目、交通运输项目等典型公共项目的特点及其评价重点。
8. 分析公共项目评价实施中需要研究解决的关键问题。
9. 简述公共项目效益和费用的种类。
10. 试论述费用效果法与费用效益法的主要区别与应用领域。
11. 试论述公共项目外部效果计量的原则。

第八章 设备更新的技术经济分析

第一节 设备的磨损及其补偿方式

设备在使用和闲置过程中不可避免地发生实物形态和价值形态的变化及技术性能的低劣化。因此应研究设备磨损的规律，找出对设备进行补偿的最佳方式。磨损有有形磨损和无形磨损等形式。

一、 设备的有形磨损

（一）设备的有形磨损

运转中的机器在外力作用下，其零部件会发生摩擦、振动和疲劳等现象，以致机器设备的实体上产生磨损。这种磨损叫做第Ⅰ种有形磨损。

其具体表现为：

（1）零部件原始尺寸的改变，甚至形状也发生改变；

（2）公差配合性质的改变以及精度的降低；

（3）零部件的损坏。

第Ⅰ种有形磨损可使设备精度降低、劳动生产率下降。当这种磨损达到一定程度时，整个机器就会出现毛病，功能下降，设备的使用费用剧增；当有形磨损达到比较严重的程度时，设备就不能正常工作，甚至发生事故，提前失去工作能力。

自然力的作用是造成有形磨损的另一个原因。机器闲置使金属件生锈、腐蚀，橡胶件和塑胶件老化等，也是机器磨损，时间长了自然使机器丧失精度和工作能力，失去使用价值，这种磨损被称为第Ⅱ种有形磨损。

第Ⅱ种有形磨损与生产过程的使用无关，甚至与使用程度成反比。

这两种有形磨损都造成设备的技术性陈旧。

设备在使用中产生的零部件有形磨损大致有三个阶段，如图 8-1 所示。即①初期磨损阶段，图中第Ⅰ阶段。这一阶段时间很短，零部件表面粗糙不平的部分在相对运动中被很快磨去，磨损量较大。②正常磨损阶段，图中第Ⅱ阶段。这一阶段将维持一段时间，零部件的磨损趋于缓慢，基本上随时间而匀速缓慢增加。③剧烈磨损阶段，图中第Ⅲ阶段。这一阶段，零部件磨损超过一定限度，正常磨损关系被破坏，工作情况恶化而零部件磨损量迅速增大，设备的精度、性能和生产率都会迅速下降。

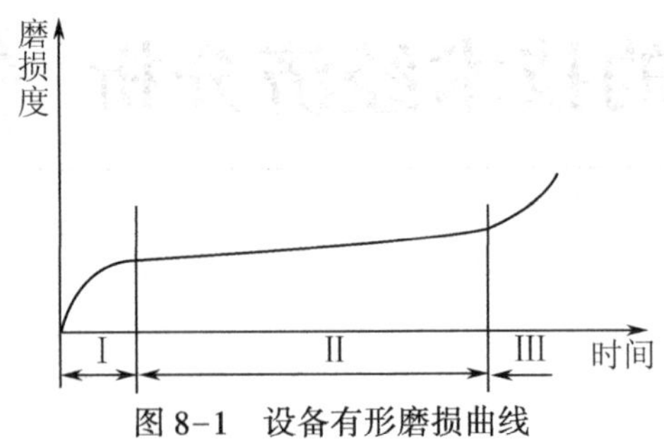

图 8-1　设备有形磨损曲线

（二）技术进步对有形磨损的影响

（1）技术进步可使设备的耐久性提高。如更耐用的材料出现，零部件加工精度、光洁度的提高，以及结构可靠性的增大等。

（2）可采用新的先进的修理技术来修复设备。

（3）技术进步使设备在使用中高效化、自动化，又加速了设备的有形磨损。如自动化管理系统会大大减少设备的停歇时间，数控技术会大大减少设备的辅助时间，使机动时间比重增加。

有形磨损中有一部分是通过修理可以消除的，属于可消除的有形磨损；另一部分是不能通过修理消除的有形磨损。当设备的有形磨损达到不能作为劳动工具继续使用时，被视为完全磨损，这时就要对设备进行更新。

（三）设备的有形磨损的度量

正确度量设备的有形磨损的程度，是合理评价设备使用经济价值的标准之一。虽然设备有形磨损程度直接决定于设备零件的磨损量，但是利用所有磨损零件的物理磨损百分数的算术平均值不能表示整机有形磨损的程度，因为它不能反映零件磨损程度与价值的关系。因此，只能用经济指标的度量方法在计算个别零件磨损程度的基础上，确定整机平均磨损程度。通常用下式表示：

$$a_p = \frac{\sum_{i=1}^{n} a_i K_i}{\sum_{i=1}^{n} K_i} \tag{8-1}$$

式中：a_p 为设备有形磨损程度；

a_i 为 i 零件的磨损程度；

K_i 为 i 零件的价值；

n 为磨损零件总数。

与此同时，设备的有形磨损程度的度量，必须反映其价值损失，由此我们可以得到另一种表示有形磨损程度的经济指标：

$$a_p = \frac{R_r}{K_1} \tag{8-2}$$

式中：R_r 为修复全部磨损零件所需修理费；

K_1 为设备的再生产价值。

设备有形磨损程度以 1 为极限。

二、 设备的无形磨损

（一）设备的无形磨损

设备的无形磨损（Intangible Abrasion of Equipment）是由于科学技术进步而不断出现性能更加完善、生产效率更高的设备，使原有设备的价值降低；或是生产同样结构设备的价值不断降低，而使原有设备贬值。显然，在这种情况下，它不表现为设备实体的变化，原有设备的价值不取决于最初的生产消耗，而取决于再生产时的消耗，而且这种消耗也是不断下降的。

无形磨损按其成因的不同，可分为两种形式，即第Ⅰ种无形磨损和第Ⅱ种无形磨损。

第Ⅰ种无形磨损，是相同结构设备的再生产价值的降低，使原有设备贬值。在这种无形磨损中，设备的技术结构和经济性能并未改变，但是技术进步使生产工艺不断改进，成本不断下降，劳动生产率不断提高，结果使生产这种设备的社会必要劳动消耗相应降低，从而使原有设备贬值。

第Ⅱ种无形磨损，是不断出现性能更加完善、效率更高的设备，使原有设备显得陈旧落后，由此产生的经济磨损。由于出现比原设备结构更新、技术性能更完善、具有更高的生产效率和经济性能的设备，原设备的价值降低，如果继续使用该设备，将降低经济效果。

（二）技术进步对无形磨损的影响

（1）如果技术进步的形式表现为不断出现性能更加完善、效率更高的设备，但加工方法没有原则性变化，这种无形磨损则使设备的使用价值大大降低。如果这种磨损速度很快，继续使用旧设备可能是不经济的。

（2）如果技术进步的形式表现为广泛采用新的劳动对象，特别是利用综合的人造材料时，则加工旧材料的设备必然被淘汰。

（3）如果技术进步的形式表现为改变原有生产工艺，采用新的加工方法，则原有设备将失去使用价值。

因此，机器设备的无形磨损说明：机器性能的改进、机器生产率的提高和再生产费用的降低，是技术进步的体现和结果。

（三）设备无形磨损的度量

衡量设备的无形磨损常常采用价值指标。设 W_{I} 为无形磨损的价值数量，则 $W_{\mathrm{I}} = K_0 - K_1$。

设备无形磨损程度可用下式表示：

$$a_{\mathrm{I}} = \frac{K_0 - K_1}{K_0} = 1 - \frac{K_1}{K_0} \tag{8-3}$$

式中：a_{I} 为设备无形磨损程度；

K_0 为设备原始价值。

K_1 为等效设备的再生产价值。

计算 a_I 时，K_1 必须反映技术进步从两个方面对现有设备贬值的影响：一是相同设备再生产价值的降低；二是具有较好功能和更高效率新设备的出现。K_1 可用下式表示：

$$K_1 = K_n\left(\frac{q_o}{q_n}\right)^m\left(\frac{C_n}{C_o}\right)^n \tag{8-4}$$

式中：K_n 为新设备价值；

q_o，q_n 分别为相应的旧设备、新设备的年生产率；

C_o，C_n 分别为使用相应的旧设备、新设备的单位产品消耗费用；

m，n 分别为劳动生产率提高和成本降低指数。

在上式中，当 $q_o = q_n$，$C_o = C_n$ 时，即新旧设备的劳动生产率与使用成本均相同时，$K_1 = K_n$ 表示只发生第Ⅰ类无形磨损。若出现下列三种情况之一，就表示发生第Ⅱ类无形磨损。

(1) $q_n > q_o$，$C_n = C_o$，此时 $K_1 = K_n(q_o/q_n)^m$；

(2) $q_n = q_o$，$C_n < C_o$，此时 $K_1 = K_n(C_n/C_o)^n$；

(3) $q_n > q_o$，$C_n < C_o$，此时 $K_1 = K_n(q_o/q_n)^m(C_n/C_o)^n$。

三、 设备的综合磨损

(一) 设备的综合磨损

设备的综合磨损（Comprehensive Abrasion of Equipment）是指设备在使用期内同时存在有形磨损和无形磨损。设备在运行或闲置中遭受的有形磨损不可避免，不同的只是具体设备在不同条件下表现的有形磨损的程度不一样，同时由于科学技术的进步是连续无间断的，无法确定技术进步的起点和终点，因此技术进步引起的设备磨损在任何情况下，对任何设备都存在无形磨损，只是不同设备的技术发展不平衡表现的无形磨损的程度不同而已。因此对于任何特定的设备，两种磨损必然同时发生。

(二) 设备的综合磨损的度量

设备有形磨损后的残余价值如用占原始价值的比率表示则为 $1 - a_p$， 设备无形磨损后的残余价值如用占原始价值的比率表示则为 $1 - a_I$。

若设备受两种磨损后的残余价值用原始价值的比率表示，则为 $(1 - a_p)(1 - a_I)$。

因此，设备综合磨损程度的公式为：

$$a = 1 - (1 - a_p)(1 - a_I) \tag{8-5}$$

式中：a 为设备综合磨损程度。

任何时候设备遭受综合磨损后残值 K_e 可用下式计算：

$$K_e = (1 - a)K_0 \tag{8-6}$$

将上式展开并整理得：

$$K_e = (1 - a)K_0 = [1 - 1 + (1 - a_p)(1 - a_I)]K_0$$

$$= \left(1 - \frac{R_r}{K_1}\right)\left(1 - \frac{K_0 - K_1}{K_0}\right)K_0 = K_1 - R_r$$

从上式可以看出，设备遭受综合磨损后的残值等于设备再生产价值减修理费用。

【例 8-1】 某工程公司的一台设备原始价值为 4 万元，现在已经遭受到各种磨损，据计算，通过大修消除有形磨损花费 1 万元，而设备此时的再生产价值为 2 万元。求该设备的有形磨损、无形磨损和综合磨损的价值、程度和残值。

解：(1) 设备有形磨损的价值 $W_p=1$（万元）

设备有形磨损的程度 $a_p=\frac{R_r}{K_1}=\frac{1}{2}=0.5$

(2) 设备无形磨损的价值 $W_{\rm I}=K_0-K_1=4-2=2$（万元）

设备无形磨损的程度 $a_{\rm I}=\frac{K_0-K_1}{K_0}=1-\frac{K_1}{K_0}=\frac{2}{4}=0.5$

(3) 设备综合磨损的价值 $W=W_p+W_{\rm I}=1+2=3$（万元）

设备综合磨损的程度 $a=1-(1-a_p)(1-a_q)=1-0.5\times0.5=0.75$

设备综合磨损后的残值 $K_e=(1-a)K_0=1$（万元）

研究机器设备磨损的度量问题，是正确评价机器设备使用经济性的重要尺度。

四、 设备磨损的补偿

由于有形磨损和无形磨损对设备使用价值会产生不同程度的影响，为维持设备正常工作需要的特性和功能，必须对已磨损的设备进行及时、合理补偿。根据设备磨损程度、类型的不同，相应地就有修理、现代化改造和更新等方式，如图 8-2 所示。补偿的目的在于减轻设备的物质、技术劣化，保障设备良好的技术状态，防止设备故障停机等所造成的损失。

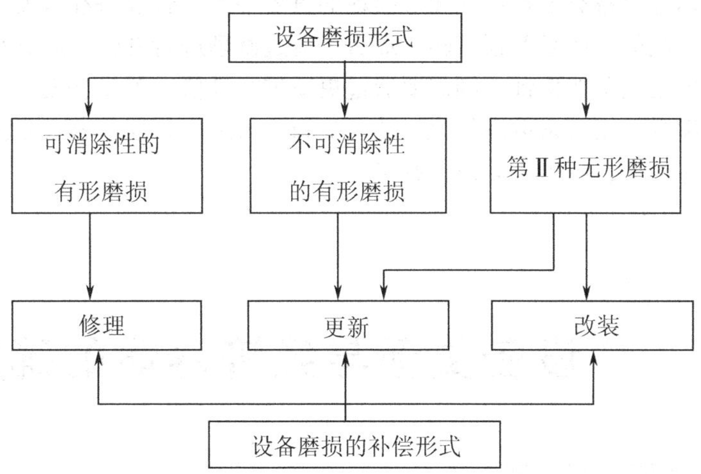

图 8-2 设备磨损与补偿的关系

(一) 设备修理

一台设备常常是由不同材质的众多零部件组成的，这些零部件在设备运行的过程中承担的功能不同、工作条件不同，因而受磨损的程度也不同。有的零件被磨损后必须更换，而有的则可以继续使用。为了消除这些经常性的有形磨损和排除机器运行中遇到的各种故障，保证设备在其寿命期内维持必要的性能，通常需要对设备进行修理。按设备修理的经济内容可以分为日常维护、小修、中修和大修。

日常维护是拆除和更换设备中与被磨损的零部件无关的一些维修内容，诸如设备的润滑保洁、定期检查和调整等；小修是在设备使用过程中为保证其工作能力而进行的调整、修复或更换个别零件的修理工作；中修是进行设备部分解体的计划修理，主要是更换或修复不能用到下次计划修理的磨损零件，使规定修理的部分零件基本恢复到出厂时的功能水平；大修是在原有实物形态上的一种局部更新，它通过对设备全部解体，修理耐久的部分，更换全部损坏的零部件，全面消除缺陷，从而恢复设备的精度及零部件、整机的全部或接近全部的功能。

（二）设备现代化改装

设备的现代化改装是指利用现代的科技成果来改装现有的旧设备。通过改进结构或给旧设备换上新的部件来提高现有设备的技术水平和效率，使其赶上技术进步的步伐。由于这种方法是在旧设备的基础上进行的，因此其所需要的费用显然少于新购设备，这对于我国企业来说是一条改变技术落后状况的有效途径。

（三）设备更新

设备更新是指用更经济或性能、效率更高的设备，来更换在技术上不能继续使用，或在经济上不宜继续使用的设备。就实物形态而言，设备更新是用新设备替换旧设备；就价值形态而言，设备更新是设备在使用中所消耗的价值的重新补偿。设备更新的目的是提高企业生产的现代化水平，尽快形成新的生产能力。

设备更新是消除设备有形损耗和无形损耗的重要手段。若设备在被使用价值的降低主要是由有形磨损引起的，而且磨损较轻，那么可通过修理进行补偿，若磨损太严重无法修复，或虽能修复但精度不能保证，则需要通过更新进行补偿。若设备使用价值的降低主要是由无形磨损引起的，则可采取现代化改装或更新方式进行补偿。若设备虽遭受无形磨损但使用价值并没有改变，则可不必进行补偿。

第二节 设备更新与经济寿命的确定

一、设备更新的概念与形式

（一）设备更新的概念

设备（Equipment）是企业生产的物质技术手段，设备的质量和技术水平是一个国家工业化水平的重要标志，是判定一个企业技术创新能力、开发能力的重要标准，也是影响企业和国民经济各项技术经济指标的重要因素。从广义上看，设备更新（Renewal and

Renovation of Equipment）是指设备修理、设备更换、设备更新和设备现代化改装；从狭义上看，设备更新是指以结构更先进、技术更完善、生产效率更高的新设备去替换不能继续使用以及经济上不宜继续使用的旧设备。

设备更新源于设备的磨损（Equipment Attrition）。在企业生产中，设备在被使用一定时期后，由于物理作用（摩擦、冲击、扭转、弯曲等）及化学作用（腐蚀、氧化、电解等）或技术进步的影响，会出现设备的性能下降、陈旧落后及经济上的不合理，这是设备有形磨损和无形磨损共同作用的结果。如果要使生产过程持续下去，就必须对设备进行补偿。设备更新是补偿设备磨损的重要手段，是保证设备寿命周期费用最低的基本措施。

（二）设备更新的形式

设备更新主要有原形更新和技术更新两种形式。

1. 原形更新

原形更新又称简单更新（Simple Renewal），它是用相同结构和效能（或同型号）的新设备去更换有形磨损严重、不能继续使用的旧设备。这种更新主要是用来更换已损坏的或陈旧的设备。但是这种更新不具有更新技术的性质，主要解决设备的损坏问题，因此不能促进技术进步。

2. 技术更新

技术更新（Technic Renewal）是以结构更先进、技术更完善、性能更好、效率更高、能源和原材料耗费更低的新型设备，来换掉技术上陈旧落后，遭到第二种无形磨损，以及在经济上不宜继续使用的旧设备。这种更新不仅能解决设备的损坏问题，还能解决设备技术落后的问题。在技术迅速进步的 21 世纪，设备更新主要是指这一种方式，它是实现企业技术进步、提高经济效益的主要途径。

反映某一国家、部门或企业设备更新的速度指标，可用设备役龄和设备新度来表示。设备的役龄是指设备在生产中的服役年限。设备的役龄越短，表示某个部门或企业的技术装备水平越先进。设备的新度是指设备的净值与设备原值之比。设备净值就是设备的原值减折旧提成。新度的比值越大，设备越新。

二、 设备原型更新与经济寿命的确定

（一）设备的寿命

由于设备磨损的存在，设备的使用价值和经济价值逐年消逝，因而设备具有一定的寿命。由于设备的磨损形式不同，所以在判断和衡量设备寿命时就有不同的标准。具体来说，设备的寿命有以下四种形式。

1. 设备的自然寿命

设备的自然寿命又称物理寿命（Natural Life of Equipment），是由有形磨损决定的，指设备从开始使用直到报废所延续的时间。搞好设备的维修保养可延长设备的物理寿命，但不能从根本上避免设备的磨损，任何一台设备磨损到一定程度都必须进行修理或更新。

2. 设备的技术寿命

设备的技术寿命（Technical Life of Equipment）是由设备的无形磨损决定的，特别是

第Ⅱ种无形磨损，是指设备由开始使用到因技术落后而被淘汰所延续的时间。由于科学技术迅速发展，不断出现比现有设备技术更先进、经济性能更好的新型设备，从而使现有设备在物理寿命尚未结束前就被淘汰。技术寿命的长度主要取决于科学技术进步速度，而与有形磨损无关。

3. 设备的经济寿命

设备的经济寿命（Economic Life of Equipment）是由有形磨损和无形磨损同时决定的，指设备从开始使用到其年平均总成本最低年份所延续的时间。设备在使用后期，由于设备的低劣化，使用费用不断增加，为了避免因此而带来的不经济，就应停止对设备的继续使用，设备使用到此时的年限，就是设备的经济寿命。

4. 设备的折旧寿命

这是指根据有关规定，按设备耐用年数，每年进行折旧，直到使设备净值为零的全过程。

设备更新的时机，一般取决于设备的技术寿命和经济寿命。

（二）设备经济寿命的确定

1. 设备静态经济寿命的确定

研究设备更新经济性的关键问题是正确确定设备的经济寿命即设备最佳更换期。所谓设备最佳更换期，就是使设备投资的折旧费和各年使用成本的总和最小的年限。设备使用年限越长，平均每年分摊的折旧费（使用费）越少，但由于设备日益老化，其使用成本（包括维修费、保养费与修理费、能源损耗费、设备事故停工损失及效率损失等）就会增多；反之，设备使用年限越短，每年分摊的折旧费（使用费）越多，虽然各年支出的使用成本减少，但两项费用之和不一定最少。因此要确定两项费用之和最少的年限，即设备的最佳更换期（见图 8-3 中的 T_E）。计算设备最佳更换期的方法很多，本章介绍几种常用的方法。

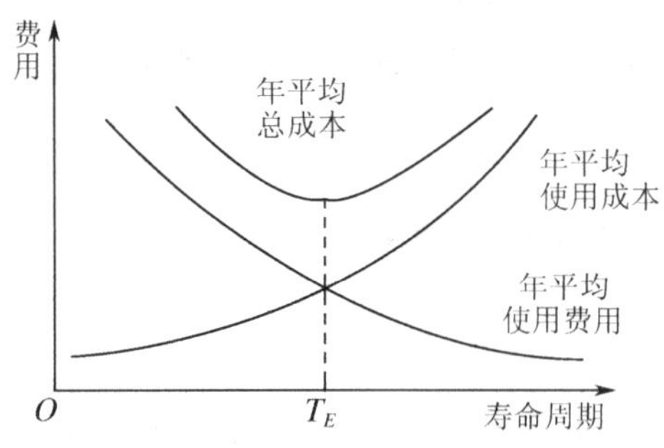

图 8-3　设备经济寿命示意图

（1）低劣化数值法

低劣化数值法（Low Degradation Numerical Method）是确定设备经济寿命期的基本方法。设备的经济寿命提供了设备更换的最佳时期。确定设备经济寿命的原则是：使设备一次性投资和各年使用成本的总和最小。通常用设备低劣化数值来确定。所谓低劣化值，是指随着设备使用时间加长、设备磨损加速，其维护、保养、修理、燃料动力消耗、停工损失等使用成本不断增加，这种使用成本的增加，被称为设备使用的低劣化值。

假使设备的使用成本每年按一定值 λ 呈直线增加，则设备在第 T 年被使用时，其低劣化值为 $T\lambda$，T 年内年平均低劣化值为：

$$\frac{\lambda + 2\lambda + \cdots + T\lambda}{T} = \frac{T+1}{2}\lambda \tag{8-7}$$

由于设备的总投资为 K_0，按直线折旧法，设备使用 T 年后的残值为 $V(T)$，其年平均折旧额即每年平均分摊的设备成本为 $\frac{K_0 - V(T)}{T}$，因此，设备每年平均总成本(AC_{cp})为：

$$AC_{cp} = \frac{K_0 - V(T)}{T} + \frac{T+1}{2}\lambda \tag{8-8}$$

求最小的年设备总成本时，可令 $\frac{\mathrm{d}AC}{\mathrm{d}T} = 0$，

则：

$$T = \sqrt{\frac{2[K_0 - V(T)]}{\lambda}} \tag{8-9}$$

【例 8-2】 某设备原始价值为 15 000 元，每年低劣化增加值为 600 元，残值为 0，求得 $T = \sqrt{\frac{2 \times 15\ 000}{600}} \approx 7$(年)，即设备的最佳使用期为 7 年。同时我们还可以列表说明设备各年的总成本变化情况，并与计算的最佳使用期相对应（见表 8-1）。

表 8-1　　设备最佳更换期计算表　　单位：元

年份	当年低劣化值 λ	年平均低劣化值 $\frac{T+1}{2}\lambda$	年平均分摊设备价值 $\frac{K_0}{T}$	年平均总成本 AC_{cp}
1	1×600＝600	600	15 000	15 600
2	2×600＝1 200	900	7 500	8 400
3	3×600＝1 800	1 200	5 000	6 200
4	4×600＝2 400	1 500	3 750	5 250
5	5×600＝3 000	1 800	3 000	4 800
6	6×600＝3 600	2 100	2 500	4 600
7	7×600＝4 200	2 400	2 143	4 543*
8	8×600＝4 800	2 700	1 875	4 575
9	9×600＝5 400	3 000	1 667	4 667
10	10×600＝6 000	3 300	1 500	4 800

表 8-1 中最后一列年平均总成本最小值 4543 所对应的年份——7 年就是最佳使用期。

如果设备残值不能被视为常数，使用成本不呈线性增长，各年不同，且无规律可循，这时可根据对实际情况的预测，用列表法来判断设备的经济寿命。

（2）最小年费用法

若设备的低劣化值每年不以等值（λ）增加，各年变化不相同，则应采用最小年费用法计算设备的最佳更换期。假设设备的投资为 K_0，第 t 年的经营费用为 $C(t)$，研究周期为 T，第 T 年的残值为 $V(T)$，则设备的年均总成本 $AC(T)$ 为：

$$AC(T) = \frac{\sum_{j=1}^{t} C(t) + K_0 - V(T)}{T} \quad (T = 1,\ 2,\ \cdots) \tag{8-10}$$

【例 8-3】 某设备原值 20 000 元，其各年残值及设备成本资料如表 8-2 所示。

表 8-2　某设备各年使用成本及残值表　单位：元

使用年数	1	2	3	4	5	6	7
年使用成本 $C(t)$	2 500	3 500	4 200	5 500	7 000	8 500	10 000
年末设备残值 $S(T)$	12 000	9 000	5 500	4 500	3 500	2 200	1 500

在不考虑时间因素时求其最佳更换期。

由表 8-3 求得最小费用为 7 800 元，可见该设备使用第 4 年为最佳更换期。

表 8-3　用最小年费用法（不考虑时间因素）求设备最佳更换期　单位：元

使用年限①	累计设备使用成本 ②$=\sum C(t)$	设备价值 ③$=K_0-V(T)$	总使用成本 ④=②+③	年平均总成本 ⑤=④÷①
1	2 500	8 000	10 500	10 500
2	6 000	11 000	17 000	8 500
3	10 200	14 500	24 700	8 233
4	15 700	15 500	31 200	7 800*
5	22 700	16 500	39 200	7 840
6	31 200	17 800	49 000	8 167
7	41 200	18 500	59 700	8 529

2. 设备动态经济寿命的确定

(1) 低劣化数值法

【例 8-4】 某设备原始价值为 15 000 元，每年低劣化增加值为 600 元，若考虑资金的时间价值，并假定年利率为 10%时，设备年平均总成本计算如表 8-4 所示。

表 8-4　利率 10%时设备各年的总费用　单位：元

年份	当年低劣化值①	现值系数②	低劣化现值③=①×②	累积低劣化现值④	资金回收系数⑤	年平均低劣化值⑥=④×⑤	年平均分摊设备价值⑦=15 000×⑤	年平均总成本⑧=⑥+⑦
1	600	0.909 1	545.46	545.46	1.100	600.00	16 500	17 100.00
2	1 200	0.826 4	991.68	1 537.14	0.570	876.17	8 550	9 426.17
3	1 800	0.751 3	1 352.34	2 889.40	0.402	1 161.54	6 030	6 950.39
4	2 400	0.683 0	1 639.20	4 528.68	0.315	1 426.53	4 725	6 151.53
5	3 000	0.620 9	1 862.70	6 391.38	0.264	1 687.32	3 960	5 647.32
6	3 600	0.564 5	2 032.20	8 423.58	0.230	1 937.42	3 450	5 387.42
7	4 200	0.513 2	2 155.44	10 579.02	0.205	2 168.70	3 075	5 243.70
8	4 800	0.466 5	2 239.20	12 818.22	0.187	2 397.01	2 805	5 202.01*
9	5 400	0.424 1	2 290.14	15 108.36	0.174	2 628.85	2 610	5 436.85
10	6 000	0.385 5	2 313.00	17 421.36	0.163	2 839.68	2 445	5 284.68

从表 8-4 可知，$T=8$，即考虑资金时间价值后最佳更换期为 8 年，比静态情况下向后移了 1 年。

（2）最小年费用法

若考虑资金时间价值，则其计算公式为：

$$AC(T)=\left[K_0-\frac{V(T)}{(1+i_0)^T}+\sum_{i=1}^{T}\frac{C(t)}{(1+i_0)^t}\right]\times(A/P,\ i_0,\ T)\quad (T=1,\ 2,\ \cdots) \tag{8-11}$$

【例 8-5】 某设备原值 20 000 元，其各年残值及设备使用费资料如表 8-5 所示。

表 8-5　　某设备各年使用费及残值表　　单位：元

使用年数	1	2	3	4	5	6	7
年使用费 $C(t)$	2 500	3 500	4 200	5 500	7 000	8 500	10 000
年末设备残值 $S(T)$	12 000	9 000	5 500	4 500	3 500	2 200	1 500

在考虑时间因素时求其最佳更换期。

考虑时间因素后所求得设备最佳更换期（见表 8-6）为第 5 年，与不考虑时间因素时的 4 年比较向后推迟了 1 年。

表 8-6　　用最小年费用法（考虑时间因素）求合理更新期（$i=10\%$）　　单位：元

年份①	设备原值②	设备残值③	终值系数 $\frac{1}{(1+i)^t}$ ④	残值现值⑤=③×④	年使用费⑥	使用费现值⑦=⑥×④	使用费现值累计⑧=Σ⑦	总使用成本⑨=②+⑧-⑤	年值系数 $\frac{i(1+i)^t}{(1+i)^t-1}$ ⑩	年平均总成本⑪=⑨×⑩
1	20 000	12 000	0.909	10 908.0	2 500	2 272.5	2 272.5	11 364.5	1.100	12 500.95
2	20 000	9 000	0.826	7 434.0	3 500	2 891.0	5 163.5	17 729.5	0.576	10 212.19
3	20 000	5 500	0.751	4 130.5	4 200	3 154.2	8 317.7	24 187.2	0.402	9 723.25
4	20 000	4 500	0.681	3 064.5	5 500	3 745.5	12 063.2	28 998.7	0.315	9 134.19
5	20 000	3 500	0.621	2 173.5	7 000	4 647.0	16 710.2	34 536.7	0.264	9 117.69*
6	20 000	2 200	0.565	1 243.0	8 500	4 802.5	21 512.7	40 269.7	0.230	9 262.03
7	20 000	1 500	0.513	769.5	10 000	5 130.0	26 642.7	45 873.2	0.205	9 404.00

三、设备新型更新的技术经济分析

前面讨论的是设备在使用期内不发生技术上过时和陈旧，没有更好的新型设备出现的情况。在技术不断进步的条件下，由于第Ⅱ种无形磨损的作用，很可能在设备运行成本尚未升高到必须用原型设备替代之前，就已出现工作效率更高和经济效果更好的设备。这时，就要比较在继续使用旧设备和购置新型设备这两种方案中，哪一种方案在经济上更为有利。

在有新型设备出现的情况下，常用的设备更新决策方法是：年费用比较法。年费用比较法是从原有旧设备的现状出发，分别计算旧设备再使用一年的总费用和备选新型设备在其预计的经济寿命期内的年均总费用，并进行比较，根据年费用最小原则决定是否应该更新设备。

1. 旧设备年总费用的计算

旧设备再使用一年的总费用可由下式求得。

$$AC_0 = V_{00} - V_{01} + \frac{V_{00} + V_{01}}{2}i + \Delta C \qquad (8-12)$$

式中：AC_0 为旧设备下一年运行的总费用；

V_{00} 为旧设备在决策时可出售的价值；

V_{01} 为旧设备一年后可出售的价值；

ΔC 为旧设备继续使用一年在运行费用方面的损失（即使用新设备相对使用旧设备的运行成本的节约额和销售收入的增加额）；

i 为最低希望收益率；

$\frac{V_{00} + V_{01}}{2}i$ 为因继续使用旧设备而占用资金的时间价值损失，资金占用额取旧设备现在可售价值和一年后可售价值的平均值。

上述计算，亦可用企业统计数据列表呈现，详见表 8-7。

表 8-7　旧设备的年费用计算表　单位：元

项　目	利弊比较	
	新 设 备	旧 设 备
（收入）产量增加加入	1100	
质量提高收入	550	
（费用）直接工资的节约	1210	
间接工资的节约		
简化工序等导致的其他作业上的节约	4400	
材料损耗减少		
维修费节约	3300	
动力费节约		1100
设备占地面积节约	550	
合　计	11110 ①	1100 ②
旧设备运行损失		10010 ③=①-②
旧设备现在出售价值	7700	
旧设备一年后出售价值	6600	
下年旧设备出售价值减少额		1100 ④
资金时间价值损失（i=10%）		715 ⑤
旧设备的设备费		1815 ⑥=④+⑤
旧设备年总费用		11825 ⑦=③+⑥

表中上栏记录了再继续使用一年旧设备的运行损失，下栏记录使用旧设备的设备费用。旧设备年总费用为这两项费用之和，即 11825 元。

2. 新设备年均总费用的计算

用于同旧设备年总费用比较的新设备年均总费用，主要包括以下几个方面。

第一，运行劣化损失，新设备随着使用时间的延长，同样存在设备劣化的问题，劣化程度也将随着使用年数的增加而增加。具体的劣化值取决于设备的性质和使用条件。为了简化计算，假定劣化值逐年按同等数额增加，如果设备使用年限为 T，T 年间劣化值的平均值为：

$$\frac{\lambda(T-1)}{2}$$

式中：λ 为设备年劣化值增量。

新设备的 λ 值往往是难以预先确定的。一般可根据旧设备的耐用年数和相应的劣化程度来估算新设备的年劣化值增量。

第二，设备价值损耗。新设备的使用过程中，其价值会逐渐损耗，表现为设备残值逐年减少。假定设备残值每年以同等的数额递减，则 T 年内每年的设备价值损耗为：

$$\frac{K_n - V_L}{T}$$

式中：K_n 为新设备的原始价值；

V_L 为新设备使用 T 年后的残值。

第三，资金时间价值损失。新设备在使用期内平均资金占用额为：

$$\frac{K_n + V_L}{2}$$

故因使用新设备而占用资金的时间价值损失为：

$$\frac{(K_n + V_L)i}{2}$$

总计以上三项费用，则得新设备年均总费用：

$$AC_n = \frac{\lambda(T-1)}{2} + \frac{K_n - V_L}{T} + \frac{(K_n + V_l)i}{2} \tag{8-13}$$

对上式进行微分，并令

$$\frac{\mathrm{d}AC_n}{\mathrm{d}T} = 0$$

则：

$$T = \sqrt{\frac{2(K_n - V_L)}{\lambda}} \tag{8-14}$$

式中：T 为新设备的经济寿命。

将式（8-14）代入式（8-13）得按经济寿命计算的新设备年均总费用：

$$AC_n = \sqrt{2(K_n - V_L)\lambda} + \frac{(K_n + V_L)i - \lambda}{2} \tag{8-15}$$

若残值 $V_L=0$，则可简化为：

$$AC_n=\sqrt{2K_n\lambda}+\frac{K_n i-\lambda}{2} \tag{8-16}$$

当年劣化值增量 λ 不易求得时，可根据经验决定新设备的合理使用年数 T，然后再求年劣化值增量 λ。这时将式（8-14）经整理后再代入式（8-13），则新设备的年均总费用：

$$AC_n=\frac{2(K_n-V_L)}{T}+\frac{(K_n+V_L)i}{2}-\frac{K_n-V_L}{T^2} \tag{8-17}$$

例如，新设备的价格 $K_n=41800$ 元，估计合理的使用年数 $T=15$ 年，处理时的残值 $V_L=3700$ 元，最低希望收益率 $i=10\%$。

将已知数据代入式（8-17）后，可得新设备的年均总费用：

$$AC_n=7186 \text{ 元}$$

与表 8-7 的计算结果相比较，用新设备更新旧设备，每年可节约开支 11825-7186=4639 元。

第三节 设备大修理及其经济界限

由于机器设备在运转过程中各组成部分的材料质量不同、各组成部分所处的位置和所起的作用不同及在使用过程中所承受的负荷不同等，某些零件或部件先行损坏，为了保证机器设备的正常运转，就必须对损坏的部分进行局部修理。

机器设备的修理，按磨损程度和范围不同，可分为大修、中修和小修。大中小修主要根据修理工作内容、修理工作量和修理周期来加以区分。通常零部件的使用寿命不超过一年就要替换的属于小修，一年至三年才替换的属于中修，超过三年替换的属于大修。

一、设备大修理

设备大修理（Capital Repair of Equipment）是设备修理中的一种非常重要的方式，是维修工作中最大的一种计划修理，通过对设备全部解体，修理耐久的部分，调整、修复或更换磨损的零部件，全面消除缺陷，恢复设备的精度，恢复零部件和整机的全部或接近全部的功能。设备大修能利用保留下来的零部件，从而节约了大量的原材料和加工费用，这一点与设备更新相比具有很大的优越性。在一般情况下，大修理比制造新设备快，因此它也是一种保持生产能力和延长设备使用期限的措施。但是设备大修理规模大，花钱多，因此进行大修理决策时必须和设备的更新以及其他再生产方式相比较。

在大修理决策时，要注意修理是有限度的，长期无休止的修理会导致设备性能劣化的加深，使其根本恢复不到原有的性能水平，严重阻碍技术进步，有时还会形成一个庞大的修理队伍，使费用大幅度增加。图 8-4 中 OA 表示设备的标准性能水平，设备在使用过程

中性能沿 AB_1 下降，如果不修理继续使用，则寿命很短，若在 B_1 点进行修理，设备的性能又恢复到 B 点。如此多次直到 G 点，设备就不能再修理了，其物理寿命宣告结束。图中 A、B、C、D、E、F、G 各点相连，就形成了设备使用过程中的性能劣化曲线。由图 8-4 可以看出，大修后的设备生产率、精确度等都会逊色，其综合质量会有某种程度的降低。另外要注意的一点是，大修理的间隔周期会随着设备使用时间的延长而越来越短。

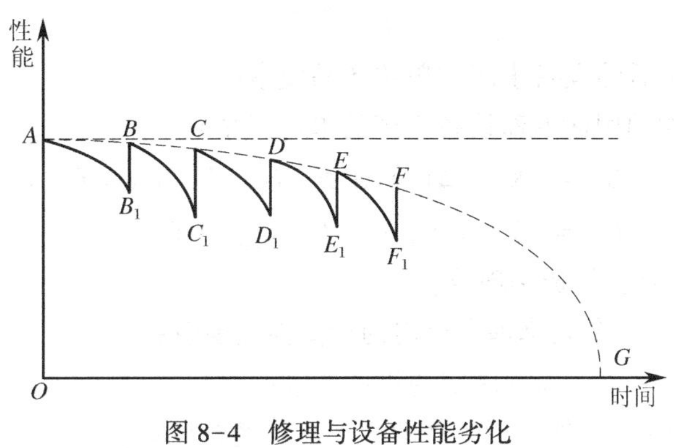

图 8-4　修理与设备性能劣化

二、　设备大修理的经济界限

设备修理在一定条件下有其经济合理性，但设备修理次数太多，即使经济上是合理的，也存在许多缺点；单纯的修理影响技术进步，经常维持庞大的修理队伍，其设备使用效率低、劳动生产率低，从企业乃至国家来说是不经济的。因此，要区别对不同类型设备进行修理的必要性和经济性，同时在设备修理时，往往伴随着设备现代化改装。

设备修理的经济性，在于它能利用原有设备的许多零部件，可以节约大量材料和加工工时，这是它相比购置新设备的优越性。

设备修理合理性的经济界限，要根据两个方面的费用来判断：一是一次大修理所支出的费用（K_r）加上该设备的残值（V_{oL}），必须小于该种新设备的再生产价值（K_n），即 $K_r+V_{oL}\leqslant K_n$，这是必要条件。二是要考虑设备修理后的工作质量，即修理后使用该设备生产每单位产品的成本不超过同种新设备生产单位产品的成本，即 $\frac{C_{zn}}{C_{zo}}\leqslant 1$，这是充分条件。

设备在寿命期满前所必需的大修理费用总额可能是个相当可观的数字，有时甚至可能超过设备原值数倍。当一次大修理的费用加该时期设备的残值大于或等于新设备价值时，宁可买入新设备也不进行大修理，因此，进行大修理的最低经济界限为：

$$K_r \leqslant K_n - V_{oL} \tag{8-18}$$

式中：K_r 为该次大修理费用；

K_n 为同种设备的重置价格（同一种新设备在大修理时的市场价格）；

V_{oL} 为旧设备被替换时的残值。

但是，满足上述必要条件的大修理，在经济上仍有可能是不合理的。如果设备在大修后，生产技术特性与同种新设备没有区别的话，则 $K_r\leqslant K_n-V_{oL}$ 可以作为衡量大修理经济性的必要和充分条件。但是由于设备经过大修后，到下一次的大修理维护和小修理费用增加，修理的质量对单位产品成本有很大影响，有时用先进的新设备生产单位产品的成本会更低。于是，要补充一个条件：使用经过大修理的设备生产的产品成本在任何情况下都不能超过相同的新设备生产的单位产品的成本，即：

$$\frac{C_{zn}}{C_{zo}} \leqslant 1 \tag{8-19}$$

式中：C_{zo} 为用大修理后的设备生产的单位产品成本；

C_{zn} 为用具有相同用途的新设备生产的单位产品成本。

$$C_{zo} = (K_r + \Delta V_0)(A/P,\ i_0,\ T_o)/Q_A + C_g$$

$$C_{zn} = \Delta V_n(A/P,\ i_0,\ T_n)/Q_{An} + C_{gn}$$

式中：K_r 为原设备大修理的费用现值；

ΔV_0 为原设备下一个大修理周期内的价值损耗现值；

Q_A 为原设备下一个大修理周期的年均产量；

C_g 为原设备第 j 次大修理后生产单位产品的经营成本；

T_o 为原设备本次大修理到下一次大修理的间隔年数；

ΔV_n 为用新设备第一个大修理周期内的价值损耗现值；

Q_{An} 为新设备第一个大修理周期的年均产量；

C_{gn} 为用新设备生产单位产品的经营成本；

T_n 为新设备投入使用到第一次大修理的间隔年数。

应该注意到，在不同的大修理周期，C_{zo}和 C_{zn}的值是不同的，在第一个大修理周期时的 C_{zo}可能小于 C_{zn}，但是不等于各次的 C_{zo}值均小于 C_{zn}。因此进行大修理经济评价时，还应注意修理的周期数。

设备磨损后，虽然可以用大修理来进行补偿，但是也不能无止境地一修再修，应有其技术经济界限。在下列情况下，设备必须进行更新。

（1）设备役龄长，精度丧失，结构陈旧，技术落后，无修理或改造价值；

（2）设备先天不足，粗制滥造，生产效率低，不能满足产品工艺要求，且很难修好；

（3）设备技术性能落后，工人劳动强度大，影响工人人身安全；

（4）设备严重“四漏”，能耗高，污染环境；

（5）一般经过三次大修，再修理也难恢复出厂精度和生产效率，且大修费用超过设备原值的 60%以上。

三、 设备大修理周期数的确定

设备在不同的大修理周期内生产的单位产品的成本可能是不等的，因此从经济角度确定一台设备究竟大修到第几个周期最为适宜，是大修理工作必须解决的问题，此即设备大修理周期数的确定问题。如果一台设备的经济寿命已经确定，而且设备每次大修理间隔期又是已知的，则设备大修理周期数应由下式得出：

$$\sum_{j=1}^{n} T_j = T_E \tag{8-20}$$

式中：T_E 为设备的经济寿命；

T_j 为第 $j-1$ 次到第 j 次大修理的间隔期，若 $j=1$ 时，则表示新设备至第一次大修理的间隔期；

n 为设备大修理的周期数。

下面我们进一步分析运行费用和修理间隔期间的关系。如图 8-5 所示，运行费用随着修理间隔期长度和修理次数的增加而增加，设备使用时间越长，大修理次数越多，运行费用越多，临近大修时达到最大值。经过大修后，各项技术经济指标会得到明显改善，运行费用显著降低。

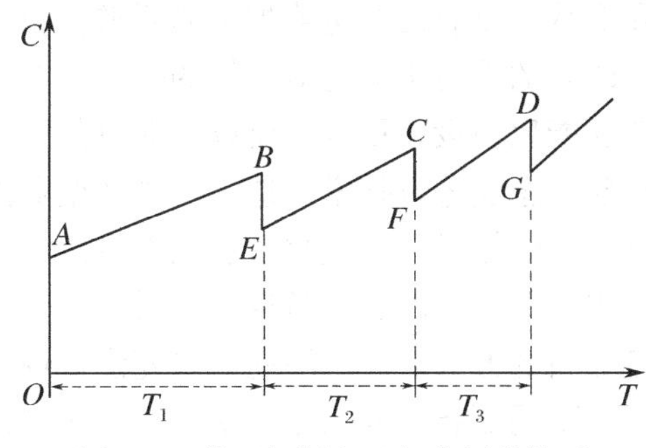

图 8-5　修理间隔和运行费用的关系

确定大修理周期数的思路为：先求得各大修理间隔期内应生产的最佳产品 Q_j^*（生产单位产品的平均总费用最小）；然后根据设备在该间隔期内的年生产能力（年产量）Q_{AO}，求各次大修理的间隔期 $T_j\left[T_j=\dfrac{Q_j^*}{Q_{AO}}\text{（年）}\right]$；最后用公式 $\sum_{j=1}^{N} T_j=T_E$，求出设备应该大修理的次数。

第四节 设备现代化改装的经济分析

所谓设备的现代化改装，是指应用现代的技术成就和先进经验，适应生产的具体需要，改变现有设备的结构，提高现有设备的技术性能，使之全部达到或局部达到新设备的水平。设备现代化改装是克服现有设备的技术陈旧状态，消除因技术进步遭致的无形磨损，促进技术进步的方法之一，也是扩大设备的生产能力，提高设备质量的重要途径。

现有设备通过现代化改装在技术上可以做到：

（1）提高设备所有技术特性，使之达到现代新设备的水平；

（2）改善设备某些技术特性，使之局部达到现代新设备的水平；

(3) 使设备的技术特性得到某些改善。

现代化改装也属于广义更新概念的范围，它不同于其他更新形式的是：现代化改装是在企业内部自主完成的，更重要的是它只对设备的局部进行更新，而不改变主体的基本结构及技术性能。

现代化改装具有针对性强、适应性广的特点，而且一般情况下投入的资金比较少，带来的收益和效益却比较显著。因此，在设备更新中，现代化改装的形式比较容易被接受和使用，对推动企业技术进步和改善产品结构起了很大作用，并能从企业内部挖掘潜力，提高经济效益的总水平。设备技术能力的水平是企业现代化程度的标志，决定了产品的层次，从一个侧面反映了企业的综合经济状况。

设备改装分为简单改装和现代化改装两种形式。设备简单改装是通过改装扩大或改变设备的容量、功率、体积和形状，以满足产量或加工的要求。由于设备现代化改装具有很强的针对性和适应性，经过改装的设备更能适应具体的生产要求，有时甚至比新设备更能适应具体的生产条件，设备性能比新设备更好。所以，有时甚至会出现对新设备进行改装的情况，设备现代化改装对现有企业进行技术改造，提高老企业的经济效果，以及节约投资等都是非常有效的。因此，不能把设备现代化改装仅仅看作一项被迫的临时措施，而应把它看作提高现有设备技术水平的重要的、经常性的手段。

设备现代化改装是设备更新的方式之一。因此，研究设备现代化改装的经济性通常让其与其他更新方式相比较，从不同更新方式的方案中选择总成本最小的方案。常用的分析方法有最低总费用法和追加投资回收期法。

1. 最低总费用法

最低总费用法（Method of Minimum Overall Cost）是通过分别计算各种方案在不同服务年限内的总费用，并加以比较，根据所需要的服务年限，按照总费用最低的原则，进行方案选择的一种方法。进行比较的方案有：与更换原有设备性能相同的新设备比较，与更换的高效设备比较，与旧设备进行现代化改装比较，以及与旧设备修理比较。

(1) 继续使用旧设备的总费用：

$$TC_o = \frac{1}{\beta_o}\left[\sum_{j=1}^{n} C_{oj}r_j - V_{oL}r_n\right] \qquad (8-21)$$

式中：TC_o 为继续使用旧设备在年内的总费用；

β_o 为继续使用旧设备的劳动生产率系数；

C_{oj} 为继续使用旧设备在第 j 年的经营成本；

V_{oL} 为旧设备使用到第 n 年的残值。

r_j，r_n 分别为第 j 年、第 n 年的现值系数，即 $r_j = \frac{1}{(1+i_0)^j}$，$r_n = \frac{1}{(1+i_0)^n}$，其中 i_0 是折现率。

(2) 用相同结构的原型设备更换旧设备的总费用：

$$TC_n = \frac{1}{\beta_n}\left[(K_n + \sum_{j=1}^{n} C_{nj}r_j) - V_{o0} - V_{nL}r_n\right] \qquad (8-22)$$

式中：TC_n 为用相同结构的原型设备更换旧设备的总费用；

β_n 为用相同结构的原型设备更换旧设备后的劳动生产率；

K_n 为用相同结构的原型设备更换旧设备所需要的投资；

C_{nj} 为用相同结构的原型设备更换旧设备在第 j 年的经营成本；

V_{o0} 为原有设备在决策年份的可售价值；

V_{nL} 为原型新设备 n 年后的残值。

（3）用新型高效的新设备更换旧设备的年总费用：

$$TC_h = \frac{1}{\beta_h}\left[\left(K_h + \sum_{j=1}^{n} C_{hj} r_j\right) - V_{o0} - V_{hL} r_n\right] \tag{8-23}$$

式中：β_h 为用新型高效的新设备更换旧设备后的劳动生产率；

K_h 为用新型高效设备所需的投资；

C_{hj} 为用新型高效设备在第 j 年所需的经营成本；

V_{hL} 为用新型高效设备在 n 年后的残值。

（4）对旧设备进行现代化改装的总费用：

$$TC_m = \frac{1}{\beta_m}\left[\left(K_m + \sum_{j=1}^{n} C_{mj} r_j\right) - V_{mL} r_n\right] \tag{8-24}$$

式中：TC_m 为对旧设备进行现代化改装的总费用；

β_m 为对旧设备进行现代化改装后的劳动生产率；

K_m 为对旧设备进行现代化改装的投资；

C_{mj} 为对旧设备进行现代化改装后在第 j 年的经营成本；

V_{mL} 为对旧设备进行现代化改装后到第 n 年的残值。

（5）对旧设备进行大修所需的总费用：

$$TC_r = \frac{1}{\beta_r}\left[\left(K_r + \sum_{j=1}^{n} C_{rj} r_j\right) - V_{rL} r_n\right] \tag{8-25}$$

式中：TC_r 为对旧设备进行大修 n 年内的总费用；

β_r 为对旧设备进行大修等各种方案的劳动生产率；

K_r 为对旧设备进行大修所需的投资；

C_{rj} 为对旧设备进行大修在第 j 年的的运行成本；

V_{rL} 为大修后的设备到第 n 年的残值。

【例 8-6】 假定各种更新方案分项费用的原始资料如表 8-8 所示，试选择最佳更新方案。

表 8-8　各种方案的原始数据（设 V_{o0} = 3 000 元）　单位：元

方 案	投资（元）K_i	生产效率系数 β_i	a 表示各年运行费用/元；b 表示各年末残值/元										
			年数	1	2	3	4	5	6	7	8	9	10
继续使用旧设备	0	0.7	a	1 400	1 800	2 200							
			b	1 200	1 600	300							
用原型新设备替换	16 000	1	a	450	550	650	750	850	950	1 050	1 150	1 250	1 350
			b	9 360	8 320	7 280	6 240	5 200	4 160	3 120	2 080	1 300	1 300

续表

方案	投资（元）K_i	生产效率系数β_i	a 表示各年运行费用/元；b 表示各年末残值/元										
			年数	1	2	3	4	5	6	7	8	9	10
用新型设备替换	20 000	1.3	a	350	420	490	560	630	700	770	840	910	980
			b	11 520	10 240	8 600	7 250	5 700	4 700	4 000	3 000	2 000	2 000
旧设备现代化改装	1 100	1.2	a	550	680	810	940	1 070	1 200	1 330	1 460	1 590	1 720
			b	9 000	8 000	6 700	5 700	4 700	3 700	2 700	1 700	1 000	1 000
旧设备大修理	7 000	0.98	a	700	950	1 200	1 450	1 700	1 950	2 200	2 450	2 700	2 950
			b	6 400	5 800	5 200	4 700	3 800	3 000	2 200	1 400	700	700

解：根据前面的公式，依次计算不同服务年限各方案的总费用，如表 8-9 所示。由表8-9 可见，若为产品更新换代等原因，设备考虑只用 2 年，则最佳方案是继续使用旧设备，也不必大修；若打算使用 3~5 年，则最佳方案是对设备进行一次大修；如果估计设备将使用 6~7 年，则最佳方案是对原设备进行现代化改装；使用期若在 8 年以上，应采用高效率的新设备来进行更新。不管哪种情况，用相同结构的原型设备来替换都是不经济的。

表 8-9　各种方案的逐年总费用（i=10%）　单位：元

方案	继续使用旧设备	用原型设备替换	用新型设备替换	旧设备现代化改装	旧设备大修理
年数＼总费用	TC_o	TC_n	TC_h	TC_m	TC_r
1	259.7*	4 900.0	4 563.6	2 765.1	1 855.3
2	3 234.9*	6 987.6	6 135.0	4 542.0	3 702.1
3	5 982.6	8 882.4	7 715.1	6 363.9	5 526.7*
4		10 602.2	8 976.4	7 849.5	7 248.2*
5		12 163.2	10 179.0	9 215.5	9 193.4*
6		13 580.1	11 033.1	10 471.5*	10 996.2
7		14 866.0	11 696.5	11 626.1*	12 724.2
8		16 033.2	12 393.6*	12 687.4	14 376.0
9		16 982.4	13 018.3*	13 556.8	15 908.0
10		17 553.0	13 321.6*	14 141.5	17 096.1*

* 表示该年份总费用最低的方案。

2. 追加投资回收期法

设备现代化改装与更新、大修理的经济性比较还可以通过计算投资回收期指标的方法来进行。

设大修理、现代化改装和更换这三种方案的基本投资分别为 K_r、K_m、K_n，相应的设备年生产率分别为 q_r、q_m、q_n，单位产品成本分别为 C_r、C_m、C_n，在多数情况下，设备现代化改装与更新、大修理之间的关系如下：

$$K_r < K_m < K_n$$

$$C_r > C_m > C_n$$

$$q_r < q_m < q_n$$

因此，在考虑设备更新方案时，可根据以下准则进行决策。

（1）当 $K_r/q_r>K_m/q_m$，且 $C_r>C_m$ 时，应选择现代化改装方案。因为这种方案有较好的经济效果，不但节约经营成本，而且节约基本投资。

（2）当 $K_r/q_r<K_m/q_m$，但 $C_r>C_m$，这时要考虑投资回收期 T：

$$T = \frac{K_m/q_m - K_r/q_r}{C_r - C_m} \tag{8-26}$$

如果 T 小于企业或部门规定的年数，则选择现代化改装的方案。

（3）$K_m/q_m>K_n/q_n$，且 $C_m>C_n$ 时，应选择设备更换的方案。

（4）$K_m/q_m>K_n/q_n$，且 $C_m>C_n$ 时，用投资回收期进行判断：

$$T = \frac{K_n/q_n - K_m/q_m}{C_m - C_n} \tag{8-27}$$

如果 T 小于企业或部门规定的年数，则选择更换的方案；否则，应选择现代化改装的方案。

习　题

1. 若某台设备原始价值为 12 000 元，再生产价值为 8 000 元，此时大修理费用需要 2 000元。该设备遭受何种磨损？磨损程度为多少？

2. 某设备原值 8 000 元，每年低劣化增加值为 320 元，求该设备的经济寿命（不考虑资金的时间价值）。

3. 某设备原始价值为 8100 元，可用 5 年，其他数据如下表所示，试求：不考虑资金时间价值时设备的经济寿命；考虑资金时间价值，$i=10\%$时，其经济寿命如何变化。

某设备各年发生的费用　　单位：元

设备使用年限	1	2	3	4	5
运行成本初始值	600	600	600	600	600
运行成本劣化值		200	400	600	800
年末残值	5500	4500	3500	2500	1000

4. 某厂有一台设备已使用 5 年，拟进行一次大修，预计费用为 5 000 元，大修前残值为 3 000 元，大修后增至 6 400 元。大修后每年生产 10 万件产品，年运行成本为 31 000 元。4 年后再大修，该设备的残值为 2 000 元。新设备价值 28 000 元，预计使用 5 年后进行一次大修，此时残值为 5 000 元，这期间每年生产 12 万件产品，年运行成本为 30 000 元，基准收益率 $i_0=10\%$，大修是否合理？

第九章 价值工程

第一节 价值工程概述

一、价值工程的起源与发展

价值工程（Value Engineering，VE），也叫价值分析（Value Analysis，VA），是当今技术经济管理中重要的理论和方法。它的目的在于提高产品功能，降低产品成本。价值工程起源于美国，第二次世界大战期间，美国通用电器公司工程师麦尔斯（Miles）担任公司的物资管理工作。战争期间生产原料短缺，物资供应紧张，价格成倍上涨，给当时的生产造成了极大的困难。在这种情况下，麦尔斯努力研究物资替代，以求降低生产成本。当采购不到石棉板时，他从为什么要采购石棉板，石棉板的主要功能是什么，是否可以使用其他材料代替石棉板，既保持石棉板原有的防火功能，又降低采购成本等问题进行分析。他终于发现一种与石棉板具有同样防火功能的不燃烧纸，用它替代石棉板，大幅度降低了生产成本。在此研究的基础上，麦尔斯总结了一整套科学的系统分析方法，阐明如何在保证同样功能的前提下降低成本。1947 年他发表了关于价值分析的论文，论述了如何把功能和费用结合起来考虑问题。在此以后，他又不断地把这种理念运用到设计和生产过程的实践中，1961 年出版了《价值分析与价值工程》一书，奠定了现代价值工程的基础。

麦尔斯的价值分析与价值工程理论，在美国很快就被众多企业所采用，得到迅速推广和应用，同时又在应用的过程中，得到不断完善和发展。美国通用电器公司在推行价值工程的最初 17 年中耗费资金 80 万美元，而创造的价值则高达 2 亿美元。20 世纪 60 和 70 年代，全世界工业化国家积极引进和推广价值工程方法，日本、西欧、苏联等都是起步较早的国家和地区。1979 年价值工程被引入我国，在很多行业得到推广和使用，取得了显著的经济效果。

经过几十年的应用实践，价值工程这一理论和方法得到了各方面的广泛认同，成为改进产品质量、降低生产成本和提高经济效益的重要方法。同时，价值工程的研究对象也从产品设计、生产、设备改进等方面发展到工艺研究、工程项目、服务等领域，可见这一科学方法有巨大发展空间。

二、价值工程的定义

根据《价值工程基本术语和一般工作程序》中的定义：价值工程（VE）是指通过各相关领域的协作，对所研究对象的功能与费用进行系统分析，不断创新，旨在提高所研究对象价值的思想方法和管理技术。

价值工程是以最低寿命周期费用，可靠地实现使用者所需的功能，着重功能价值分析的有组织的活动。它的对象是一切为实现功能而发生费用的事物，如产品、工艺、工程、服务或它们的组成部分等。

价值工程的定义中涉及 3 个基本概念，即价值、功能和寿命周期成本。

（一）价值

价值工程中价值的概念不同于政治经济学中价值的概念。价值工程中的价值是指研究对象所具有的功能与取得该项功能的寿命周期成本之比，即功能与费用的比值，可用公式表示为：

$$V = F/C \tag{9-1}$$

式中：V 为价值；

F 为功能；

C 为成本。（下同，不再重述）

式（9-1）表明，价值取决于功能和费用。在成本不变的情况下，价值与功能成正比，即功能越大，价值就越大；反之亦然。在功能不变的情况下，价值与成本成反比，即成本越低，价值就越大；反之亦然。

（二）功能

功能是指对象能够满足某种需求的一种属性。价值工程的研究对象往往会有几种不同的功能，为了便于功能分析，需要定义几种功能。

1. 基本功能和辅助功能

基本功能是与对象的主要目的直接有关的功能，是对象存在的主要理由；辅助功能是为了更好实现基本功能而附加的功能。一般来说，基本功能是必要功能，辅助功能有些是必要功能，有些可能是不必要功能。

2. 必要功能和不必要功能

必要功能是为满足使用者的要求而必须具备的功能；不必要功能是对象（产品）所具有的、与满足使用者的需求无关的功能，不必要功能又称多余功能。

3. 使用功能和品位功能

使用功能是对象所具有的、与技术经济用途直接有关的功能；美观功能是与使用者的精神感觉、主观意识有关的功能，如美学功能、外观功能、欣赏功能等。产品的使用功能和美观功能往往兼而有之，但根据用途和消费者的要求而有所侧重。

4. 不足功能和过剩功能

不足功能是对象尚未满足使用者需求的必要功能；过剩功能是对象所具有的、超过使用者需求的功能，属于不必要功能，通过价值分析后必须剔除那些过剩功能。

价值工程通过对功能进行分门别类地分析，可以区分研究对象的基本功能和辅助功能、必要功能和不必要功能、不足功能和过剩功能，从而保证必要功能和基本功能，取消不必要功能和过剩功能，补充不足功能和辅助功能等，详细内容见功能的分类。严格按照用户的需求来设计产品，可提高对象（产品）的功能价值。

（三）寿命周期成本

寿命周期成本是指价值工程的研究对象从研究、形成、使用到退出使用所需的全部费用，也即产品或作业在寿命周期内所需的全部费用。寿命周期与寿命周期成本之间的关系如图 9–1 所示。

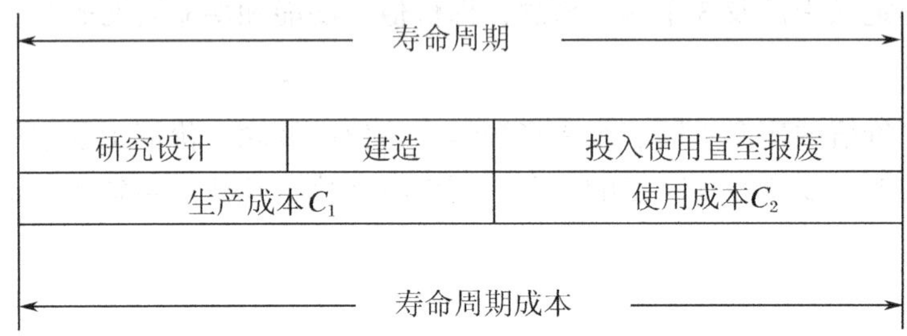

图 9–1　寿命周期与寿命周期成本的关系

一般来讲，寿命周期成本包括生产成本和使用成本两部分。生产成本是指发生在生产企业内部的成本，包括研究、开发、设计以及制造过程中的费用；使用成本是指用户在使用过程中支付的各种费用总和，它包括使用耗能、日常管理、维护维修等方面的费用。寿命周期成本、生产成本、使用成本与产品功能之间的关系如图 9–2 所示。

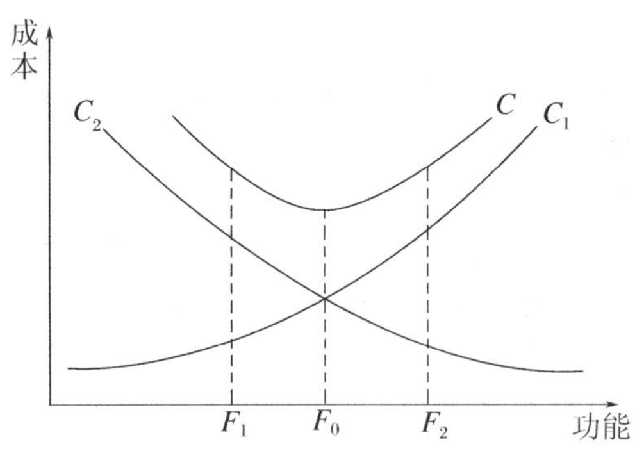

图 9–2　产品功能与成本的关系

在图 9–2 中，C_1 表示生产成本，随着产品功能的增加，生产成本越来越高；C_2 表示使用成本，随着功能的增加，使用成本越来越低；C 表示寿命周期成本，$C=C_1+C_2$，它的变化趋势是随着产品功能的增加，先下降，然后上升。

从图 9–2 中可以看出，在 F_1 点，产品功能较少，此时虽然生产成本较低，但由于不能满足使用者的基本需要，使用成本较高，因而寿命周期成本较高；在 F_2 点，虽然使用成本较低，但由于存在过剩功能，生产成本过高，同样寿命周期成本也较高；只有在 F_0 点，产品功能既能满足用户的需求，又使得寿命周期成本最低，体现了比较理想的功能与成本之间的关系，也即产品的价值比较大。

价值工程中降低成本是要综合考虑生产成本和使用成本，要兼顾生产者和用户的利益，以最低的寿命周期成本，可靠地实现所研究对象的功能，来获取最佳的综合经济效益。

三、 价值工程的分析步骤

（一）价值工程的原则

麦尔斯在他的工作实践中积累了丰富的经验，提出了指导价值工程活动的 13 条原则，对于开展价值工程的活动，特别是对于方案创造具有重要的指导意义。他根据个人的体会指出：根据实际情况使用其中一条原则，就能取得良好的效果，如果同时应用几条甚至全部的原则，则会取得更好的效果。

（1）收集一切有用的成本资料；

（2）从最佳可靠的情报来源获取情报；

（3）克服一般化、概念化；

（4）发挥彻底的独创性；

（5）打破条条框框，不断创新和提高；

（6）充分利用专家的力量，扩大专业知识面；

（7）找出障碍，克服障碍；

（8）将重要的公差换算成费用，认真进行评估；

（9）尽量利用专业化工厂生产的产品；

（10）利用和购买专业化工厂的成熟技术；

（11）尽量采用专门的生产工艺；

（12）尽量采用标准化；

（13）以“我是否应当这样花自己的钱”为判断标准。

（二）价值工程的特点

同其他管理技术相比，价值工程有它自己的一些独到特点。认识到这些特点，有利于抓住实质，明确要求，合理有效地组织运用。

1. 以功能分析为核心

麦尔斯发现用户对物品要求实质上是对其功能的要求，因而他主张一切从产品的功能出发进行本质思考。或者以某个产品、零部件或某个系统为对象，分析它的功能是什么，成本有多高，价值多大，存在什么问题，是否有其他方案能更好地实现这一对象承担的功能。或者经功能定义、功能整理后，将功能从对象的形式外体中抽象出来，直接分析功能，这是什么功能，它的成本多高，价值多大，存在什么问题，实现这一功能的方案有哪些，最好的方案是哪一个。因此，确定产品的功能及其水平，只能以用户的需要为依据，而不能以设计者的主观愿望为依据。那种脱离用户的实际需求，盲目追求功能越多越好、功能水平越高越好、使用寿命越长越好、安全系数越大越好的想法是不符合价值工程原理的，势必带来成本的增加和价值的降低。即使在对象选择和方案创造这种提出问题和解决问题的过程中，也要自始至终贯穿功能分析的思想。离开了功能分析，就不会有价值工程，功能分析是价值工程的核心。

2. 以提高价值为目的

提高价值，也就是提高经济效益，合理利用资源，以最小的劳动消耗取得最大的社会效果。

价值工程不同于传统的质量管理，单纯地改进功能，提高质量；也不同于传统的成本管理，单方面地控制消耗，降低成本。它是把功能的提高和成本的降低有机地结合起来，致力于功能和成本的匹配，价值的提高。只有两方面有机结合，才能真正实现合理地提高质量，有效地降低成本，达到企业经济效益提高的目的。

3. 坚持三个结合

价值分析是一种典型的技术与经济相结合的分析方法。功能是技术的一面，成本是经济的一面，研究功能时考虑成本，研究成本时分析功能，使技术与经济有机结合。价值分析要求技术人员要有经济头脑，经济管理人员要懂一定的专业技术。在具体分析某个产品时，企业的科研、设计、工艺等方面的技术人员要与企业财会、计划、销售等方面的经济管理人员紧密配合，努力提高产品价值。

一个产品既满足用户物美价廉的要求，又满足企业本小利大的愿望，这个产品才是具有生产价值的产品。一味地满足用户要求而不顾及企业利益，或盲目追求企业利润而忽视市场效果的做法是不利于产品的生产经营的。价值工程强调降低寿命周期成本，力图以最低的寿命周期成本可靠地实现用户要求的功能，坚持企业利益与用户利益相结合。

一个成功的企业在于它能够善于综合运用各种管理方法。价值工程作为一门提出问题、分析问题和解决问题的系统理论方法，只有同工业工程、质量管理、成本管理及目标管理，以及计划网络技术等各种管理方法结合运用，才能达到有效提高价值的目的。

4. 强调创造性思考

在麦尔斯提出的 13 条原则中，有 7 条是直接用于创造性思考的。提出问题，分析问题，最终是要解决问题。如何解决问题，价值工程有许多创造性思考原则和方法，这些方法不仅被用于方案创造阶段，而且被用于现状分析过程中。一个最基本的创造性思考原则是麦尔斯提出的“突破、创新、求精”原则。麦尔斯认为，运用这一原则在分析问题和解决问题时，可产生极大的效力。

5. 开展有组织的活动

价值工程工作涉及企业内部供、产、销各个环节，以及企业外部的用户、协作企业等多个方面，需广泛收集企业内外各种有关的情报信息，要求技术人员、经济管理人员、有经验的工作人员共同研究，集思广益。整个过程庞大、复杂，需要有领导、有计划、有步骤、有组织地进行，通常是组建以总工程师、总会计师等为首的价值工程小组，积极开展有组织的价值工程活动。

（三）价值工程的工作程序

价值工程活动的开展过程实质上就是一个发现问题、分析问题和解决问题的过程。价值工程的工作程序是根据价值工程的理论体系和方法特点，围绕七个问题的明确和解决系统地展开的。价值工程活动的七个问题具体如下。

（1）这是什么？

（2）它是干什么用的？

（3）它的成本是多少？

（4）它的价值是多少？

（5）有无其他方案实现这个功能？

（6）新方案的成本是多少？

（7）新方案能满足功能要求吗？

这七个问题有着紧密的逻辑联系，它们是按照功能分析和方案创造的思路逐步深入的，是与价值工程的工作程序相对应的。在实际工作中，一般可按 6 个阶段 12 个步骤开展价值工程活动，如表 9-1 所示。

表 9-1　价值工程工作程序和问题

<table>
<tr><th rowspan="2">问题的确定和解决</th><th rowspan="2">构思的一般过程</th><th colspan="2">价值工程工作程序</th><th rowspan="2">价值工程问题</th></tr>
<tr><th>基本步骤</th><th>详细步骤</th></tr>
<tr><td rowspan="3">确定问题</td><td rowspan="3">分析</td><td>确定对象</td><td>1. 选择对象
2. 收集信息</td><td>1. 它是什么？</td></tr>
<tr><td>功能分析</td><td>3. 功能定义
4. 功能整理</td><td>2. 它是干什么用的？</td></tr>
<tr><td>功能评价</td><td>5. 功能评价</td><td>3. 它的成本是多少？
4. 它的价值是多少？</td></tr>
<tr><td rowspan="3">解决问题</td><td rowspan="3">综合
评价</td><td>方案创新</td><td>6. 方案创造</td><td>5. 有无其他方法实现这个功能？</td></tr>
<tr><td>方案评价</td><td>7. 概略评价
8. 方案具体制订
9. 详细评价</td><td>6. 新方案的成本是多少？</td></tr>
<tr><td>方案实施</td><td>10. 实验研究
11. 方案审批、实施
12. 成果总评</td><td>7. 新方案能满足功能要求吗？</td></tr>
</table>

第二节　对象选择与情报收集

一、对象的选择

开展价值工程首先要确定其对象。价值工程研究的对象是物品或工作。物品包括产品、零部件、工具、夹具等；工作包括工程、作业、工艺、管理、服务等。企业能作为价值工程研究对象的项目非常多，因此有必要根据一定的原则，采取适当的方法，来选择和确定分析对象。

(一) 选择价值工程对象的一般原则

选择价值工程对象的原则，主要是根据企业的发展方向、经营目的、存在的问题、薄弱环节，以提高生产率、提高质量、降低成本、提高价值（提高经济效益）为目标。

根据以上原则，再从不同角度寻找问题，按轻重缓急做出安排，如图 9-3 所示。

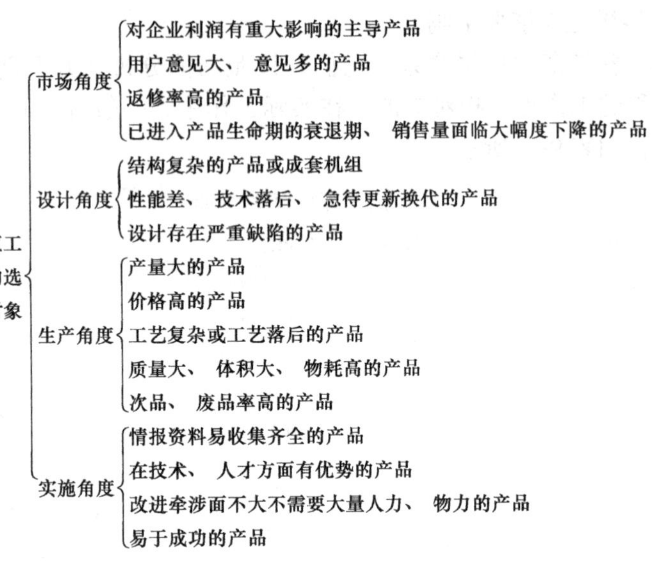

图 9-3　价值工程对象选择主要考虑的因素

(二) 选择价值工程对象的方法

选择价值工程对象的方法很多，下面介绍几种常用的方法。

1. ABC 分析法

ABC 分析法的基本原理是处理任何事情都要分清主次、轻重，区别关键的少数和次要的多数，根据不同情况进行分析。在一个企业中，生产需要的原材料有成千上万种，但经常使用的贵重原材料可能只有几种或几十种；企业生产的产品品种很多，但销量大、盈利多的产品可能只有少数几种；产品质量不合格或造成废品的原因是多方面的，但主要原因可能就是一两个。在实际工作中，要根据主次、轻重关系，保证重点，照顾一般，才能取得事半功倍的成效。ABC 分析法就是一种寻找主要因素的方法。这种方法起源于意大利经济学家帕累托（Pareto）对社会财富分布状况的分析，他发现 80%的社会财富集中在 20%的人手中，其分布是不均匀的，这被称为不均匀分布定律。后人把这个定律应用在成本分析上，通过成本分析发现，占零件总数 10%左右的零件，其成本往往占整个产品成本的 60%~70%，这类零件可划为 A 类；占零件数 20%左右的零件，其成本也占整个产品成本的 20%，这类零件可划为 B 类；占零件数 70%左右的零件，其成本仅占整个产品成本的 10%~20%，这类零件可划为 C 类，如图 9-4 所示。利用这种方法，可以实现对零件的分类控制，这就是所谓的 ABC 分析法。

在应用 ABC 分析法选择价值工程对象时，首先将一个产品的零件或工序按其成本从

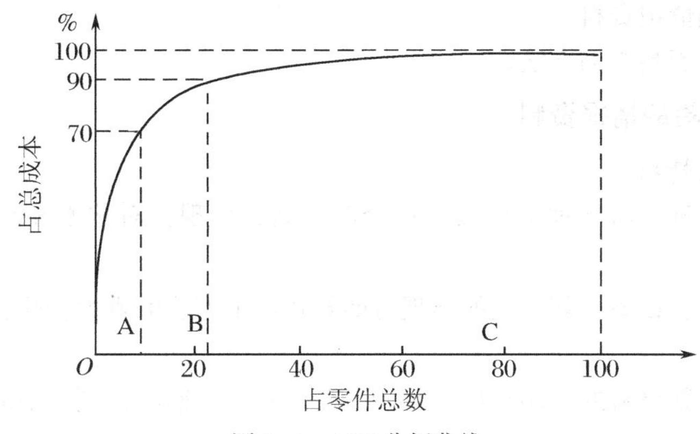

图 9-4　ABC 分析曲线

高到低排列，优先选择成本大的少数零件或工序作为价值工程对象。

ABC 分析法的优点是能抓住重点，把数量少而成本高的零部件或工序选为价值工程对象，有利于集中精力，重点突破，取得较大效果。

ABC 分析法的缺点是，在实际工作中，由于成本分配的不合理，常常会出现有的零部件功能比较次要，而成本高的现象；也会出现有的零部件功能比较重要但成本低的现象。对于后一种零部件本应选为价值工程对象，提高其功能水平，但因其成本较低而划为 C 类，未被选上。解决的办法是结合其他方法综合分析，避免应入选的而未被选中，不应入选的却选中了。

2. 强制确定法

强制确定法是一种流行较广的功能评价法，简称 FD 法，它的基本思路是：产品的每一个零部件成本应该与该零部件功能的重要性相称。如果某零件的成本很高，但它的功能在产品中处于很次要的地位，这说明功能与成本的匹配不合理。应通过求算功能重要度系数、成本系数，得出价值系数，根据价值系数判断对象的价值，把价值低的选为价值工程对象。

二、　对象情报的搜集

情报（Information）是指在价值工程活动中所需要的有关技术和经济方面的信息和知识，它是进行价值工程活动的信息基础，贯穿价值工程活动的全过程。在价值工程对象确定之前，要根据价值分析活动的范围收集情报；在对象确定之后，要围绕对象收集情报。在价值工程活动中，首先要把对象的范围、各个部分的要求彻底弄清楚，明确搜集的目的和内容。其次要明确如下两方面内容：搜集情报资料的步骤以及重点搜集的情报资料。

（一）搜集情报资料的步骤

搜集情报资料的步骤如下：

（1）确定搜集情报资料的目的；

（2）制订搜集情报资料的计划；

（3）搜集并整理情报资料；

(4) 分析甄别情报资料；

(5) 建立情报资料查询方法。

(二) 重点搜集的情报资料

1. 技术方面的情报

(1) 设计新原理。新原理会导致一代全新产品的出现，对技术和经济都会产生重大影响。

(2) 新工艺、新设备。新工艺的出现可能导致加工方法的重大变化，对设计、设备也提出了新要求。

(3) 新材料。新材料的应用对产品性能、差别有很大影响，同时引起工艺、设备做相应改变。

(4) 改善环境或劳动条件。减少粉尘、有害液气体外泄、减少噪声污染、减轻劳动强度、保障人身安全的技术越来越受到重视，这都会对产品的设计、生产产生影响。

2. 经济方面的情报

(1) 用户要求、消费者倾向、市场需求量。这是产品改进和生产的前提。

(2) 用户对产品的意见反馈。这是产品改进的依据，是一种宝贵的信息资源。

(3) 同类产品或零部件的生产成本。这是明确差距、找准改进对象的重要信息。

(4) 竞争对手的经济分析资料、生产资料、质量统计等资料。

第三节 功能分析与评析

一、 功能定义

功能分析是价值工程的创造之一，没有功能分析也就没有价值工程。产品或劳务的功能分析是价值工程的核心，用户购买一个产品，是为了使用产品的某一特定功能。用户在心目中评价的“价值”，是产品的特殊功能与购买这一产品的费用是否相当。价值工程以用户所需要的功能为出发点，研究成本与功能之间的关系。功能分析则是通过对功能下定义，对功能进行整理，对功能进行评价这一系列活动，来达到用最少的成本去实现必要功能的目的。

1. 功能定义

功能是产品、服务、工程、作业等能够满足用户或消费者某种需求的一种属性。产品功能是产品具有的用途和使用价值，它是产品的本质特征。用户购买产品主要是购买产品的功能，以满足对产品功能的需求，产品若不具备必要的功能就不称其为产品了。不同的产品应具有不同的功能。例如，钟表的功能是计时，电灯的功能是照明等。

在分析一个产品的功能时，必须对其功能下一个确切的定义。通过下定义可以加深对功能的理解，有利于抓住问题的本质，为以后改进方案提供可靠的根据。一个项目或产品不只一个功能，通常有多个功能。这就要加以解剖，分成子项目、部件或零部件，再一个一个地下功能定义。

所谓功能定义，就是把产品及零部件的功能用准确、简洁的语言加以描绘，以限定其内容，区别于其他事物。一般用一个“动词”和一个“名词”来表达。例如，接通电源、传递信息、疏通渠道等。这里的动词是十分重要的，必须准确，因为动词部分决定着改进方案的方向和实现的手段。如：“提供光源”与“反射光源”虽然仅仅是动词不同，却有本质的不同。名词部分应尽量便于定量分析。功能定义是否准确，取决于价值工程的工作人员对分析对象是否精通，因此工作人员必须对分析对象做深入研究。

2. 功能定义的步骤

当然，对一个简单的产品来讲，功能定义并不需要有特别的前后顺序，可以从任何角度、任何一个方面开始，一般不会引起混乱。比如对桌子、椅子、电灯等的定义过程就会很简单。然而，对于一个复杂的价值工程对象、一个复杂的产品，在功能定义时没有一定的技巧则会变得杂乱无章。

（1）弄清产品目的，是给功能下定义的前提。所谓产品的目的，也就是用户最基本的需求。

（2）明确价值工程对象或产品的整体功能。产品的整体功能实际上也就是产品的最基本功能，但它与产品的目的又往往是有所区别的。比如，微波炉的产品目的是给食物加热，而产品的基本功能则是产生微波。

（3）在产品整体功能定义的基础上，自上而下逐级地给产品的各构成要素明确功能定义。确切地说，也就是给产品的零部件下定义。

最后，找出那些既不属于产品整体功能，又不属于零部件功能，而是由使用条件、使用时间、使用环境所规定的那些功能。如暖水瓶的基本功能是保持温度，它的外壳的功能是保护内胆。但是与使用有关的一个功能是放置稳定。当然，它可以归属于外壳的功能，但如果暖水瓶放置地点不同（如桌面和野外），它的这个功能也应有所差异。而保持稳定和保持温度没有因果关系，甚至也可能有时不需要保持稳定（如不需要放置的暖水瓶）。

3. 功能定义的方法

功能是一种抽象化的概念，它没有一种固定的模式可遵循。但在多年的实践与摸索中，价值工程与产品设计人员已经总结了一个基本的方法，那就是，通常用一个动词和一个名词来表示。例如：

给电灯的功能定义是提供照明；

给热水瓶的功能定义是保持温度；

给手表的功能定义是显示时间；

给传动轴的功能定义是传递扭矩；

给变压器的功能定义是调节电压；

给电视机的功能定义是显示图像和发出声音。

给功能定义应简洁、准确，而不能复杂、冗长、模棱两可。

二、 功能分类

为了进行功能分析，首先必须深刻理解功能的内涵，明确功能的种类。功能分类的方法很多，根据不同的分类标准，就会有不同的分类。

（1）按功能重要程度可以分为基本功能和辅助功能。基本功能是满足用户基本要求或实现产品用途必不可少的功能，它是产品存在的基础。例如，电灯泡的基本功能是照明，笔的基本功能是写字等。一种产品可能存在一种基本功能，也可能有多种基本功能，例如收录音机就有收音、录音和放音三种并列的基本功能。

辅助功能又称二次功能（二级功能），是实现基本功能所必需的功能。辅助功能在不影响基本功能实现的前提下是可以改变的。这种改变往往可以达到提高产品性能、降低制造成本的目的。例如，手表的基本功能是计时，实现计时的辅助功能可以是机械摆动，也可以是石英震荡；时间显示可以用指针，也可以用数字直接表示。电子表由于采用了新的辅助功能，在不改变基本功能的情况下，性能-价格比大大提高，成为取代机械表的新一代产品。可见，辅助功能是实现产品基本功能的重要功能。产品功能分析主要是针对辅助功能进行的。

（2）按用户对产品的要求，可分为必要功能、不必要功能和缺乏功能。必要功能既包括用户直接需要的基本功能，也包括实现基本功能所必需的辅助功能。

不必要功能是指用户不需要的或对基本功能实现没有任何作用的辅助功能。不必要功能有两种形式：一是多余功能，取消它对产品的基本功能无任何影响。例如，在柏油路上行驶的汽车，若设计成前后轮驱动，前轮驱动显然是多余的。用户需要而不具备的功能，称之为缺乏功能。二是功能过剩，功能虽然必要，但在量上存在过剩。例如，一台变压器功率储备过大，造成大马拉小车，浪费大量的基本电费和变压器铁损，过大的功率就是过剩功能，应当降下来。

（3）按功能的性质，可分为使用功能和美观功能。使用功能是使产品有使用价值的实用性功能。美观功能是对产品的外观起美化、装饰作用的功能，例如产品的形状、色彩、气味、手感等。美观功能可使用户在使用产品时得到美的享受。

（4）按功能整理的顺序，可分为上位功能和下位功能。上位功能和下位功能是相对而言的。在功能系统图中，处于目的位置的被称为上位功能，处于手段位置的被称为下位功能。

归纳起来，功能主要有以下四种分法。

分类一：
- 基本功能——决定存在价值的功能，一般占 20%
- 辅助功能——实现基本功能需附加的功能，一般占 80%

分类二：
- 使用功能——衡量使用价值的功能
- 销售功能——用以吸引用户的功能

分类三：
- 必要功能——基本功能及其辅助功能
- 不必要功能——用户不需要的或非辅助功能

分类四：
- 上位功能——表示目的的功能
- 下位功能——表示手段的功能

三、 功能整理

产品各功能之间的内在联系是非常严谨的，并构成一个系统。产品功能的这种系统性与完备性，是我们进行功能整理的基础。为了更好地进行功能管理，我们有必要首先研究功能系统。

（一）功能系统及其特性

1. 功能系统的概念

为了实现某一特定的用途，一个产品或某个作业，需要通过多种过程、多种程序或多个功能来实现。而这数个功能之间是存在某种结构形式的，并以这种特定的结构形式，以及各功能之间的协调一致的作用，完成产品的总体功能和最终目的。那么，上述这种功能结构和其内在联系所构成的整体，被称为功能系统。产品或其他价值工程对象的功能系统，是保证它们最终功能实现的基础。但是产品的功能系统并不是唯一的，它可以通过辅助功能的替换和改变功能之间的结构关系来实现不同形式的产品，这也是产品改进设计的前提。

2. 功能系统的特性

功能系统之中的各个功能之间，是相互作用和相互影响的，即任何整体功能的发展变化，都是各局部功能之间相互作用的变化结果。功能系统的特性有以下几点。

（1）完备性。在功能系统中，各局部功能或单元功能之间都不是简单的组合，而是根据总体目标的统一要求，按照一定的逻辑层次，自上而下地组成一个完整的整体。其中的元素，既不能多余也不能缺少。

（2）缺少的破坏性。由功能系统的完备性可知，功能系统中的任何局部功能的缺少或不足，都会损害或破坏更大局部或整体功能的有效性。

（3）多余的无效性。在功能系统中，任何局部功能的多余或过剩，由于无法单独发挥作用而处于无效状态，有时还会起到损害整体功能的作用，使其效用降低。

（4）变化的一致性。由于功能系统是一个完备的整体，其中单元功能既不能多余，也不能缺损，所以系统中的任何一个局部功能的变化，都不是一个简单的个体行为，都会引起整体功能系统的相应调整与变化。

总之，功能系统中的功能之间有一种有序的关系。为了达到统一的目的，各单元功能或局部功能在质和量两个方面，都必须与整体功能保持高度的协调和统一。每一个单元功能的最优化，都不是整个系统最优化的前提。所以，要想保持功能系统总体功能的最佳，就要使其中的局部功能或单元功能，保持在自己应有的量度之内，而不应过分强化局部功能。

3. 功能系统的逻辑关系

功能系统是一个整体，功能之间存在一定的结构关系。而这种结构关系是一种目的与手段的关系，也就是说，在整个功能系统为了实现同一目标而采用的功能结构中，各单元功能或局部功能也是为了实现同一目标。而这种目的的实现，有赖于若干个局部目标或功能的实现。这样功能系统就形成了一个由目的到手段逐步向后延伸，同时又逐步向外扩展的树状结构图形，如图 9-5 所示。而这种功能结构图形，被称为功能系统图。

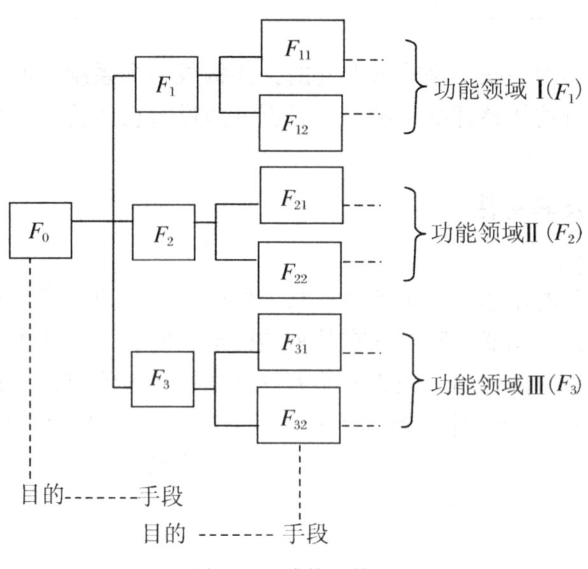

图 9-5　功能系统图

排列在最前面的 F_0，就是产品的整体功能或基本功能；辅助它的下位功能（F_1，F_2，…），连同其从属功能，被称为功能领域；没有手段的功能，被称为末位功能。产品的总体功能为一级功能（F_0），而后面的从属功能则依次被称为二级功能、三级功能……所谓功能级别，就指这些。

（二）功能整理的方法与步骤

功能系统是按照“目的-手段”的逻辑排列的，所以功能整理总的原则和基本方法就是按照这种关系，自上而下、从左至右地将功能按照基本功能，主要从属功能、次要从属功能的顺序进行排列。但根据产品的不同类别与复杂程度，在实际运用时，可用不同方法。下面介绍两种典型的方法。

1. *直推法*

直推法就是从产品的整体功能或基本功能开始，向后依次寻找其实现该功能的手段功能的直接推进方式，直至找到末位功能。在寻找下位功能的过程中，采用“怎样实现此功能”的提问方式，作为推进过程的辅助手段，如图 9-6 所示。

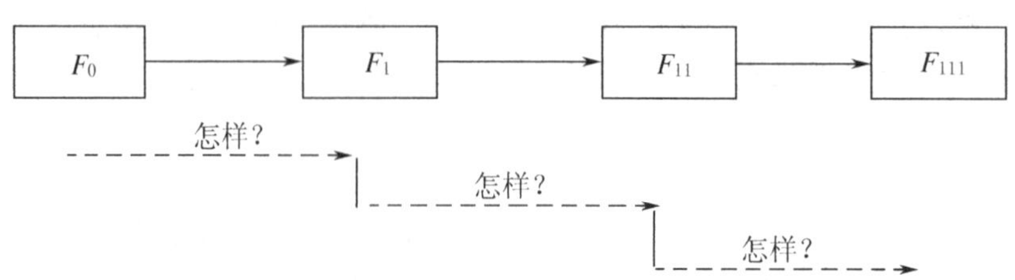

图 9-6　直推法的提问模式

由图 9-6 可知，直推法的第一步是确定产品的整体功能（或基本功能），这是寻找功能系统的基础。然后从整体功能到局部功能，从局部功能到单元功能层层分析。这样做有助于我们一次完成功能系统图。

以水的保温容器为例，其总体功能是"保持水温"，它的手段功能是什么呢？就是"防止热损失"，怎样才能防止热损失呢？那就要"减少热传导""减少热辐射""减少热对流"。我们把以上几个功能加以整理，则可得到图 9-7 所示的系统图。

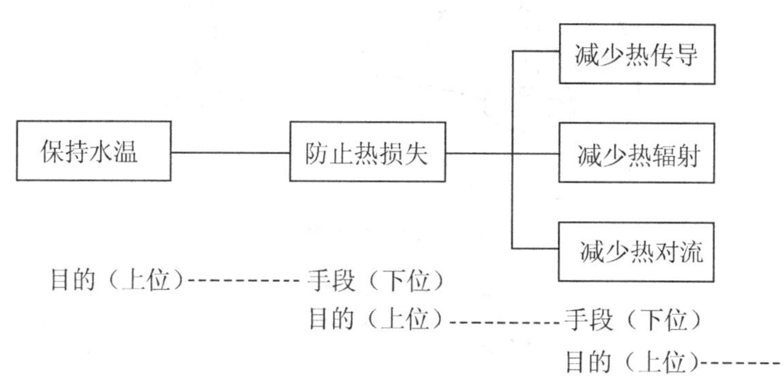

图 9-7　保温容器功能系统图

2. 系统分析法

系统分析法，主要是针对结构复杂、功能数量较多的产品而提出的。因为在复杂的功能系统中，不仅功能数量多，而且会出现多层次的功能并列关系，局部功能之间"目的-手段"关系也比较隐蔽。为此，我们首先在功能定义以后对功能的作用和地位进行分析，把基本功能与从属功能、主要功能与次要功能分开，随后优先连接主要功能系列，再把次要功能或从属功能系列附加进去，这种方法叫作系统分析法。

功能整理系统分析法的步骤如下。

（1）编制功能卡片。编制功能卡片，就是要把全部功能，按照每个卡片只记载一个功能的原则，填入功能卡片。其目的是在集中思考特定功能的基础上，通过自由移动功能卡片，以便试探性地进行连接，找出功能之间的相互关系。

（2）区分基本功能与从属功能。

（3）排列重要功能系列。对分离出来的基本功能，用"目的-手段"的方法进行排列，寻找实现产品基本功能的手段，形成功能系统图的框架。

（4）添加从属功能系列。将各从属功能按其应有的位置连接到重要功能系列上。

值得注意的是，如果在连接从属功能的过程中，没有找出从属功能的目的功能，那么这个从属功能则有可能是无用功能。这时，需要认真研究，再检查一下，从属功能的定义是否正确，重要功能系列的排列是否有误，是否疏漏了某个基本功能。如果证明这个从属功能确实是无用功能，应该把它从功能系统图中删除。

（三）系统分析法实例

下面以价值工程中的范例——白炽灯为实例，介绍这种系统分析法的功能整理过程。

通过分析白炽灯的结构（见图 9-8），得到白炽灯各组件的功能定义，如表 9-2 所示。

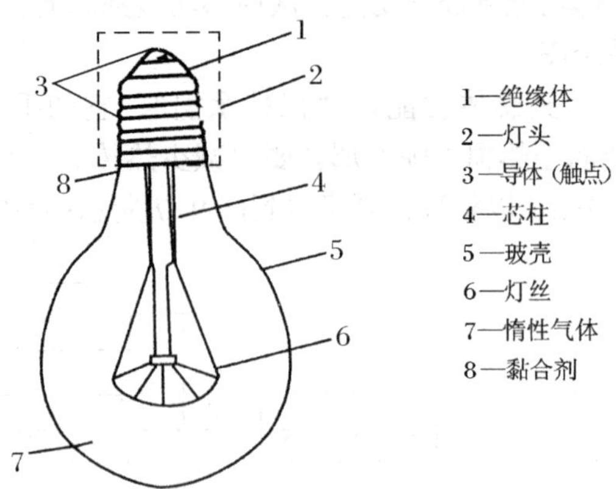

图 9-8　白炽灯结构图

表 9-2　白炽灯各组件的功能定义

序号	零件名称	功能定义
1	绝缘体	允许安装，固定玻壳，固定芯柱
2	灯　头	允许安装，固定玻壳，固定芯柱
3	导体、触点	通过电流，连接导线
4	芯　柱	固定灯丝
5	玻　壳	保护灯丝，储存惰气
6	灯　丝	转换能量，通过电流
7	惰性气体	防止灯丝蒸发（延长寿命）
8	黏合剂	固定密封壳体

功能整理的步骤如下。

（1）制作功能卡片。这里只以芯柱为例，并略去成本栏，如表 9-3 所示。

表 9-3　白炽灯功能卡片举例

固定灯丝	
芯柱	（成本略）

（2）区别基本功能与从属功能、主要功能与次要功能。分析可知，白炽灯的总体功能是“发光”或“提供光能”。基本功能（主要功能）有“转换能量”“通过电流”“连接导线”以及“允许安装”，其他可视为辅助（从属）功能。

（3）连接（排列）重要功能系列。把上述主要功能按目的与手段的关系连接起来，如图 9-9 所示。

（4）排列、整理从属功能系列。首先分析除上述重要功能系列以外的从属功能有哪些。它们是：“使导体绝缘”“固定玻壳”“固定芯柱”“固定灯丝”“保护灯丝”“储存惰气”“防止灯丝蒸发”和“密封壳体”。通过研究发现，它们构成三个从属功能系列。按目的与手段整理后的从属功能系列如图 9-10 所示。

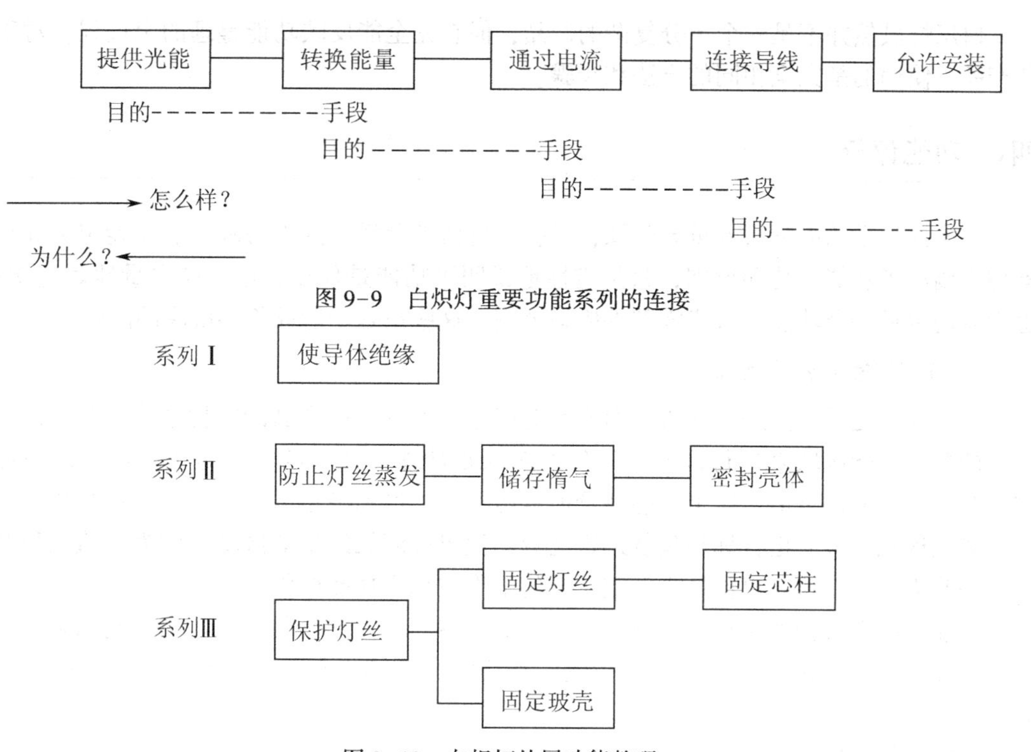

图 9-9　白炽灯重要功能系列的连接

图 9-10　白炽灯从属功能整理

（5）把从属功能连接到重要功能系列之中。把上述三个从属功能，即“使导体绝缘”“防止灯丝蒸发”“保护灯丝”分别添加到主要功能系列，得图 9-9。为此要问“为什么”，即“为什么使导体绝缘”，回答是为了“更好地通过电流”；“为什么防止蒸发”“为什么保护灯丝”，回答是为了更好地“转换能量”。这样“通过电流”和“转换能量”就分别是它们的目的功能（或上位功能），把它们连接上去，最后的功能系统如图 9-11 所示。

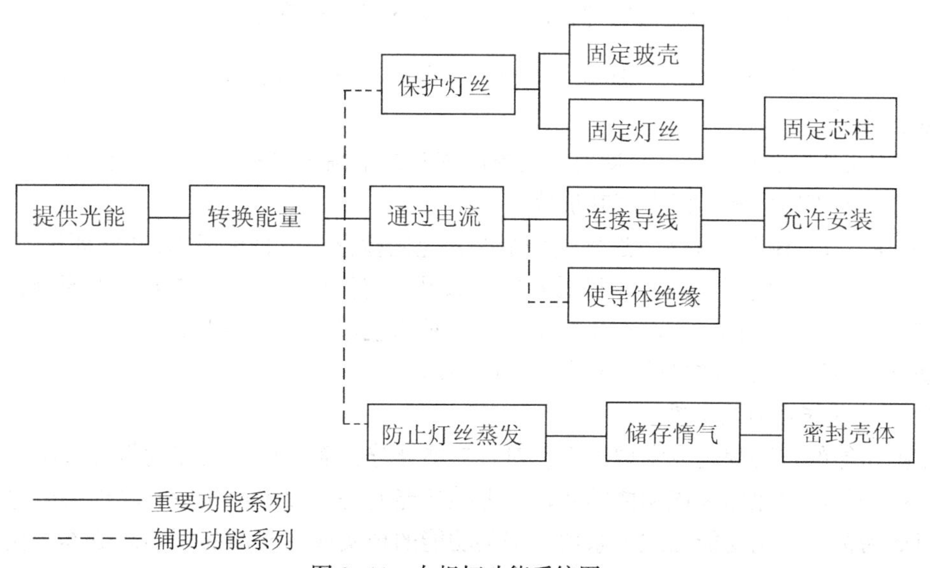

图 9-11　白炽灯功能系统图

白炽灯虽然并不是一个十分复杂的产品，但它完全能反映功能整理的全过程。对于复杂产品，使用的是完全相同的方法和步骤。

四、 功能评价

功能评价是功能分析的重要步骤，是整个价值工程活动的中心环节。功能定义和功能整理只搞清了功能系统和范围，只是定性地说明了功能是什么，还不能定量地表达功能，也没有确定哪一个功能区域或零部件应该改进。这些正是功能评价要解决的问题。

（一） 功能评价的含义

功能评价是对功能进行评价，而不是对产品来评价，把产品的结构系统撇开，以功能系统的各个功能区域来进行评价。评价的对象是功能，评价的尺度是实现功能的最低成本，被称为功能评价值。这个功能评价值就是目标。目标确定以后，采用与目标相同的尺度来测定现状，最后把目标与现状进行比较，找出价值低的功能区域，作为价值工程开展活动的改进对象。这样以价值来评定功能的工作被称为功能评价。

目前国内推行价值工程时，不少企业采取以零部件为评价的对象。当功能和零部件的划分比较粗时，功能和零部件容易一致；当功能和零部件划分比较细时，两者就不易一致了。

功能评价使用的公式是：

$$V = \frac{F}{C} \tag{9-2}$$

式中：V 为功能价值（或功能价值系数）；

F 为功能评价值（或功能目标成本）；

C 为功能的现实成本（或功能成本系数）。

当用 $V = \frac{F}{C}$ 公式对功能进行评价时，会出现下列三种情况。

（1）$V = 1$，说明 $F = C$，即实现功能的现实成本与目标成本（功能评价值）相符合，这是理想情况。

（2）$V < 1$，说明 $C > F$，即实现功能的现实成本高于目标成本（功能评价值），应设法降低其功能现实成本，以提高其价值。

（3）$V > 1$，说明 $C < F$，遇到这种情况，应先检查一下目标成本（功能评价值）F 是否定得恰当，如果 F 定得太高，应降低 F 值；如果 F 定得合理，再检查 C 低的原因，如果功能现实成本 C 低的原因是由功能不足造成的，那么就应提高功能以适应用户的需要。

功能价值评价的标准目前主要有如下两种形式。

（1）以功能系数为标准

根据功能的重要程度或实现难度，对各功能评分，而后以某功能的得分数与产品所有功能的得分总和之比作为该功能的系数，即某功能的得分数占产品所有功能得分总和的比重。以此为标准，用功能的成本系数，即某功能的现实成本与产品现实总成本的比重，与功能系数进行比较，判断现实成本的高低，也就是计算价值并评价。

(2) 以实现功能的最低成本为标准

用实现某一功能的最低成本(费用)量化功能,并以此为标准。这个“最低成本”又被称为功能目标成本或功能评价值,它是指社会上实现这一功能的最低成本。在进行功能评价时,将本企业实现这一功能的现实成本与“最低成本”这个标准相比较,以判断现实成本,也就是计算价值并评价。

本章介绍以功能系数为标准的功能评价系数法和最合适区域法。

(二) 功能评价的方法与步骤

1. 功能评价系数法

功能评价系数法在求价值系数时,是把功能 F 和费用 C 都按所占比重进行定量的。某功能在总体功能中所占比重,被称为该功能的功能评价系数。同时,某功能成本在总体功能成本中所占的比重,被称为功能成本系数。这时求价值系数的公式为:

$$V_i = \frac{F_i}{C_i} \tag{9-3}$$

式中:V_i 为 i 功能(或零部件)的价值系数;

F_i 为 i 功能(或零部件)的功能评价系数;

C_i 为 i 功能(或零部件)的成本系数。

当 $V_i = 1$ 时,说明零部件功能与成本相当,是合适的。

当 $V_i < 1$ 时,说明成本对于所实现的功能来说偏高,应降低成本,这个零部件可以被选为改进对象。

当 $V_i > 1$ 时,说明零部件功能高、成本低,此时应检查这个零部件是否能实现必要功能,或有无多余功能。若未达到,也应作为价值工程的改进对象。

这种方法是根据功能重要性系数确定功能评价值的方法。应用这种方法,一般产品的目标成本已经具备,目的是将产品的目标成本按功能的重要性系数分配给各功能区域,作为该功能的目标成本,即功能评价值。关键问题在于如何准确地确定功能重要性系数,一般采用的方法有以下几种。

(1) 直接评分法

对功能数量较少的产品,比如热水瓶、圆珠笔等可以采取这种方法。依靠人们的经验,对各零件功能的重要性打分来表示其功能值。具体做法上可以由专家组成若干小组,站在客观立场上分别评分,按不同类别功能取平均值,也可以请用户在企业所发调查表上打分。

(2) 强制确定法

这种方法就是0-1两两对比评分和0-4两两对比评分法。

强制确定法(Forced Decision Method,FD)是一种目前流行较广的功能评价法。它的基本思想是:产品的每一个零部件成本应该与该零部件功能的重要性相称。如果某零件的成本很高,但它的功能在产品中处于很次要的地位,这说明其功能与成本的匹配不合理;反之,则说明功能可能有过剩或多余的现象,应予以改进。

具体步骤为:首先进行功能评分,求出功能评价系数 F_i 和成本系数 C_i;再根据 F_i 和 C_i 求出功能价值系数 V_i;最后根据 V_i 确定价值工程的改进对象。

【例 9-1】 某产品有 5 个零部件，从 5 个零部件中选择价值工程改进对象，具体做法如下。

（1）计算功能重要性系数

按 0-1 评分法，请 5~15 名对产品熟悉的人员各自参加功能的评价。首先按照功能重要程度一一对比打分，重要的一方打 1 分，次要的一方打 0 分。要分析的对象（零部件）自己和自己相比不得分，用“—”表示，如表 9-4 所示。最后，根据每名参与人员选择该零部件得到的功能重要性评分 W_i，以及全部零部件总分之和 $\sum W_i$，可以得到该零部件的功能重要性评分平均值（功能评价系数 F_i），见式（9-4）。

$$F_i = \frac{W_i}{\sum W_i} \tag{9-4}$$

式中：i 为零部件序号。

本例中，选取 8 位专家对 5 个零部件按照功能重要程度进行 0-1 对比评分，最后计算出每个零件的功能评价系数 F_i。计算过程如表 9-5 所示。

表 9-4 某位专家对零部件的评分

零部件	A	B	C	D	E	总分
A	—	1	1	0	1	3
B	0	—	1	0	1	2
C	0	0	—	0	1	1
D	1	1	1	—	1	4
E	0	0	0	0	—	0
合计						10

表 9-5 8 位专家对零部件的评分

零部件＼专家	1	2	3	4	5	6	7	8	总分	功能评价系数 F_i
A	3	3	3	3	3	3	3	3	24	0. 300
B	2	2	2	3	0	2	1	2	14	0. 175
C	1	2	0	0	3	2	2	2	12	0. 150
D	4	3	4	3	2	3	4	3	26	0. 325
E	0	0	1	1	2	0	0	0	4	0. 050
合计	10	10	10	10	10	10	10	10	80	1. 0

（2）计算成本系数

先分别计算各零部件的成本值，相加后得到成本总值，然后求出各个零部件的成本系数，见式（9-5）。

$$\text{成本系数 } C_i = \frac{\text{功能单元成本值}}{\text{成本总值}} \tag{9-5}$$

（3）计算价值系数

根据功能评价和成本系数求价值系数 $V_i = \frac{F_i}{C_i}$ 的计算可以列表进行，如表 9-6 所示。

表 9-6　　价值系数计算表

零部件名称	功能评价系数（F_i）①	现实成本/元②	成本系数（C_i）③=$\frac{②}{\Sigma②}$	价值系数（V_i）④=①/③
A	0.300	30.0	0.15	2.00
B	0.175	35.0	0.175	1.00
C	0.150	50.0	0.25	0.60
D	0.325	50.0	0.25	1.30
E	0.050	35.0	0.175	0.29
合计	1.00	200.0	1.00	—

其中，零部件 C、E 价值系数小于 1，可作为重点改进的对象。

另外，为了避免 0-1 打分的绝对化，也可以采用 0-4 打分法，即在两个零部件相互比较打分时，不是简单地打 0 或 1，而是照顾到各零部件在整个产品中的重要程度，打 0 到 4 分。0-4 打分法的优越性在于可以更细致地分等，缺点是不易掌握，对参加打分的人员要求较高。要克服这种缺点，需要组织较多的有经验的人员参加打分。从本质上讲，0-4 打分法是一种加权打分法。

功能评价系数法将价值系数相同的零部件同等看待。由于功能评价系数和成本系数的绝对值不同，虽然价值系数相同，但其对产品价值的实际影响是有很大差异的，这样选择改进对象就不能保证重点。为了弥补功能评价系数法的这个缺陷，可采用最合适区域法。

2. 最合适区域法

最合适区域是由日本田中教授提出的，也是一种国际流行与通用的求算价值系数、选择价值工程改进对象的方法。它求算价值系数的方法与步骤和强制确定法相同，其不同点是提出一个价值系数的最合适区域问题，凡是分布在最合适区以内的零件，都可视为合理，不作为价值工程对象；凡是分布在该区域以外的零件，都视为不合理，可作为价值工程对象；凡是远离该区域的，则作为价值工程重点改进对象。而强制确定法认为凡是价值系数小于 1 或大于 1 的零件，原则上皆可为价值工程对象，实际上价值系数等于 1 的零件很少，因此势必浪费价值工程的人力、物力和财力，不能保证重点。最合适区域法就是为克服强制确定法的缺点而提出的。

它的基本思想是：价值系数相同的零件，功能评价系数和成本系数的绝对值不同，对产品价值的实际影响有很大差异，在选择价值工程对象时，不应把价值系数相同的零件同等看待，而应优先选择对产品价值影响大的对象；至于对产品影响小的，则可根据必要与可能，决定选择与否。

以成本系数为横坐标，以功能评价系数为纵坐标，绘制价值曲线坐标图，如图 9-12 所示。图中的标准价值系数线是 $V_i=1$，即 45°平分线。$V_i=1$ 线的右下方是 $V_i<1$ 的区域，左上方为 $V_i>1$ 的区域。在一般情况下，零部件的价值系数 $V_i=1$ 是很少的。是否需要将价值系数不等于 1 的零部件都选为价值工程的改进对象呢？如果那样做，价值工程的工作量就会太大，而且效果未必好。为了减少工作量，争取较好的效果，可以认为 $V_i=1$ 线附近的点所代表的零部件也是合适的，不必作为改进对象。这样，就产生了一个合适区域，合适区域内的零部件不必改进，合适区域外的零部件需要改进。

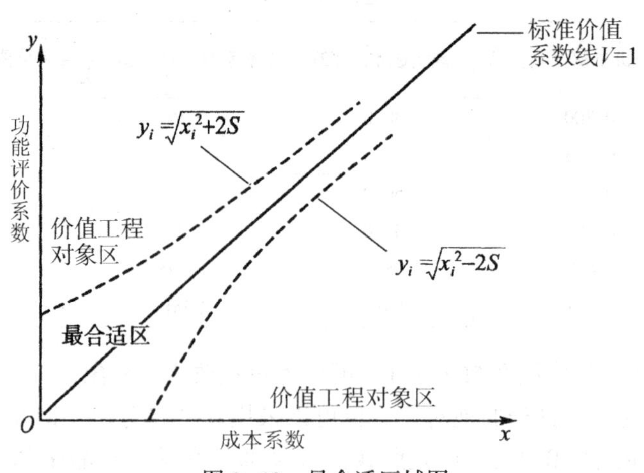

图 9-12　最合适区域图

如何确定最合适区域？田中教授提出的这个区域，能解决对离 O 点远的对象从严控制，对离 O 点近的对象放宽控制，形成一个向原点 O 开口的喇叭形，这个喇叭形由两条曲线围绕 $V=1$ 线组成，曲线内被称为最合适区，曲线外的对象皆为价值工程对象。构成最合适区的两条曲线是这样确定的，即曲线上任意一动点，到价值标准线的垂直距离与垂足到原点的距离乘积为一常数，这样一个运动规律的动点轨迹。这就决定了它的轨迹必然是两条以价值标准为渐近线，且对称的曲线，且呈向原点开口的喇叭形。这样曲线上的点，凡距离原点较近者，与其标准价值系数线的距离必然较大，达到放宽控制的目的；凡距离原点较远者，其与标准价值系数线的距离必然较小，达到从严控制的目的。

【例 9-2】　某产品由 9 个零部件组成，根据 0-1 打分法和成本资料，求得功能系数和成本系数以及价值系数如表 9-7 所示。

表 9-7　　零部件功能系数、成本系数、价值系数表

零件名称	F_i (y)	C_i (x)	$V_i=F_i/C_i$
A	0.16	0.07	2.29
B	0.14	0.18	0.78
C	0.09	0.07	1.29
D	0.07	0.12	0.58
E	0.06	0.01	6.00
F	0.16	0.36	0.44
G	0.04	0.01	4.00
H	0.08	0.04	2.00
I	0.20	0.14	1.43
合　　计	1.00	1.00	

根据表 9-7 列出功能成本坐标，做出最合适区域，如图 9-13 所示。

由图 9-13 可知，零件 A 和 I 可作为价值工程改进对象，零件 F 可作为价值工程改进的重点对象。

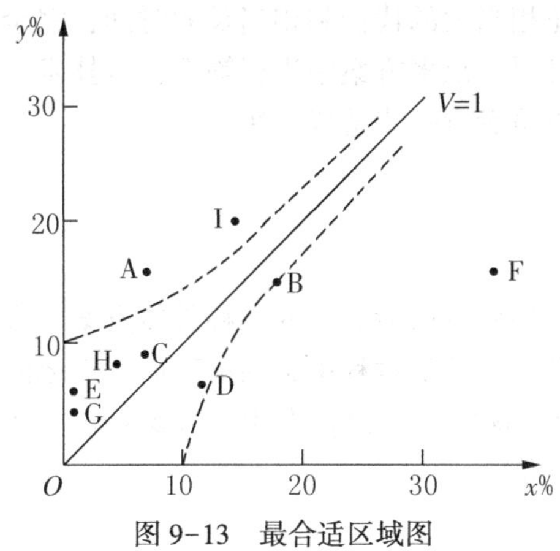

图 9-13 最合适区域图

第四节 方案的创造与评价

方案创造就是在产品功能分析与功能评价的基础上，选出需要改进的功能（领域），并以此为出发点，探索和发展一种新的方案，来代替原有方案，以便更好地实现用户所需的必要功能，并提高价值。

方案创造的理论依据是功能载体具有替代性。经功能分析确定了价值改善的对象之后，就要创造新的方案来代替原有方案。当然，若是新产品的设计，就是要创造价值高的产品方案。

进行方案创造有两种形式：一种是新产品的设计。通常是从最终功能出发，一步一步地构想手段功能，创造一个全新的设计方案。另一种是老产品的改造。通常以功能系统图为依据，从某一功能范围入手，创造一个老产品改造的方案来。

方案创造首先是从用户要求的功能出发，形成各种设计构想，然后通过集体讨论与汇集，创造各种方案。由于最初提出的方案很多，因此首先应进行概略评价，粗选出几个有价值的方案，然后再进行方案的详细评价。经过技术的、经济的、社会的和综合的详细评价，若可行，从中选出一两个方案作为最终确定的方案付诸实施；若经试验研究后方案不可行，则还应回到方案创造阶段，重新构思方案，然后继续概略评价阶段，如此经过几个循环，才能获得满意的方案。方案创造一般可选用下列方法。

一、 方案的概略评价

概略评价是指对方案创造阶段所提出的各种设想方案进行粗略评价的一种方法。因为方案创造阶段，不同的人，从不同的角度提出了许多设想方案。对这些方案如果都逐一进行评价再决定取舍，这要花相当大的代价和相当长的时间，完全没有必要。因此，为了提高效率，抓住重点，就有必要从众多方案中进行筛选，从技术、经济、社会等方面选出均可行的几种具体方案，供决策者进一步选优之用。

二、 方案的详细评价

方案的详细评价是对概略评价后所制订的几种具体方案，进行详尽的分析研究，从中评选出准备实施的最优方案。在评价过程中必须准确而肯定地回答“它能可靠地实现必要功能吗”“它的成本是多少”这样的问题。为此，需要对各方案的技术、经济、社会和综合四个方面做出更详尽的评价。

三、 方案评价方法

（一）差异评价法

这是以原方案的技术经济指标为基础，只评价改进方案与原方案的变动部分或改进方案之间的差异部分，不评价其相同部分的一种评价方法。这一方法的应用目的，是简化评价工作，减少评价工作量，提高评价工作效率。

（二）优缺点列举法

把每一个方案在技术上、经济上的优缺点详细列出，进行综合分析，并对优缺点做进一步调查，用淘汰法逐步缩小考虑范围，从范围不断缩小的过程中找出最后的结论。

（三）加法评分法

加法评分法是将评价项目按实现程度分为若干等级，并确定各等级的评分标准，按标准逐一对各方案的各项目打分，从中以得分最高者为最优方案，如表 9-8 所示。

表 9-8　　加法评分法举例

评价项目			方案评分			
内容	评分等级	评分标准	A	B	C	D
功能	能满足用户要求	30	30	30		
	基本能满足要求	20				20
	仅能满足最低要求	15			15	
成本	低于同类产品成本	25	25		25	
	低于原有产品成本	20		20		
	与原有的产品相当	15				15
销路	销路大	20	20			
	销路中等	17		17		17
	销路差	4			4	
全年净节约	大于 20 万元	25	25			
	10 万~20 万元	15		15		
	0~10 万元	10			10	10

续表

评价项目			方案评分			
内容	评分等级	评分标准	A	B	C	D
生产能力	有充分条件 要增加一些措施 要增加较多措施	10 6 4	 6 	 6 	10 	10
社会要求	可综合利用，无污染 不能综合利用，有污染 不能综合利用，有严重污染	10 4 0	10 	 4 	10 	 4
总评		48～120	116	92	74	76

（四）连乘评分法

这种方法是先对各评价项目按照一定的评分标准评分后，再以各评价项目的评分值的连乘积为方案总分，从而确定最优方案，如表 9-9 所示。

表 9-9 连乘评分法举例

评价项目			方案评分			
内容	评分等级	评分标准	A	B	C	D
功能	能满足用户要求 基本能满足要求 仅能满足最低要求	3 2 1	 1	 2 	3 	3
成本	低于同类产品成本 低于原有产品成本 与原有的产品相当	3 2 1	 2 	3 	 2 	3
销路	销路大 销路中等 销路差	3 2 1	 2 	3 	 2 	3
投资	投资回收期 投资回收期较长 投资回收期很长	3 2 1	 2 	3 	3 	3
生产能力	有充分条件 要增加一些措施 要增加较多措施	3 2 1	3 	3 	 2 	 2
社会要求	符合国家规划与目前需要 符合当前社会需求 不符合国家要求	3 2 1	 2 	3 	 2 	3
总评		1～729	48	486	144	486

从表 9-9 中看出，B、D 两方案均可作为最优方案。

（五）加权打分法（矩阵评分法）

这种方法是将功能、成本等各种因素，根据要求的不同进行加权计算，权数应根据因素在产品中所处的地位而定，算出综合分数，最后与各方案寿命周期费用综合分析，选择最优方案，如表9-10所示。

表9-10 加权打分法举例

评价因素	权重 W_i	A方案		B方案		C方案		D方案	
		S_1	W_1S_1	S_2	W_2S_2	S_3	W_3S_3	S_4	W_4S_4
可靠性	0.6	80	48	90	54	70	42	90	54
成本	0.3	80	24	70	21	90	27	90	27
外观	0.1	80	8	90	9	85	8.5	70	7
总计	1.0	240	80	250	84	245	77.5	250	88

由表9-10可知C方案为最优方案。

（六）理想系数法

（1）方案的技术价值系数。这种方法先对每种方案在各项功能指标上进行评分，并按式（9-6）计算功能满足系数 X：

$$X = \frac{\sum_{i=1}^{n} P_i}{nP_{\max}} \tag{9-6}$$

式中：P_i 为各方案满足功能 i 的分数；

$P_{\max}$ 为满足功能的最高得分；

n 为需要满足的功能数。

首先，可以邀请有经验的行家来评分，评分标准可按表9-11，然后再按照表9-12进行功能满足系数 X 的计算。

表9-11 评分标准表

方案接近理想完成的程度	给分值
很好的方案	4
好的方案	3
过得去的方案	2
勉强过得去的方案	1
不能满足要求的方案	0

表 9-12 功能满足系数 X 的计算

技术功能目标	A 方案	B 方案	C 方案	理想方案
a	3	2	1	4
b	3	2	1	4
c	3	2	1	4
d	4	2	1	4
e	0	3	0	4
f	3	3	3	4
$\sum P$	16	14	7	24
X	$X_A=0.66$	$X_B=0.58$	$X_C=0.29$	$X=1.00$

（2）从经济价值对方案进行分析。计算成本满意系数 Y：

$$Y=\frac{C_0-C}{C_0} \tag{9-7}$$

式中：C_0 为理想成本；

C 为新方案的预计成本。

理想成本的确定，可以将老产品原成本作为基数来进行计算。例如，手表的原来成本为 10 元/块，而新方案 A、B、C 的各自预算成本分别为 8 元/块、7 元/块和 6 元/块，则三个方案的经济价值系数见表 9-13。

表 9-13 成本满意系数 Y 的计算

方案名称	新方案的预计成本 C/元	理想成本 C_0/元	成本满意系数 Y
A	8	10	0.2
B	7	10	0.3
C	6	10	0.4

（3）最后对方案进行综合评价，即根据方案的功能满足系数 X 和成本满意系数 Y 计算方案的理想系数 K：

$$K=\sqrt{XY} \tag{9-8}$$

理想系数 K 是综合衡量方案在功能和成本两方面距离理想状况的程度。当 $K=1$ 时，方案完全理想；当 $K=0$ 时，方案完全不理想；一般 $0<K<1$，在众多方案中选择 K 值最高的方案为选定方案。计算如表 9-14 所示。

表 9-14 理想系数 K 的计算

方案名称	功能满足系数 X	成本满意系数 Y	理想系数 K
A	0.66	0.2	0.36
B	0.58	0.3	0.42
C	0.29	0.4	0.34

从表 9-14 可知，B 方案的理想系数最高，所以应选择 B 方案为最佳方案。

第五节 方案的报批与实施

一、 方案的报批

选出的最优方案在上报审批之前需要进行试验，具体包括以下内容。

(1) 试验方案：设备、材料、日期、负责试验结果的评价标准的确定；

(2) 试验；

(3) 对试验结果进行汇总、整理、比较及评价，形成试验报告；

(4) 试验通过，可以正式提案。

在提案中，要明确原产品的技术经济指标、用户要求、主要问题、拟达到的目标。同时，还要附上产品功能分析，改进对象的目标和依据，改进前后的试验数据和图纸，改进后的预计成本、预计效益等，一并上报请决策部门审查批准，经批准后列入实施计划。

二、 方案的实施

价值工程提案经批准后，即可组织实施。首先应由单位领导指定一名实施价值工程项目的负责人，此人应具有较强的组织、协调能力，多了解价值工程。此负责人应与价值工程小组成员一起制订一个具体的实施计划。由于方案实施主要是围绕实现改进方案的功能水平和控制成本而展开的，因而实施计划应规定质量、成本、进度等指标及相应的保障措施，并把任务分解、落实到有关基层单位和个人。

为了方案的顺利实施，建立和完善相应的管理体系是十分必要的。要控制进度，协调各个工作部门与各工作环节的关系，做好实施方案的各项准备工作，如物资供应、技术力量和技术装备等的准备工作，以保证方案的顺利实施。

在方案实施过程中，价值工程小组成员要深入实际，进行跟踪检查，及时发现问题，查明原因，采取有效措施加以解决。例如，在实施中，能否达到预期效果，是否出现难以解决的技术、经济或管理方面的障碍等。跟踪检查要贯穿方案实施的全过程，并且要与实施人员密切配合，收集各个环节、各部门的有关信息，时刻注意计算实际成本与目标成本的差异，检查实际功能与必要功能的差异，并分析偏离目标值的原因，及时采取有效措施加以解决。而且要掌握技术方面、经济方面和社会方面的资料与数据，以便对实施方案的效果进行评价。

习　题

1. 试说明管理技术 QC、IE 和 VE 的异同点。

2. 什么是价值工程？提高产品价值的途径有哪些？

3. 价值工程的工作步骤有哪些？

4. 价值工程的关键环节是什么？

5. 强制确定法的基本步骤有哪些？

6. 最适宜区域法的指导思想是什么？

7. 一产品由 5 个零件构成，各零件的成本等如下表所示。产品目前成本为 15 元，要想通过价值工程技术使成本降至 10 元，试求该零件的功能评价系数、成本系数、价值系数并确定价值工程的重点对象。

零件名称	A	B	C	D	E	合　计
现实成本/元	3	2	4	1	5	
得　分	2	2	1	2	3	

8. 某产品由 13 种零件组成，各种零件的个数和每个零件的成本如下表所示。试用 ABC 分析法选择价值工程目标，并画出 ABC 分析图。

零件名称	a	b	c	d	e	f	g	h	i	j	k	l	m
零件个数	1	1	2	2	18	1	1	1	1	1	1	2	1
每个零件成本/元	3.42	2.61	1.03	0.8	0.1	0.73	0.67	0.33	0.32	0.19	0.11	0.05	0.08

附　复利系数表

复利系数表（5%）

年份	一次支付		等额分付			
	终值系数	现值系数	终值系数	偿债基金系数	资金回收系数	现值系数
n	$(1+i)^n$	$\frac{1}{(1+i)^n}$	$\frac{(1+i)^n-1}{i}$	$\frac{i}{(1+i)^n-1}$	$\frac{i(1+i)^n}{(1+i)^n-1}$	$\frac{(1+i)^n-1}{i(1+i)^n}$
	$(F/P, i, n)$	$(P/F, i, n)$	$(F/A, i, n)$	$(A/F, i, n)$	$(A/P, i, n)$	$(P/A, i, n)$
1	1. 050 00	0. 952 38	1. 000 00	1. 000 00	1. 050 00	0. 952 38
2	1. 102 50	0. 907 03	2. 050 00	0. 487 80	0. 537 80	1. 859 41
3	1. 157 63	0. 863 84	3. 152 50	0. 317 21	0. 367 21	2. 723 25
4	1. 215 51	0. 822 70	4. 310 13	0. 232 01	0. 282 01	3. 545 95
5	1. 276 28	0. 783 53	5. 525 63	0. 180 97	0. 230 97	4. 329 48
6	1. 340 10	0. 746 22	6. 801 91	0. 147 02	0. 19702	5. 075 69
7	1. 407 10	0. 710 68	8. 142 01	0. 122 82	0. 17282	5. 786 37
8	1. 477 46	0. 676 84	9. 549 11	0. 104 72	0. 154 72	6. 463 21
9	1. 551 33	0. 644 61	11. 026 56	0. 090 69	0. 140 69	7. 107 82
10	1. 628 89	0. 613 91	12. 577 89	0. 079 50	0. 129 50	7. 721 73
11	1. 710 34	0. 584 68	14. 206 79	0. 070 39	0. 120 39	8. 306 41
12	1. 795 86	0. 556 84	15. 917 13	0. 062 83	0. 112 83	8. 863 25
13	1. 885 65	0. 530 32	17. 712 98	0. 056 46	0. 106 46	9. 393 57
14	1. 979 93	0. 505 07	19. 598 63	0. 051 02	0. 10102	9. 898 64
15	2. 078 93	0. 481 02	21. 578 56	0. 046 34	0. 096 34	10. 379 66
16	2. 182 87	0. 458 11	23. 657 49	0. 042 27	0. 092 27	10. 837 77
17	2. 292 02	0. 436 30	25. 840 37	0. 038 70	0. 088 70	11. 274 07
18	2. 406 62	0. 415 52	28. 132 38	0. 035 55	0. 085 55	11. 689 59
19	2. 526 95	0. 395 73	30. 539 00	0. 032 75	0. 082 75	12. 085 32
20	2. 653 30	0. 376 89	33. 065 95	0. 030 24	0. 080 24	12. 462 21
21	2. 785 96	0. 358 94	35. 719 25	0. 028 00	0. 078 00	12. 821 15
22	2. 925 26	0. 341 85	38. 505 21	0. 025 97	0. 075 97	13. 163 00
23	3. 071 52	0. 325 57	41. 430 48	0. 024 14	0. 074 14	13. 488 57
24	3. 225 10	0. 310 07	44. 502 00	0. 022 47	0. 072 47	13. 798 64
25	3. 386 35	0. 295 30	47. 727 10	0. 020 95	0. 070 95	14. 093 94
26	3. 555 67	0. 281 24	51. 113 45	0. 019 56	0. 069 56	14. 375 19
27	3. 733 46	0. 267 85	54. 669 13	0. 018 29	0. 068 29	14. 643 03
28	3. 920 13	0. 255 09	58. 402 58	0. 017 12	0. 067 12	14. 898 13
29	4. 116 14	0. 242 95	62. 322 71	0. 016 05	0. 066 05	15. 141 07
30	4. 321 94	0. 231 38	66. 438 85	0. 015 05	0. 065 05	15. 372 45
31	4. 538 04	0. 220 36	70. 760 79	0. 014 13	0. 064 13	15. 592 81
32	4. 764 94	0. 209 87	75. 298 83	0. 013 28	0. 063 28	15. 802 68
33	5. 003 19	0. 199 87	80. 063 77	0. 012 49	0. 062 49	16. 002 55
34	5. 253 35	0. 190 35	85. 066 96	0. 011 76	0. 061 76	16. 192 90
35	5. 516 02	0. 181 29	90. 320 31	0. 011 07	0. 061 07	16. 374 19
36	5. 791 82	0. 172 66	95. 836 32	0. 010 43	0. 060 43	16. 546 85
37	6. 08141	0. 164 44	101. 628 14	0. 009 84	0. 059 84	16. 711 29
38	6. 385 48	0. 156 61	107. 709 55	0. 009 28	0. 059 28	16. 867 89
39	6. 704 75	0. 149 15	114. 095 02	0. 008 76	0. 058 76	17. 017 04
40	7. 039 99	0. 142 05	120. 799 77	0. 008 28	0. 058 28	17. 159 09
41	7. 391 99	0. 135 28	127. 839 76	0. 007 82	0. 057 82	17. 294 37
42	7. 761 59	0. 128 84	135. 231 75	0. 007 39	0. 057 39	17. 423 21
43	8. 149 67	0. 122 70	142. 993 34	0. 006 99	0. 056 99	17. 545 91
44	8. 557 15	0. 116 86	151. 143 01	0. 006 62	0. 056 62	17. 662 77
45	8. 985 01	0. 111 30	159. 700 16	0. 006 26	0. 056 26	17. 774 07
46	9. 434 26	0. 106 00	168. 685 16	0. 005 93	0. 055 93	17. 880 07
47	9. 905 97	0. 100 95	178. 119 42	0. 005 61	0. 055 61	17. 981 02
48	10. 40 127	0. 096 14	188. 025 39	0. 005 32	0. 055 32	18. 077 16
49	10. 92 133	0. 091 56	198. 426 66	0. 005 04	0. 055 04	18. 168 72
50	11. 46 740	0. 087 20	209. 348 00	0. 004 78	0. 054 78	18. 255 93

续表

复利系数表（6%）

年份	一次支付		等额分付			
	终值系数	现值系数	终值系数	偿债基金系数	资金回收系数	现值系数
n	$(1+i)^n$	$\frac{1}{(1+i)^n}$	$\frac{(1+i)^n-1}{i}$	$\frac{i}{(1+i)^n-1}$	$\frac{i(1+i)^n}{(1+i)^n-1}$	$\frac{(1+i)^n-1}{i(1+i)^n}$
	$(F/P, i, n)$	$(P/F, i, n)$	$(F/A, i, n)$	$(A/F, i, n)$	$(A/P, i, n)$	$(P/A, i, n)$
1	1.060 00	0.943 40	1.000 00	1.000 00	1.060 00	0.943 40
2	1.123 60	0.890 00	2.060 00	0.485 44	0.545 44	1.833 39
3	1.191 02	0.839 62	3.183 60	0.314 11	0.374 11	2.673 01
4	1.262 48	0.792 09	4.374 62	0.228 59	0.288 59	3.465 11
5	1.338 23	0.747 26	5.637 09	0.177 40	0.237 40	4.212 36
6	1.418 52	0.704 96	6.975 32	0.143 36	0.203 36	4.917 32
7	1.503 63	0.665 06	8.393 84	0.119 14	0.179 14	5.582 38
8	1.593 85	0.627 41	9.897 47	0.101 04	0.161 04	6.209 79
9	1.689 48	0.591 90	11.491 32	0.087 02	0.147 02	6.801 69
10	1.790 85	0.558 39	13.180 79	0.075 87	0.135 87	7.360 09
11	1.898 30	0.526 79	14.971 64	0.066 79	0.126 79	7.886 87
12	2.012 20	0.496 97	16.869 94	0.059 28	0.119 28	8.383 84
13	2.132 93	0.468 84	18.882 14	0.052 96	0.112 96	8.852 68
14	2.260 90	0.442 30	21.015 07	0.047 58	0.107 58	9.294 98
15	2.396 56	0.417 27	23.275 97	0.042 96	0.102 96	9.712 25
16	2.540 35	0.393 65	25.672 53	0.038 95	0.098 95	10.105 90
17	2.692 77	0.371 36	28.212 88	0.035 44	0.095 44	10.477 26
18	2.854 34	0.350 34	30.905 65	0.032 36	0.092 36	10.827 60
19	3.025 60	0.330 51	33.759 99	0.029 62	0.089 62	11.158 12
20	3.207 14	0.311 80	36.785 59	0.027 18	0.087 18	11.469 92
21	3.399 56	0.294 16	39.992 73	0.025 00	0.085 00	11.764 08
22	3.603 54	0.277 51	43.392 29	0.023 05	0.083 05	12.041 58
23	3.819 75	0.261 80	46.995 83	0.021 28	0.081 28	12.303 38
24	4.048 93	0.246 98	50.815 58	0.019 68	0.079 68	12.550 36
25	4.291 87	0.233 00	54.864 51	0.018 23	0.078 23	12.783 36
26	4.549 38	0.219 81	59.156 38	0.016 90	0.076 90	13.003 17
27	4.822 35	0.207 37	63.705 77	0.015 70	0.075 70	13.210 53
28	5.111 69	0.195 63	68.528 11	0.014 59	0.074 59	13.406 16
29	5.418 39	0.184 56	73.639 80	0.013 58	0.073 58	13.590 72
30	5.743 49	0.174 11	79.058 19	0.012 65	0.072 65	13.764 83
31	6.088 10	0.164 25	84.801 68	0.011 79	0.071 79	13.929 09
32	6.453 39	0.154 96	90.889 78	0.011 00	0.071 00	14.084 04
33	6.840 59	0.146 19	97.343 16	0.010 27	0.070 27	14.230 23
34	7.251 03	0.137 91	104.183 75	0.009 60	0.069 60	14.368 14
35	7.686 09	0.130 11	111.434 78	0.008 97	0.068 97	14.498 25
36	8.147 25	0.122 74	119.120 87	0.008 39	0.068 39	14.620 99
37	8.636 09	0.115 79	127.268 12	0.007 86	0.067 86	14.736 78
38	9.154 25	0.109 24	135.904 21	0.007 36	0.067 36	14.846 02
39	9.703 51	0.103 06	145.058 46	0.006 89	0.066 89	14.949 07
40	10.285 72	0.097 22	154.761 97	0.006 46	0.066 46	15.046 30
41	10.902 86	0.091 72	165.047 68	0.006 06	0.066 06	15.138 02
42	11.557 03	0.086 53	175.950 54	0.005 68	0.065 68	15.224 54
43	12.250 45	0.081 63	187.507 58	0.005 33	0.065 33	15.306 17
44	12.985 48	0.077 01	199.758 03	0.005 01	0.065 01	15.383 18
45	13.764 61	0.072 65	212.743 51	0.004 70	0.064 70	15.455 83
46	14.590 49	0.068 54	226.508 12	0.004 41	0.064 41	15.524 37
47	15.465 92	0.064 66	241.098 61	0.004 15	0.064 15	15.589 03
48	16.393 87	0.061 00	256.564 53	0.003 90	0.063 90	15.650 03
49	17.377 50	0.057 55	272.958 40	0.003 66	0.063 66	15.707 57
50	18.420 15	0.054 29	290.335 90	0.003 44	0.063 44	15.761 86

续表

复利系数表（7%）						
年份	一次支付		等额分付			
	终值系数	现值系数	终值系数	偿债基金系数	资金回收系数	现值系数
n	$(1+i)^n$	$\frac{1}{(1+i)^n}$	$\frac{(1+i)^n-1}{i}$	$\frac{i}{(1+i)^n-1}$	$\frac{i(1+i)^n}{(1+i)^n-1}$	$\frac{(1+i)^n-1}{i(1+i)^n}$
	$(F/P, i, n)$	$(P/F, i, n)$	$(F/A, i, n)$	$(A/F, i, n)$	$(A/P, i, n)$	$(P/A, i, n)$
1	1.070 00	0.934 58	1.000 00	1.000 00	1.070 00	0.934 58
2	1.144 90	0.873 44	2.070 00	0.483 09	0.553 09	1.808 02
3	1.225 04	0.816 30	3.214 90	0.311 05	0.381 05	2.624 32
4	1.310 80	0.762 90	4.439 94	0.225 23	0.295 23	3.387 21
5	1.402 55	0.712 99	5.750 74	0.173 89	0.243 89	4.100 20
6	1.500 73	0.666 34	7.153 29	0.139 80	0.209 80	4.766 54
7	1.605 78	0.622 75	8.654 02	0.115 55	0.185 55	5.389 29
8	1.718 19	0.582 01	10.259 80	0.097 47	0.167 47	5.971 30
9	1.838 46	0.543 93	11.977 99	0.083 49	0.153 49	6.515 23
10	1.967 15	0.508 35	13.816 45	0.072 38	0.142 38	7.023 58
11	2.104 85	0.475 09	15.783 60	0.063 36	0.133 36	7.498 67
12	2.252 19	0.444 01	17.888 45	0.055 90	0.125 90	7.942 69
13	2.409 85	0.414 96	20.140 64	0.049 65	0.119 65	8.357 65
14	2.578 53	0.387 82	22.550 49	0.044 34	0.114 34	8.745 47
15	2.759 03	0.362 45	25.129 02	0.039 79	0.109 79	9.107 91
16	2.952 16	0.338 73	27.888 05	0.035 86	0.105 86	9.446 65
17	3.158 82	0.316 57	30.840 22	0.032 43	0.102 43	9.763 22
18	3.379 93	0.295 86	33.999 03	0.029 41	0.099 41	10.059 09
19	3.616 53	0.276 51	37.378 96	0.026 75	0.096 75	10.335 60
20	3.869 68	0.258 42	40.995 49	0.024 39	0.094 39	10.594 01
21	4.140 56	0.241 51	44.865 18	0.022 29	0.092 29	10.835 53
22	4.430 40	0.225 71	49.005 74	0.020 41	0.090 41	11.061 24
23	4.740 53	0.210 95	53.436 14	0.018 71	0.088 71	11.272 19
24	5.072 37	0.197 15	58.176 67	0.017 19	0.087 19	11.469 33
25	5.427 43	0.184 25	63.249 04	0.015 81	0.085 81	11.653 58
26	5.807 35	0.172 20	68.676 47	0.014 56	0.084 56	11.825 78
27	6.213 87	0.160 93	74.483 82	0.013 43	0.083 43	11.986 71
28	6.648 84	0.150 40	80.697 69	0.012 39	0.082 39	12.137 11
29	7.114 26	0.140 56	87.346 53	0.011 45	0.081 45	12.277 67
30	7.612 26	0.131 37	94.460 79	0.010 59	0.080 59	12.409 04
31	8.145 11	0.122 77	102.073 04	0.009 80	0.079 80	12.531 81
32	8.715 27	0.114 74	110.218 15	0.009 07	0.079 07	12.646 56
33	9.325 34	0.107 23	118.933 43	0.008 41	0.078 41	12.753 79
34	9.978 11	0.100 22	128.258 76	0.007 80	0.077 80	12.854 01
35	10.676 58	0.093 66	138.236 88	0.007 23	0.077 23	12.947 67
36	11.423 94	0.087 54	148.913 46	0.006 72	0.076 72	13.035 21
37	12.223 62	0.081 81	160.337 40	0.006 24	0.076 24	13.117 02
38	13.079 27	0.076 46	172.561 02	0.005 80	0.075 80	13.193 47
39	13.994 82	0.071 46	185.640 29	0.005 39	0.075 39	13.264 93
40	14.974 46	0.066 78	199.635 11	0.005 01	0.075 01	13.331 71
41	16.022 67	0.062 41	214.609 57	0.004 66	0.074 66	13.394 12
42	17.144 26	0.058 33	230.632 24	0.004 34	0.074 34	13.452 45
43	18.344 35	0.054 51	247.776 50	0.004 04	0.074 04	13.506 96
44	19.628 46	0.050 95	266.120 85	0.003 76	0.073 76	13.557 91
45	21.002 45	0.047 61	285.749 31	0.003 50	0.073 50	13.605 52
46	22.472 62	0.044 50	306.751 76	0.003 26	0.073 26	13.650 02
47	24.045 71	0.041 59	329.224 39	0.003 04	0.073 04	13.691 61
48	25.728 91	0.038 87	353.270 09	0.002 83	0.072 83	13.730 47
49	27.529 93	0.036 32	378.999 00	0.002 64	0.072 64	13.766 80
50	29.457 03	0.033 95	406.528 93	0.002 46	0.072 46	13.800 75

续表

复利系数表（8%）						
年份	一次支付		等额分付			
	终值系数	现值系数	终值系数	偿债基金系数	资金回收系数	现值系数
n	$(1+i)^n$	$\frac{1}{(1+i)^n}$	$\frac{(1+i)^n-1}{i}$	$\frac{i}{(1+i)^n-1}$	$\frac{i(1+i)^n}{(1+i)^n-1}$	$\frac{(1+i)^n-1}{i(1+i)^n}$
	$(F/P, i, n)$	$(P/F, i, n)$	$(F/A, i, n)$	$(A/F, i, n)$	$(A/P, i, n)$	$(P/A, i, n)$
1	1.080 00	0.925 93	1.000 00	1.000 00	1.080 00	0.925 93
2	1.166 40	0.857 34	2.080 00	0.480 77	0.560 77	1.783 26
3	1.259 71	0.793 83	3.246 40	0.308 03	0.388 03	2.577 10
4	1.360 49	0.735 03	4.506 11	0.221 92	0.301 92	3.312 13
5	1.469 33	0.680 58	5.866 60	0.170 46	0.250 46	3.992 71
6	1.586 87	0.630 17	7.335 93	0.136 32	0.216 32	4.622 88
7	1.713 82	0.583 49	8.922 80	0.112 07	0.192 07	5.206 37
8	1.850 93	0.540 27	10.636 63	0.094 01	0.174 01	5.746 64
9	1.999 00	0.500 25	12.487 56	0.080 08	0.160 08	6.246 89
10	2.158 92	0.463 19	14.486 56	0.069 03	0.149 03	6.710 08
11	2.331 64	0.428 88	16.645 49	0.060 08	0.140 08	7.138 96
12	2.518 17	0.397 11	18.977 13	0.052 70	0.132 70	7.536 08
13	2.719 62	0.367 70	21.495 30	0.046 52	0.126 52	7.903 78
14	2.937 19	0.340 46	24.214 92	0.041 30	0.121 30	8.244 24
15	3.172 17	0.315 24	27.152 11	0.036 83	0.116 83	8.559 48
16	3.425 94	0.291 89	30.324 28	0.032 98	0.112 98	8.851 37
17	3.700 02	0.270 27	33.750 23	0.029 63	0.109 63	9.121 64
18	3.996 02	0.250 25	37.450 24	0.026 70	0.106 70	9.371 89
19	4.315 70	0.231 71	41.446 26	0.024 13	0.104 13	9.603 60
20	4.660 96	0.214 55	45.761 96	0.021 85	0.101 85	9.818 15
21	5.033 83	0.198 66	50.422 92	0.019 83	0.099 83	10.016 80
22	5.436 54	0.183 94	55.456 76	0.018 03	0.098 03	10.200 74
23	5.871 46	0.170 32	60.893 30	0.016 42	0.096 42	10.371 06
24	6.341 18	0.157 70	66.764 76	0.014 98	0.094 98	10.528 76
25	6.848 48	0.146 02	73.105 94	0.013 68	0.093 68	10.674 78
26	7.396 35	0.135 20	79.954 42	0.012 51	0.092 51	10.809 98
27	7.988 06	0.125 19	87.350 77	0.011 45	0.091 45	10.935 16
28	8.627 11	0.115 91	95.338 83	0.010 49	0.090 49	11.051 08
29	9.317 27	0.107 33	103.965 94	0.009 62	0.089 62	11.158 41
30	10.062 66	0.099 38	113.283 21	0.008 83	0.088 83	11.257 78
31	10.867 67	0.092 02	123.345 87	0.008 11	0.088 11	11.349 80
32	11.737 08	0.085 20	134.213 54	0.007 45	0.087 45	11.435 00
33	12.676 05	0.078 89	145.950 62	0.006 85	0.086 85	11.513 89
34	13.690 13	0.073 05	158.626 67	0.006 30	0.086 30	11.586 93
35	14.785 34	0.067 63	172.316 80	0.005 80	0.085 80	11.654 57
36	15.968 17	0.062 62	187.102 15	0.005 34	0.085 34	11.717 19
37	17.245 63	0.057 99	203.070 32	0.004 92	0.084 92	11.775 18
38	18.625 28	0.053 69	220.315 95	0.004 54	0.084 54	11.828 87
39	20.115 30	0.049 71	238.941 22	0.004 19	0.084 19	11.878 58
40	21.724 52	0.046 03	259.056 52	0.003 86	0.083 86	11.924 61
41	23.462 48	0.042 62	280.781 04	0.003 56	0.083 56	11.967 23
42	25.339 48	0.039 46	304.243 52	0.003 29	0.083 29	12.006 70
43	27.366 64	0.036 54	329.583 01	0.003 03	0.083 03	12.043 24
44	29.555 97	0.033 83	356.949 65	0.002 80	0.082 80	12.077 07
45	31.920 45	0.031 33	386.505 62	0.002 59	0.082 59	12.108 40
46	34.474 09	0.029 01	418.426 07	0.002 39	0.082 39	12.137 41
47	37.232 01	0.026 86	452.900 15	0.002 21	0.082 21	12.164 27
48	40.210 57	0.024 87	490.132 16	0.002 04	0.082 04	12.189 14
49	43.427 42	0.023 03	530.342 74	0.001 89	0.081 89	12.212 16
50	46.901 61	0.021 32	573.770 16	0.001 74	0.081 74	12.233 48

续表

复利系数表（10%）						
年份	一次支付		等额分付			
	终值系数	现值系数	终值系数	偿债基金系数	资金回收系数	现值系数
n	$(1+i)^n$	$\frac{1}{(1+i)^n}$	$\frac{(1+i)^n-1}{i}$	$\frac{i}{(1+i)^n-1}$	$\frac{i(1+i)^n}{(1+i)^n-1}$	$\frac{(1+i)^n-1}{i(1+i)^n}$
	$(F/P, i, n)$	$(P/F, i, n)$	$(F/A, i, n)$	$(A/F, i, n)$	$(A/P, i, n)$	$(P/A, i, n)$
1	1.100 00	0.909 09	1.000 00	1.000 00	1.100 00	0.909 09
2	1.210 00	0.826 45	2.100 00	0.476 19	0.576 19	1.735 54
3	1.331 00	0.751 31	3.310 00	0.302 11	0.402 11	2.486 85
4	1.464 10	0.683 01	4.641 00	0.215 47	0.315 47	3.169 87
5	1.610 51	0.620 92	6.105 10	0.163 80	0.263 80	3.790 79
6	1.771 56	0.564 47	7.715 61	0.129 61	0.229 61	4.355 26
7	1.948 72	0.513 16	9.487 17	0.105 41	0.205 41	4.868 42
8	2.143 59	0.466 51	11.435 89	0.087 44	0.187 44	5.334 93
9	2.357 95	0.424 10	13.579 48	0.073 64	0.173 64	5.759 02
10	2.593 74	0.385 54	15.937 42	0.062 75	0.162 75	6.144 57
11	2.853 12	0.350 49	18.531 17	0.053 96	0.153 96	6.495 06
12	3.138 43	0.318 63	21.384 28	0.046 76	0.146 76	6.813 69
13	3.452 27	0.289 66	24.522 71	0.040 78	0.140 78	7.103 36
14	3.797 50	0.263 33	27.974 98	0.035 75	0.135 75	7.366 69
15	4.177 25	0.239 39	31.772 48	0.031 47	0.131 47	7.606 08
16	4.594 97	0.217 63	35.949 73	0.027 82	0.127 82	7.823 71
17	5.054 47	0.197 84	40.544 70	0.024 66	0.124 66	8.021 55
18	5.559 92	0.179 86	45.599 17	0.021 93	0.121 93	8.201 41
19	6.115 91	0.163 51	51.159 09	0.019 55	0.119 55	8.364 92
20	6.727 50	0.148 64	57.275 00	0.017 46	0.117 46	8.513 56
21	7.400 25	0.135 13	64.002 50	0.015 62	0.115 62	8.648 69
22	8.140 27	0.122 85	71.402 75	0.014 01	0.114 01	8.771 54
23	8.954 30	0.111 68	79.543 02	0.012 57	0.112 57	8.883 22
24	9.849 73	0.101 53	88.497 33	0.011 30	0.111 30	8.984 74
25	10.834 71	0.092 30	98.347 06	0.010 17	0.110 17	9.077 04
26	11.918 18	0.083 91	109.181 77	0.009 16	0.109 16	9.160 95
27	13.109 99	0.076 28	121.099 94	0.008 26	0.108 26	9.237 22
28	14.420 99	0.069 34	134.209 94	0.007 45	0.107 45	9.306 57
29	15.863 09	0.063 04	148.630 93	0.006 73	0.106 73	9.369 61
30	17.449 40	0.057 31	164.494 02	0.006 08	0.106 08	9.426 91
31	19.194 34	0.052 10	181.943 42	0.005 50	0.105 50	9.479 01
32	21.113 78	0.047 36	201.137 77	0.004 97	0.104 97	9.526 38
33	23.225 15	0.043 06	222.251 54	0.004 50	0.104 50	9.569 43
34	25.547 67	0.039 14	245.476 70	0.004 07	0.104 07	9.608 57
35	28.102 44	0.035 58	271.024 37	0.003 69	0.103 69	9.644 16
36	30.912 68	0.032 35	299.126 81	0.003 34	0.103 34	9.676 51
37	34.003 95	0.029 41	330.039 49	0.003 03	0.103 03	9.705 92
38	37.404 34	0.026 73	364.043 43	0.002 75	0.102 75	9.732 65
39	41.144 78	0.024 30	401.447 78	0.002 49	0.102 49	9.756 96
40	45.259 26	0.022 09	442.592 56	0.002 26	0.102 26	9.779 05
41	49.785 18	0.020 09	487.851 81	0.002 05	0.102 05	9.799 14
42	54.763 70	0.018 26	537.636 99	0.001 86	0.101 86	9.817 40
43	60.240 07	0.016 60	592.400 69	0.001 69	0.101 69	9.834 00
44	66.264 08	0.015 09	652.640 76	0.001 53	0.101 53	9.849 09
45	72.890 48	0.013 72	718.904 84	0.001 39	0.101 39	9.862 81
46	80.179 53	0.012 47	791.795 32	0.001 26	0.101 26	9.875 28
47	88.197 49	0.011 34	871.974 85	0.001 15	0.101 15	9.886 62
48	97.017 23	0.010 31	960.172 34	0.001 04	0.101 04	9.896 93
49	106.718 96	0.009 37	1057.189 57	0.000 95	0.100 95	9.906 30
50	117.390 85	0.008 52	1163.908 53	0.000 86	0.100 86	9.914 81

续表

复利系数表（12%）						
年份	一次支付		等额分付			
	终值系数	现值系数	终值系数	偿债基金系数	资金回收系数	现值系数
n	$(1+i)^n$	$\frac{1}{(1+i)^n}$	$\frac{(1+i)^n-1}{i}$	$\frac{i}{(1+i)^n-1}$	$\frac{i(1+i)^n}{(1+i)^n-1}$	$\frac{(1+i)^n-1}{i(1+i)^n}$
	$(F/P, i, n)$	$(P/F, i, n)$	$(F/A, i, n)$	$(A/F, i, n)$	$(A/P, i, n)$	$(P/A, i, n)$
1	1. 120 00	0. 892 86	1. 000 00	1. 000 00	1. 120 00	0. 892 86
2	1. 254 40	0. 797 19	2. 120 00	0. 471 70	0. 591 70	1. 690 05
3	1. 404 93	0. 711 78	3. 374 40	0. 296 35	0. 416 35	2. 401 83
4	1. 573 52	0. 635 52	4. 779 33	0. 209 23	0. 329 23	3. 037 35
5	1. 762 34	0. 567 43	6. 352 85	0. 157 41	0. 277 41	3. 604 78
6	1. 973 82	0. 506 63	8. 115 19	0. 123 23	0. 243 23	4. 111 41
7	2. 210 68	0. 452 35	10. 089 01	0. 099 12	0. 219 12	4. 563 76
8	2. 475 96	0. 403 88	12. 299 69	0. 081 30	0. 201 30	4. 967 64
9	2. 773 08	0. 360 61	14. 775 66	0. 067 68	0. 187 68	5. 328 25
10	3. 105 85	0. 321 97	17. 548 74	0. 056 98	0. 176 98	5. 650 22
11	3. 478 55	0. 287 48	20. 654 58	0. 048 42	0. 168 42	5. 937 70
12	3. 895 98	0. 256 68	24. 133 13	0. 041 44	0. 161 44	6. 194 37
13	4. 363 49	0. 229 17	28. 029 11	0. 035 68	0. 155 68	6. 423 55
14	4. 887 11	0. 204 62	32. 392 60	0. 030 87	0. 150 87	6. 628 17
15	5. 473 57	0. 182 70	37. 279 71	0. 026 82	0. 146 82	6. 810 86
16	6. 130 39	0. 163 12	42. 753 28	0. 023 39	0. 143 39	6. 973 99
17	6. 866 04	0. 145 64	48. 883 67	0. 020 46	0. 140 46	7. 119 63
18	7. 689 97	0. 130 04	55. 749 71	0. 017 94	0. 137 94	7. 249 67
19	8. 612 76	0. 116 11	63. 439 68	0. 015 76	0. 135 76	7. 365 78
20	9. 646 29	0. 103 67	72. 052 44	0. 013 88	0. 133 88	7. 469 44
21	10. 803 85	0. 092 56	81. 698 74	0. 012 24	0. 132 24	7. 562 00
22	12. 100 31	0. 082 64	92. 502 58	0. 010 81	0. 130 81	7. 644 65
23	13. 552 35	0. 073 79	104. 602 89	0. 009 56	0. 129 56	7. 718 43
24	15. 178 63	0. 065 88	118. 155 24	0. 008 46	0. 128 46	7. 784 32
25	17. 000 06	0. 058 82	133. 333 87	0. 007 50	0. 127 50	7. 843 14
26	19. 040 07	0. 052 52	150. 333 93	0. 006 65	0. 126 65	7. 895 66
27	21. 324 88	0. 046 89	169. 374 01	0. 005 90	0. 125 90	7. 942 55
28	23. 883 87	0. 041 87	190. 698 89	0. 005 24	0. 125 24	7. 984 42
29	26. 749 93	0. 037 38	214. 582 75	0. 004 66	0. 124 66	8. 021 81
30	29. 959 92	0. 033 38	241. 332 68	0. 004 14	0. 124 14	8. 055 18
31	33. 555 11	0. 029 80	271. 292 61	0. 003 69	0. 123 69	8. 084 99
32	37. 581 73	0. 026 61	304. 847 72	0. 003 28	0. 123 28	8. 111 59
33	42. 091 53	0. 023 76	342. 429 45	0. 002 92	0. 122 92	8. 135 35
34	47. 142 52	0. 021 21	384. 520 98	0. 002 60	0. 122 60	8. 156 56
35	52. 799 62	0. 018 94	431. 663 50	0. 002 32	0. 122 32	8. 175 50
36	59. 135 57	0. 016 91	484. 463 12	0. 002 06	0. 122 06	8. 192 41
37	66. 231 84	0. 015 10	543. 598 69	0. 001 84	0. 121 84	8. 207 51
38	74. 179 66	0. 013 48	609. 830 53	0. 001 64	0. 121 64	8. 220 99
39	83. 081 22	0. 012 04	684. 010 20	0. 001 46	0. 121 46	8. 233 03
40	93. 050 97	0. 010 75	767. 091 42	0. 001 30	0. 121 30	8. 243 78
41	104. 217 09	0. 009 60	860. 142 39	0. 001 16	0. 121 16	8. 253 37
42	116. 723 14	0. 008 57	964. 359 48	0. 001 04	0. 121 04	8. 261 94
43	130. 729 91	0. 007 65	1081. 082 62	0. 000 92	0. 120 92	8. 269 59
44	146. 417 50	0. 006 83	1211. 812 53	0. 000 83	0. 120 83	8. 276 42
45	163. 987 60	0. 006 10	1358. 230 03	0. 000 74	0. 120 74	8. 282 52
46	183. 666 12	0. 005 44	1522. 217 64	0. 000 66	0. 120 66	8. 287 96
47	205. 706 05	0. 004 86	1705. 883 75	0. 000 59	0. 120 59	8. 292 82
48	230. 390 78	0. 004 34	1911. 589 80	0. 000 52	0. 120 52	8. 297 16
49	258. 037 67	0. 003 88	2141. 980 58	0. 000 47	0. 120 47	8. 301 04
50	289. 002 19	0. 003 46	2400. 018 25	0. 000 42	0. 120 42	8. 304 50

续表

复利系数表（15%）

年份	一次支付		等额分付			
	终值系数	现值系数	终值系数	偿债基金系数	资金回收系数	现值系数
n	$(1+i)^n$	$\frac{1}{(1+i)^n}$	$\frac{(1+i)^n-1}{i}$	$\frac{i}{(1+i)^n-1}$	$\frac{i(1+i)^n}{(1+i)^n-1}$	$\frac{(1+i)^n-1}{i(1+i)^n}$
	$(F/P, i, n)$	$(P/F, i, n)$	$(F/A, i, n)$	$(A/F, i, n)$	$(A/P, i, n)$	$(P/A, i, n)$
1	1. 150 00	0. 869 57	1. 000 00	1. 000 00	1. 150 00	0. 869 57
2	1. 322 50	0. 756 14	2. 150 00	0. 465 12	0. 615 12	1. 625 71
3	1. 520 88	0. 657 52	3. 472 50	0. 287 98	0. 437 98	2. 283 23
4	1. 749 01	0. 571 75	4. 993 38	0. 200 27	0. 350 27	2. 854 98
5	2. 011 36	0. 497 18	6. 742 38	0. 148 32	0. 298 32	3. 352 16
6	2. 313 06	0. 432 33	8. 753 74	0. 114 24	0. 264 24	3. 784 48
7	2. 660 02	0. 375 94	11. 066 80	0. 090 36	0. 240 36	4. 160 42
8	3. 059 02	0. 326 90	13. 726 82	0. 072 85	0. 222 85	4. 487 32
9	3. 517 88	0. 284 26	16. 785 84	0. 059 57	0. 209 57	4. 771 58
10	4. 045 56	0. 247 18	20. 303 72	0. 049 25	0. 199 25	5. 018 77
11	4. 652 39	0. 214 94	24. 349 28	0. 041 07	0. 191 07	5. 233 71
12	5. 350 25	0. 186 91	29. 001 67	0. 034 48	0. 184 48	5. 420 62
13	6. 152 79	0. 162 53	34. 351 92	0. 029 11	0. 179 11	5. 583 15
14	7. 075 71	0. 141 33	40. 504 71	0. 024 69	0. 174 69	5. 724 48
15	8. 137 06	0. 122 89	47. 580 41	0. 021 02	0. 171 02	5. 847 37
16	9. 357 62	0. 106 86	55. 717 47	0. 017 95	0. 167 95	5. 954 23
17	10. 761 26	0. 092 93	65. 075 09	0. 015 37	0. 165 37	6. 047 16
18	12. 375 45	0. 080 81	75. 836 36	0. 013 19	0. 163 19	6. 127 97
19	14. 231 77	0. 070 27	88. 211 81	0. 011 34	0. 161 34	6. 198 23
20	16. 366 54	0. 061 10	102. 443 58	0. 009 76	0. 159 76	6. 259 33
21	18. 821 52	0. 053 13	118. 810 12	0. 008 42	0. 158 42	6. 312 46
22	21. 644 75	0. 046 20	137. 631 64	0. 007 27	0. 157 27	6. 358 66
23	24. 891 46	0. 040 17	159. 276 38	0. 006 28	0. 156 28	6. 398 84
24	28. 625 18	0. 034 93	184. 167 84	0. 005 43	0. 155 43	6. 433 77
25	32. 918 95	0. 030 38	212. 793 02	0. 004 70	0. 154 70	6. 464 15
26	37. 856 80	0. 026 42	245. 711 97	0. 004 07	0. 154 07	6. 490 56
27	43. 535 31	0. 022 97	283. 568 77	0. 003 53	0. 153 53	6. 513 53
28	50. 065 61	0. 019 97	327. 104 08	0. 003 06	0. 153 06	6. 533 51
29	57. 575 45	0. 017 37	377. 169 69	0. 002 65	0. 152 65	6. 550 88
30	66. 211 77	0. 015 10	434. 745 15	0. 002 30	0. 152 30	6. 565 98
31	76. 143 54	0. 013 13	500. 956 92	0. 002 00	0. 152 00	6. 579 11
32	87. 565 07	0. 011 42	577. 100 46	0. 001 73	0. 151 73	6. 590 53
33	100. 699 83	0. 009 93	664. 665 52	0. 001 50	0. 151 50	6. 600 46
34	115. 804 80	0. 008 64	765. 365 35	0. 001 31	0. 151 31	6. 609 10
35	133. 175 52	0. 007 51	881. 170 16	0. 001 13	0. 151 13	6. 616 61
36	153. 151 85	0. 006 53	1014. 345 68	0. 000 99	0. 150 99	6. 623 14
37	176. 124 63	0. 005 68	1167. 497 53	0. 000 86	0. 150 86	6. 628 81
38	202. 543 32	0. 004 94	1343. 622 16	0. 000 74	0. 150 74	6. 633 75
39	232. 924 82	0. 004 29	1546. 165 49	0. 000 65	0. 150 65	6. 638 05
40	267. 863 55	0. 003 73	1779. 090 31	0. 000 56	0. 150 56	6. 641 78
41	308. 043 08	0. 003 25	2046. 953 85	0. 000 49	0. 150 49	6. 645 02
42	354. 249 54	0. 002 82	2354. 996 93	0. 000 42	0. 150 42	6. 647 85
43	407. 386 97	0. 002 45	2709. 246 47	0. 000 37	0. 150 37	6. 650 30
44	468. 495 02	0. 002 13	3116. 633 44	0. 000 32	0. 150 32	6. 652 44
45	538. 769 27	0. 001 86	3585. 128 46	0. 000 28	0. 150 28	6. 654 29
46	619. 584 66	0. 001 61	4123. 897 73	0. 000 24	0. 150 24	6. 655 91
47	712. 522 36	0. 001 40	4743. 482 39	0. 000 21	0. 150 21	6. 657 31
48	819. 400 71	0. 001 22	5456. 004 75	0. 000 18	0. 150 18	6. 658 53
49	942. 310 82	0. 001 06	6275. 405 46	0. 000 16	0. 150 16	6. 659 59
50	1 083. 657 44	0. 000 92	7 217. 716 28	0. 000 14	0. 150 14	6. 66 051

续表

复利系数表（20%）						
年份	一次支付		等额分付			
	终值系数	现值系数	终值系数	偿债基金系数	资金回收系数	现值系数
n	$(1+i)^n$	$\frac{1}{(1+i)^n}$	$\frac{(1+i)^n-1}{i}$	$\frac{i}{(1+i)^n-1}$	$\frac{i(1+i)^n}{(1+i)^n-1}$	$\frac{(1+i)^n-1}{i(1+i)^n}$
	$(F/P, i, n)$	$(P/F, i, n)$	$(F/A, i, n)$	$(A/F, i, n)$	$(A/P, i, n)$	$(P/A, i, n)$
1	1.200 00	0.833 33	1.000 00	1.000 00	1.200 00	0.833 33
2	1.440 00	0.694 44	2.200 00	0.454 55	0.654 55	1.527 78
3	1.728 00	0.578 70	3.640 00	0.274 73	0.474 73	2.106 48
4	2.073 60	0.482 25	5.368 00	0.186 29	0.386 29	2.588 73
5	2.488 32	0.401 88	7.441 60	0.134 38	0.334 38	2.990 61
6	2.985 98	0.334 90	9.929 92	0.100 71	0.300 71	3.325 51
7	3.583 18	0.279 08	12.915 90	0.077 42	0.277 42	3.604 59
8	4.299 82	0.232 57	16.499 08	0.060 61	0.260 61	3.837 16
9	5.159 78	0.193 81	20.798 90	0.048 08	0.248 08	4.030 97
10	6.191 74	0.161 51	25.958 68	0.038 52	0.238 52	4.192 47
11	7.430 08	0.134 59	32.150 42	0.031 10	0.231 10	4.327 06
12	8.916 10	0.112 16	39.580 50	0.025 26	0.225 26	4.439 22
13	10.699 32	0.093 46	48.496 60	0.020 62	0.220 62	4.532 68
14	12.839 18	0.077 89	59.195 92	0.016 89	0.216 89	4.610 57
15	15.407 02	0.064 91	72.035 11	0.013 88	0.213 88	4.675 47
16	18.488 43	0.054 09	87.442 13	0.011 44	0.211 44	4.729 56
17	22.186 11	0.045 07	105.930 56	0.009 44	0.209 44	4.774 63
18	26.623 33	0.037 56	128.116 67	0.007 81	0.207 81	4.812 19
19	31.948 00	0.031 30	154.740 00	0.006 46	0.206 46	4.843 50
20	38.337 60	0.026 08	186.688 00	0.005 36	0.205 36	4.869 58
21	46.005 12	0.021 74	225.025 60	0.004 44	0.204 44	4.891 32
22	55.206 14	0.018 11	271.030 72	0.003 69	0.203 69	4.909 43
23	66.247 37	0.015 09	326.236 86	0.003 07	0.203 07	4.924 53
24	79.496 85	0.012 58	392.484 24	0.002 55	0.202 55	4.937 10
25	95.396 22	0.010 48	471.981 08	0.002 12	0.202 12	4.947 59
26	114.475 46	0.008 74	567.377 30	0.001 76	0.201 76	4.956 32
27	137.370 55	0.007 28	681.852 76	0.001 47	0.201 47	4.963 60
28	164.844 66	0.006 07	819.223 31	0.001 22	0.201 22	4.969 67
29	197.813 59	0.005 06	984.067 97	0.001 02	0.201 02	4.974 72
30	237.376 31	0.004 21	1 181.881 57	0.000 85	0.200 85	4.978 94
31	284.851 58	0.003 51	1 419.257 88	0.000 70	0.200 70	4.982 45
32	341.821 89	0.002 93	1 704.109 46	0.000 59	0.200 59	4.985 37
33	410.186 27	0.002 44	2 045.931 35	0.000 49	0.200 49	4.987 81
34	492.223 52	0.002 03	2 456.117 62	0.000 41	0.200 41	4.989 84
35	590.668 23	0.001 69	2 948.341 15	0.000 34	0.200 34	4.991 54
36	708.801 87	0.001 41	3 539.009 37	0.000 28	0.200 28	4.992 95
37	850.562 25	0.001 18	4 247.811 25	0.000 24	0.200 24	4.994 12
38	1 020.67 470	0.000 98	5 098.373 50	0.000 20	0.200 20	4.995 10
39	1 224.80 964	0.000 82	6 119.048 20	0.000 16	0.200 16	4.995 92
40	1 469.771 57	0.000 68	7 343.857 84	0.000 14	0.200 14	4.996 60
41	1 763.725 88	0.000 57	8 813.629 41	0.000 11	0.200 11	4.997 17
42	2 116.471 06	0.000 47	10 577.355 29	0.000 09	0.200 09	4.997 64
43	2 539.765 27	0.000 39	12 693.826 35	0.000 08	0.200 08	4.998 03
44	3 047.718 32	0.000 33	15 233.591 62	0.000 07	0.200 07	4.998 36
45	3 657.261 99	0.000 27	18 281.309 94	0.000 05	0.200 05	4.998 63
46	4 388.714 39	0.000 23	21 938.571 93	0.000 05	0.200 05	4.998 86
47	5 266.457 26	0.000 19	26 327.286 31	0.000 04	0.200 04	4.999 05
48	6 319.748 72	0.000 16	31 593.743 58	0.000 03	0.200 03	4.999 21
49	7 583.698 46	0.000 13	37 913.492 29	0.000 03	0.200 03	4.999 34
50	9 100.438 15	0.000 11	45 497.190 75	0.000 02	0.200 02	4.999 45

续表

复利系数表（25%）						
年份	一次支付		等额分付			
	终值系数	现值系数	终值系数	偿债基金系数	资金回收系数	现值系数
n	$(1+i)^n$	$\frac{1}{(1+i)^n}$	$\frac{(1+i)^n-1}{i}$	$\frac{i}{(1+i)^n-1}$	$\frac{i(1+i)^n}{(1+i)^n-1}$	$\frac{(1+i)^n-1}{i(1+i)^n}$
	$(F/P, i, n)$	$(P/F, i, n)$	$(F/A, i, n)$	$(A/F, i, n)$	$(A/P, i, n)$	$(P/A, i, n)$
1	1. 250 00	0. 800 00	1. 000 00	1. 000 00	1. 250 00	0. 800 00
2	1. 562 50	0. 640 00	2. 250 00	0. 444 44	0. 694 44	1. 440 00
3	1. 953 13	0. 512 00	3. 812 50	0. 262 30	0. 512 30	1. 952 00
4	2. 441 41	0. 409 60	5. 765 63	0. 173 44	0. 423 44	2. 361 60
5	3. 051 76	0. 327 68	8. 207 03	0. 121 85	0. 371 85	2. 689 28
6	3. 814 70	0. 262 14	11. 258 79	0. 088 82	0. 338 82	2. 951 42
7	4. 768 37	0. 209 72	15. 073 49	0. 066 34	0. 316 34	3. 161 14
8	5. 960 46	0. 167 77	19. 841 86	0. 050 40	0. 300 40	3. 328 91
9	7. 450 58	0. 134 22	25. 802 32	0. 038 76	0. 288 76	3. 463 13
10	9. 313 23	0. 107 37	33. 252 90	0. 030 07	0. 280 07	3. 570 50
11	11. 641 53	0. 085 90	42. 566 13	0. 023 49	0. 273 49	3. 656 40
12	14. 551 92	0. 068 72	54. 207 66	0. 018 45	0. 268 45	3. 725 12
13	18. 189 89	0. 054 98	68. 759 58	0. 014 54	0. 264 54	3. 780 10
14	22. 737 37	0. 043 98	86. 949 47	0. 011 50	0. 261 50	3. 824 08
15	28. 421 71	0. 035 18	109. 686 84	0. 009 12	0. 259 12	3. 859 26
16	35. 527 14	0. 028 15	138. 108 55	0. 007 24	0. 257 24	3. 887 41
17	44. 408 92	0. 022 52	173. 635 68	0. 005 76	0. 255 76	3. 909 93
18	55. 511 15	0. 018 01	218. 044 60	0. 004 59	0. 254 59	3. 927 94
19	69. 388 94	0. 014 41	273. 555 76	0. 003 66	0. 253 66	3. 942 35
20	86. 736 17	0. 011 53	342. 944 70	0. 002 92	0. 252 92	3. 953 88
21	108. 420 22	0. 009 22	429. 680 87	0. 002 33	0. 252 33	3. 963 11
22	135. 525 27	0. 007 38	538. 101 09	0. 001 86	0. 251 86	3. 970 49
23	169. 406 59	0. 005 90	673. 626 36	0. 001 48	0. 251 48	3. 976 39
24	211. 758 24	0. 004 72	843. 032 95	0. 001 19	0. 251 19	3. 981 11
25	264. 697 80	0. 003 78	1 054. 791 18	0. 000 95	0. 250 95	3. 984 89
26	330. 872 25	0. 003 02	1 319. 488 98	0. 000 76	0. 250 76	3. 987 91
27	413. 590 31	0. 002 42	1 650. 361 23	0. 000 61	0. 250 61	3. 990 33
28	516. 987 88	0. 001 93	2 063. 951 53	0. 000 48	0. 250 48	3. 992 26
29	646. 234 85	0. 001 55	2 580. 939 41	0. 000 39	0. 250 39	3. 993 81
30	807. 793 57	0. 001 24	3 227. 174 27	0. 000 31	0. 250 31	3. 995 05
31	1 009. 741 96	0. 000 99	4 034. 967 83	0. 000 25	0. 250 25	3. 996 04
32	1 262. 177 45	0. 000 79	5 044. 709 79	0. 000 20	0. 250 20	3. 996 83
33	1 577. 721 81	0. 000 63	6 306. 887 24	0. 000 16	0. 250 16	3. 997 46
34	1 972. 152 26	0. 000 51	7 884. 609 05	0. 000 13	0. 250 13	3. 997 97
35	2 465. 190 33	0. 000 41	9 856. 761 32	0. 000 10	0. 250 10	3. 998 38
36	3 081. 487 91	0. 000 32	12 321. 951 64	0. 000 08	0. 250 08	3. 998 70
37	3 851. 859 89	0. 000 26	15 403. 439 56	0. 000 06	0. 250 06	3. 998 96
38	4 814. 824 86	0. 000 21	19 255. 299 44	0. 000 05	0. 250 05	3. 999 17
39	6 018. 531 08	0. 000 17	24 070. 124 30	0. 000 04	0. 250 04	3. 999 34
40	7 523. 163 85	0. 000 13	30 088. 655 38	0. 000 03	0. 250 03	3. 999 47
41	9 403. 954 81	0. 000 11	37 611. 819 23	0. 000 03	0. 250 03	3. 999 57
42	11 754. 943 51	0. 000 09	47 015. 774 03	0. 000 02	0. 250 02	3. 999 66
43	14 693. 679 39	0. 000 07	58 770. 717 54	0. 000 02	0. 250 02	3. 999 73
44	18 367. 099 23	0. 000 05	73 464. 396 93	0. 000 01	0. 250 01	3. 999 78
45	22 958. 874 04	0. 000 04	91 831. 496 16	0. 000 01	0. 250 01	3. 999 83
46	28 698. 592 55	0. 000 03	114 790. 370 20	0. 000 01	0. 250 01	3. 999 86
47	35 873. 240 69	0. 000 03	143 488. 962 75	0. 000 01	0. 250 01	3. 999 89
48	44 841. 550 86	0. 000 02	179 362. 203 43	0. 000 01	0. 250 01	3. 999 91
49	56 051. 938 57	0. 000 02	224 203. 754 29	0. 000 00	0. 250 00	3. 999 93
50	70 064. 923 22	0. 000 01	280 255. 692 86	0. 000 00	0. 250 00	3. 999 94

续表

复利系数表（30%）						
年份	一次支付		等额分付			
	终值系数	现值系数	终值系数	偿债基金系数	资金回收系数	现值系数
n	$(1+i)^n$	$\frac{1}{(1+i)^n}$	$\frac{(1+i)^n-1}{i}$	$\frac{i}{(1+i)^n-1}$	$\frac{i(1+i)^n}{(1+i)^n-1}$	$\frac{(1+i)^n-1}{i(1+i)^n}$
	$(F/P, i, n)$	$(P/F, i, n)$	$(F/A, i, n)$	$(A/F, i, n)$	$(A/P, i, n)$	$(P/A, i, n)$
1	1. 300 00	0. 769 23	1. 000 00	1. 000 00	1. 300 00	0. 769 23
2	1. 690 00	0. 591 72	2. 300 00	0. 434 78	0. 734 78	1. 360 95
3	2. 197 00	0. 455 17	3. 990 00	0. 250 63	0. 550 63	1. 816 11
4	2. 856 10	0. 350 13	6. 187 00	0. 161 63	0. 461 63	2. 166 24
5	3. 712 93	0. 269 33	9. 043 10	0. 110 58	0. 410 58	2. 435 57
6	4. 826 81	0. 207 18	12. 756 03	0. 078 39	0. 378 39	2. 642 75
7	6. 274 85	0. 159 37	17. 582 84	0. 056 87	0. 356 87	2. 802 11
8	8. 157 31	0. 122 59	23. 857 69	0. 041 92	0. 341 92	2. 924 70
9	10. 604 50	0. 094 30	32. 015 00	0. 031 24	0. 331 24	3. 019 00
10	13. 785 85	0. 072 54	42. 619 50	0. 023 46	0. 323 46	3. 091 54
11	17. 921 60	0. 055 80	56. 405 35	0. 017 73	0. 317 73	3. 147 34
12	23. 298 09	0. 042 92	74. 326 95	0. 013 45	0. 313 45	3. 190 26
13	30. 287 51	0. 033 02	97. 625 04	0. 010 24	0. 310 24	3. 223 28
14	39. 373 76	0. 025 40	127. 912 55	0. 007 82	0. 307 82	3. 248 67
15	51. 185 89	0. 019 54	167. 286 31	0. 005 98	0. 305 98	3. 268 21
16	66. 541 66	0. 015 03	218. 472 20	0. 004 58	0. 304 58	3. 283 24
17	86. 504 16	0. 011 56	285. 013 86	0. 003 51	0. 303 51	3. 294 80
18	112. 455 41	0. 008 89	371. 518 02	0. 002 69	0. 302 69	3. 303 69
19	146. 192 03	0. 006 84	483. 973 43	0. 002 07	0. 302 07	3. 310 53
20	190. 049 64	0. 005 26	630. 165 46	0. 001 59	0. 301 59	3. 315 79
21	247. 064 53	0. 004 05	820. 215 10	0. 001 22	0. 301 22	3. 319 84
22	321. 183 89	0. 003 11	1 067. 279 63	0. 000 94	0. 300 94	3. 32 296
23	417. 539 05	0. 002 39	1 388. 463 51	0. 000 72	0. 300 72	3. 32 535
24	542. 800 77	0. 001 84	1 806. 002 57	0. 000 55	0. 300 55	3. 327 19
25	705. 641 00	0. 001 42	2 348. 803 34	0. 000 43	0. 300 43	3. 328 61
26	917. 333 30	0. 001 09	3 054. 444 34	0. 000 33	0. 300 33	3. 329 70
27	1 192. 533 29	0. 000 84	3 971. 777 64	0. 000 25	0. 300 25	3. 330 54
28	1 550. 293 28	0. 000 65	5 164. 310 93	0. 000 19	0. 300 19	3. 331 18
29	2 015. 381 26	0. 000 50	6 714. 604 21	0. 000 15	0. 300 15	3. 331 68
30	2 619. 995 64	0. 000 38	8 729. 985 48	0. 000 11	0. 300 11	3. 332 06
31	3 405. 994 34	0. 000 29	11 349. 981 12	0. 000 09	0. 300 09	3. 332 35
32	4 427. 792 64	0. 000 23	14 755. 975 46	0. 000 07	0. 300 07	3. 332 58
33	5 756. 130 43	0. 000 17	19 183. 768 10	0. 000 05	0. 300 05	3. 332 75
34	7 482. 969 56	0. 000 13	24 939. 898 53	0. 000 04	0. 300 04	3. 332 89
35	9 727. 860 43	0. 000 10	32 422. 868 08	0. 000 03	0. 300 03	3. 332 99
36	12 646. 218 55	0. 000 08	42 150. 728 51	0. 000 02	0. 300 02	3. 333 07
37	16 440. 084 12	0. 000 06	54 796. 947 06	0. 000 02	0. 300 02	3. 333 13
38	21 372. 109 35	0. 000 05	71 237. 031 18	0. 000 01	0. 300 01	3. 333 18
39	27 783. 742 16	0. 000 04	92 609. 140 53	0. 000 01	0. 300 01	3. 333 21
40	36 118. 864 81	0. 000 03	120 392. 882 69	0. 000 01	0. 300 01	3. 333 24
41	46 954. 524 25	0. 000 02	156 511. 747 50	0. 000 01	0. 300 01	3. 333 26
42	61 040. 881 53	0. 000 02	203 466. 271 75	0. 000 00	0. 300 00	3. 333 28
43	79 353. 145 98	0. 000 01	264 507. 153 28	0. 000 00	0. 300 00	3. 333 29
44	103 159. 089 78	0. 000 01	343 860. 299 26	0. 000 00	0. 300 00	3. 333 30
45	134 106. 816 71	0. 000 01	447 019. 389 04	0. 000 00	0. 300 00	3. 333 31
46	174 338. 861 73	0. 000 01	581 126. 205 76	0. 000 00	0. 300 00	3. 333 31
47	226 640. 520 25	0. 000 00	755 465. 067 48	0. 000 00	0. 300 00	3. 333 32
48	294 632. 676 32	0. 000 00	982 105. 587 73	0. 000 00	0. 300 00	3. 333 32
49	383 022. 479 21	0. 000 00	1 276 738. 264 05	0. 000 00	0. 300 00	3. 333 32
50	497 929. 222 98	0. 000 00	1 659 760. 743 26	0. 000 00	0. 300 00	3. 333 33

续表

复利系数表（35%）

年份	一次支付		等额分付			
	终值系数	现值系数	终值系数	偿债基金系数	资金回收系数	现值系数
n	$(1+i)^n$	$\frac{1}{(1+i)^n}$	$\frac{(1+i)^n-1}{i}$	$\frac{i}{(1+i)^n-1}$	$\frac{i(1+i)^n}{(1+i)^n-1}$	$\frac{(1+i)^n-1}{i(1+i)^n}$
	$(F/P, i, n)$	$(P/F, i, n)$	$(F/A, i, n)$	$(A/F, i, n)$	$(A/P, i, n)$	$(P/A, i, n)$
1	1. 350 00	0. 740 74	1. 000 00	1. 000 00	1. 350 00	0. 740 74
2	1. 822 50	0. 548 70	2. 350 00	0. 425 53	0. 775 53	1. 289 44
3	2. 460 38	0. 406 44	4. 172 50	0. 239 66	0. 589 66	1. 695 88
4	3. 321 51	0. 301 07	6. 632 88	0. 150 76	0. 500 76	1. 996 95
5	4. 484 03	0. 223 01	9. 954 38	0. 100 46	0. 450 46	2. 219 96
6	6. 053 45	0. 165 20	14. 438 41	0. 069 26	0. 419 26	2. 385 16
7	8. 172 15	0. 122 37	20. 491 86	0. 048 80	0. 398 80	2. 507 52
8	11. 032 40	0. 090 64	28. 664 01	0. 034 89	0. 384 89	2. 598 17
9	14. 893 75	0. 067 14	39. 696 41	0. 025 19	0. 375 19	2. 665 31
10	20. 106 56	0. 049 74	54. 590 16	0. 018 32	0. 368 32	2. 715 04
11	27. 143 85	0. 036 84	74. 696 72	0. 013 39	0. 363 39	2. 751 88
12	36. 644 20	0. 027 29	101. 840 57	0. 009 82	0. 359 82	2. 779 17
13	49. 469 67	0. 020 21	138. 484 76	0. 007 22	0. 357 22	2. 799 39
14	66. 784 05	0. 014 97	187. 954 43	0. 005 32	0. 355 32	2. 814 36
15	90. 158 47	0. 011 09	254. 738 48	0. 003 93	0. 353 93	2. 825 45
16	121. 713 93	0. 008 22	344. 896 95	0. 002 90	0. 352 90	2. 833 67
17	164. 313 81	0. 006 09	466. 610 88	0. 002 14	0. 352 14	2. 839 75
18	221. 823 64	0. 004 51	630. 924 69	0. 001 58	0. 351 58	2. 844 26
19	299. 461 92	0. 003 34	852. 748 34	0. 001 17	0. 351 17	2. 847 60
20	404. 273 59	0. 002 47	1 152. 210 25	0. 000 87	0. 350 87	2. 850 08
21	545. 769 35	0. 001 83	1 556. 483 84	0. 000 64	0. 350 64	2. 851 91
22	736. 788 62	0. 001 36	2 102. 253 19	0. 000 48	0. 350 48	2. 853 27
23	994. 664 63	0. 001 01	2 839. 041 80	0. 000 35	0. 350 35	2. 854 27
24	1 342. 797 25	0. 000 74	3 833. 706 43	0. 000 26	0. 350 26	2. 855 02
25	1 812. 776 29	0. 000 55	5 176. 503 69	0. 000 19	0. 350 19	2. 855 57
26	2 447. 247 99	0. 000 41	6 989. 279 98	0. 000 14	0. 350 14	2. 855 98
27	3 303. 784 79	0. 000 30	9 436. 527 97	0. 000 11	0. 350 11	2. 856 28
28	4 460. 109 47	0. 000 22	12 740. 312 76	0. 000 08	0. 350 08	2. 856 50
29	6 021. 147 78	0. 000 17	17 200. 422 23	0. 000 06	0. 350 06	2. 856 67
30	8 128. 549 50	0. 000 12	23 221. 570 00	0. 000 04	0. 350 04	2. 856 79
31	10 973. 541 83	0. 000 09	31 350. 119 51	0. 000 03	0. 350 03	2. 856 88
32	14 814. 281 47	0. 000 07	423 23. 661 33	0. 000 02	0. 350 02	2. 856 95
33	19 999. 279 98	0. 000 05	57 137. 942 80	0. 000 02	0. 350 02	2. 857 00
34	26 999. 027 97	0. 000 04	77 137. 222 78	0. 000 01	0. 350 01	2. 857 04
35	36 448. 687 76	0. 000 03	104 136. 250 75	0. 000 01	0. 350 01	2. 857 06
36	49 205. 728 48	0. 000 02	140 584. 938 51	0. 000 01	0. 350 01	2. 857 08
37	66 427. 733 45	0. 000 02	189 790. 666 99	0. 000 01	0. 350 01	2. 857 10
38	89 677. 440 15	0. 000 01	256 218. 400 44	0. 000 00	0. 350 00	2. 857 11
39	121 064. 544 21	0. 000 01	345 895. 840 59	0. 000 00	0. 350 00	2. 857 12
40	163 437. 134 68	0. 000 01	466 960. 384 80	0. 000 00	0. 350 00	2. 857 13
41	220 640. 131 82	0. 000 00	630 397. 519 48	0. 000 00	0. 350 00	2. 857 13
42	297 864. 177 95	0. 000 00	851 037. 651 30	0. 000 00	0. 350 00	2. 857 13
43	402 116. 640 24	0. 000 00	1 148 901. 829 25	0. 000 00	0. 350 00	2. 857 14
44	542 857. 464 32	0. 000 00	1 551 018. 469 49	0. 000 00	0. 350 00	2. 857 14
45	732 857. 576 84	0. 000 00	20 938 75. 933 82	0. 000 00	0. 350 00	2. 857 14
46	989 357. 728 73	0. 000 00	28 267 33. 510 65	0. 000 00	0. 350 00	2. 857 14
47	1 335 632. 933 78	0. 000 00	38 160 91. 239 38	0. 000 00	0. 350 00	2. 857 14
48	1 803 104. 460 61	0. 000 00	51 517 24. 173 16	0. 000 00	0. 350 00	2. 857 14
49	2 434 191. 021 82	0. 000 00	69 548 28. 633 77	0. 000 00	0. 350 00	2. 857 14
50	3 286 157. 879 46	0. 000 00	93 890 19. 655 59	0. 000 00	0. 350 00	2. 857 14

续表

复利系数表（40%）						
年份	一次支付		等额分付			
	终值系数	现值系数	终值系数	偿债基金系数	资金回收系数	现值系数
n	$(1+i)^n$	$\frac{1}{(1+i)^n}$	$\frac{(1+i)^n-1}{i}$	$\frac{i}{(1+i)^n-1}$	$\frac{i(1+i)^n}{(1+i)^n-1}$	$\frac{(1+i)^n-1}{i(1+i)^n}$
	$(F/P, i, n)$	$(P/F, i, n)$	$(F/A, i, n)$	$(A/F, i, n)$	$(A/P, i, n)$	$(P/A, i, n)$
1	1. 400 00	0. 714 29	1. 000 00	1. 000 00	1. 400 00	0. 714 29
2	1. 960 00	0. 510 20	2. 400 00	0. 416 67	0. 816 67	1. 224 49
3	2. 744 00	0. 364 43	4. 360 00	0. 229 36	0. 629 36	1. 588 92
4	3. 841 60	0. 260 31	7. 104 00	0. 140 77	0. 540 77	1. 849 23
5	5. 378 24	0. 185 93	10. 945 60	0. 091 36	0. 491 36	2. 035 16
6	7. 529 54	0. 132 81	16. 323 84	0. 061 26	0. 461 26	2. 167 97
7	10. 541 35	0. 094 86	23. 853 38	0. 041 92	0. 441 92	2. 262 84
8	14. 757 89	0. 067 76	34. 394 73	0. 029 07	0. 429 07	2. 330 60
9	20. 661 05	0. 048 40	49. 152 62	0. 020 34	0. 420 34	2. 379 00
10	28. 925 47	0. 034 57	69. 813 66	0. 014 32	0. 414 32	2. 413 57
11	40. 495 65	0. 024 69	98. 739 13	0. 010 13	0. 410 13	2. 438 26
12	56. 693 91	0. 017 64	139. 234 78	0. 007 18	0. 407 18	2. 455 90
13	79. 371 48	0. 012 60	195. 928 69	0. 005 10	0. 405 10	2. 468 50
14	111. 120 07	0. 009 00	275. 300 17	0. 003 63	0. 403 63	2. 477 50
15	155. 568 10	0. 006 43	386. 420 24	0. 002 59	0. 402 59	2. 483 93
16	217. 795 33	0. 004 59	541. 988 33	0. 001 85	0. 401 85	2. 488 52
17	304. 913 47	0. 003 28	759. 783 67	0. 001 32	0. 401 32	2. 491 80
18	426. 878 85	0. 002 34	1 064. 697 14	0. 000 94	0. 400 94	2. 494 14
19	597. 630 40	0. 001 67	1 491. 575 99	0. 000 67	0. 400 67	2. 49 582
20	836. 682 55	0. 001 20	2 089. 206 39	0. 000 48	0. 400 48	2. 497 01
21	1 171. 355 58	0. 000 85	2 925. 888 94	0. 000 34	0. 400 34	2. 497 87
22	1 639. 897 81	0. 000 61	4 097. 244 52	0. 000 24	0. 400 24	2. 498 48
23	2 295. 856 93	0. 000 44	5 737. 142 32	0. 000 17	0. 400 17	2. 498 91
24	3 214. 199 70	0. 000 31	8 032. 999 25	0. 000 12	0. 400 12	2. 499 22
25	4 499. 879 58	0. 000 22	11 247. 198 95	0. 000 09	0. 400 09	2. 499 44
26	6 299. 831 41	0. 000 16	15 747. 078 53	0. 000 06	0. 400 06	2. 499 60
27	8 819. 763 98	0. 000 11	22 046. 909 94	0. 000 05	0. 400 05	2. 499 72
28	12 347. 669 57	0. 000 08	30 866. 673 92	0. 000 03	0. 400 03	2. 499 80
29	17 286. 737 40	0. 000 06	43 214. 343 49	0. 000 02	0. 400 02	2. 499 86
30	24 201. 432 36	0. 000 04	60 501. 080 89	0. 000 02	0. 400 02	2. 499 90
31	33 882. 005 30	0. 000 03	84 702. 513 24	0. 000 01	0. 400 01	2. 499 93
32	47 434. 807 42	0. 000 02	118 584. 518 54	0. 000 01	0. 400 01	2. 499 95
33	66 408. 730 38	0. 000 02	166 019. 325 96	0. 000 01	0. 400 01	2. 499 96
34	92 972. 222 54	0. 000 01	232 428. 056 34	0. 000 00	0. 400 00	2. 499 97
35	130 161. 111 55	0. 000 01	325 400. 278 88	0. 000 00	0. 400 00	2. 499 98
36	182 225. 556 17	0. 000 01	455 561. 390 43	0. 000 00	0. 400 00	2. 499 99
37	255 115. 778 64	0. 000 00	637 786. 946 60	0. 000 00	0. 400 00	2. 499 99
38	357 162. 090 10	0. 000 00	892 902. 725 24	0. 000 00	0. 400 00	2. 499 99
39	500 026. 926 14	0. 000 00	12 500 64. 815 34	0. 000 00	0. 400 00	2. 500 00
40	700 037. 696 59	0. 000 00	1 750 091. 741 48	0. 000 00	0. 400 00	2. 500 00
41	980 052. 775 23	0. 000 00	2 450 129. 438 07	0. 000 00	0. 400 00	2. 500 00
42	1 372 073. 885 32	0. 000 00	3 430 182. 213 30	0. 000 00	0. 400 00	2. 500 00
43	1 920 903. 439 45	0. 000 00	4 802 256. 098 61	0. 000 00	0. 400 00	2. 500 00
44	2 689 264. 815 22	0. 000 00	6 723 159. 538 06	0. 000 00	0. 400 00	2. 500 00
45	3 764 970. 741 31	0. 000 00	9 412 424. 353 28	0. 000 00	0. 400 00	2. 500 00
46	5 270 959. 037 84	0. 000 00	13 177 395. 094 60	0. 000 00	0. 400 00	2. 500 00
47	7 379 342. 652 98	0. 000 00	18 448 354. 132 44	0. 000 00	0. 400 00	2. 500 00
48	10 331 079. 714 17	0. 000 00	25 827 696. 785 41	0. 000 00	0. 400 00	2. 500 00
49	144 635 11. 599 83	0. 000 00	3 6158 776. 499 58	0. 000 00	0. 400 00	2. 500 00
50	202 489 16. 239 76	0. 000 00	50 622 288. 099 41	0. 000 00	0. 400 00	2. 500 00

参 考 文 献

1. 吴添祖，虞晓芬，龚建立. 技术经济学概论. 3 版. 北京：高等教育出版社，2010.
2. 傅家骥，仝允桓. 工业技术经济学. 3 版. 北京：清华大学出版社，1996.
3. 郎宏文，王悦，郝红军. 技术经济学. 北京：科学出本社，2009.
4. 李南. 工程经济学. 4 版. 北京：科学出版社，2013.
5. 夏恩君. 技术经济学. 北京：中国人民大学出版社，2013.
6. 刘晓君. 工程经济学. 2 版. 北京：中国建筑工业出版社，2008.
7. 刘长滨. 建筑工程技术经济学. 3 版. 中国建筑工业出版社，2007.
8. 胡珑瑛. 技术经济学. 哈尔滨：哈尔滨工业大学出版社，2004.
9. 张厚钧. 工程经济学. 北京：北京大学出版社，2009.
10. 郎宏文，舒喆醒，郝婷. 企业管理学. 2 版. 北京：科学出版社，2015.
11. 陆菊春. 工程经济学. 3 版. 武汉：武汉大学出版社，2014.
12. 冯俊华. 技术经济学. 北京：化学工业出版社，2015.
13. 魏法杰，王玉灵. 工程经济学. 北京：电子工业出版社，2007.
14. 邵颖红. 工程经济学概论. 3 版. 北京：电子工业出版社，2015.
15. 刘亚臣，王静. 工程经济学. 4 版. 大连：大连理工大学出版社，2013.
16. 林晓言，陈娟，王红梅，等. 技术经济学. 北京：清华大学出版社，北京交通大学出版社，2014.